Trilogy Christian Publishers

A Wholly Owned Subsidiary of Trinity Broadcasting Network

2442 Michelle Drive

Tustin, CA 92780

For information, address Trilogy Christian Publishing

Rights Department, 2442 Michelle Drive, Tustin, Ca 92780.

Trilogy Christian Publishing/ TBN and colophon are trademarks of Trinity Broadcasting Network.

For information about special discounts for bulk purchases, please contact Trilogy Christian Publishing.

Manufactured in the United States of America

10 9 8 7 6 5 4 3 2 1

Library of Congress Cataloging-in-Publication Data is available.

ISBN 979-8-88738-407-8

ISBN 979-8-88738-408-5 (ebook)

ONLY GOD CAN DO THAT!

BRENDA SHAKARIAN

¡SOLO DIOS PUEDE HACER ESO!

DEDICATION

I dedicate this book to the goodness of God and the many wonders He performs.

I wrote this book for my precious daughter Brianna Elizabeth and my handsome son Blakeland Richard. It has been the three of us my whole adult life, and I have loved every single minute of it! "And His mercy is on them that fear Him from generation to generation." (Luke 1:50)

Brianna, your laughter and your joy fills the room. You have always been a hard worker and the greatest friend anyone could ever hope for. Your sensitivity toward others is a beautiful thing to see. You make everyone feel loved and important and you go out of your way if someone needs your help. Keep singing because you have a gift that God has given you. My loyal son-in-law Keli. You worked for me in media and did a great job. You are caring and strong, and I cannot wait to see what God has in store for you. You have a purpose given by God. If you seek Him, you will find Him. I love you, son! My precious gift is Dustin. You are my very best friend in the whole world. My favorite things are our secret fort at the lake, feeding the ducks, and playing. When you were born, my whole life was made new.

Blakeland, you have always valued doing the right thing. This makes you a great leader. This is very important because you are part of a legacy. You are a fierce athlete, which is why, since you were in grade school, the people in the stands of your hockey and basketball games chanted "Animal, Animal" in clutch moments, referring to you. You always surround yourself with good people because you are a good person. Thank you for giving me my daughter-in-law Allison. You are so caring, but you are also strong and determined. With everything you achieve, you always do it with excellence. You can accomplish anything you put your mind to.

I love that our home was always filled with laughter, sleepovers, singing, friends, Elton John, delicious food, and of course, the Gilmore Girls (sorry, Blakeland).

Alexandra, your heart is to always think of others before yourself.

James, I love that you are fiercely loyal to those you love.

Micah, you inspire us all to trust God in every situation. He always makes a way for you because you simply believe that He will.

Terence, you have spoken to audiences around the world and touched so many lives. People are still talking about the miracles that they witnessed in your meetings. You are extraordinarily gifted.

Rosa Ortega, you are the strongest woman I know. I have incredible admiration for you. We were successful together because we simply never stopped. Every obstacle in our way, we just went around it, over it, or thru it. No matter what the prejudice or the obstacles were—the secret to our success was that we just kept on going. I think that is the key to life. Just don't stop. Nothing could stop us because all over the world we saw incredible miracles and lives changed. The battles that we faced, we looked at as just another opportunity to see the hand of God in action. Rosa if you ever had fear, I never saw it. Everyone that knows you would agree that when God made you, He broke the mold!

To my mom Vangie, I will love you forever.

I know that there is a God because He made a person named Alexandria Garza. She is your ride-or-die friend that you can count on one hundred percent. Her loyalty and friendship means the world to me. I am so grateful that my dear friend Ray married this saint of a woman. Remember Ray, everything that we need, He already provided. Thank you for putting up with my endless late-night questions and discussions about the book. You are the gift that keeps on giving!

TABLE OF CONTENTS

FOREWORD

Wonderful story!

This is absolutely an inspirational book! Everyone needs refreshment and encouragement in our world of stress, anxiety, and challenges! *Only God Can Do That!* is full of stories of overcoming.

One might look from the outside and assume that the daughter of a well-known Christian father, himself the son of the founder of Full Gospel Businessmen's Fellowship International, had no challenges. Brenda Shakarian has gone through the heights of adventure and the lows of starting over when life tried to take her to the bottom.

There are many things I like about what she has shared. First, I love her ability to be transparent yet redemptive. Secondly, she exudes faith that nothing is impossible for God. One *catches* this while reading the book. Thirdly, her love of Holy Spirit adventures. Lastly, she did not rely on her parents' success but founded a successful design and clothing line while a single mother.

For anyone whose family was ever touched by FGBMFI, you will love her family's story. For those who do not know about it, it is the supernatural story of how God spoke to an illiterate prophet as a child in Armenia. This was fifty years before her family would need to be saved from the genocide of the Armenian people. It is awe-inspiring. It is gripping and will encourage you about the greatness and goodness of God. The title says it all: *Only God Can Do That!*

Cindy Jacobs
Dallas, Texas

Aglow International was birthed through the prayers of four women whose husbands were part of the Full Gospel Businessmen's Fellowship International. These women saw how the presence of God transformed their husbands and longed to have the same experience in their own lives. In *Only God Can Do That!*, Brenda Shakarian weaves a beautiful, powerful tapestry of the Shakarian family, expressing that only God brings calm, hope, peace, provision, and protection in every season of our lives. Anyone who reads this work of love will come away filled with hope and encouragement.

Jane Hansen Hoyt
Aglow International

This book is both refreshing and timely. It offers the believer a richness of faith-filled anecdotes with applicable life lessons. In this masterpiece, Brenda Shakarian gives us a backstage pass into the vulnerabilities of her life, from growing up in the footsteps of great men like her father to the stark and contrasting perceptions of onlookers.

Only God Can Do That! proves that *impossible* is not within the vocabulary of God, and its author reintroduces us to a God who is still in the business of working miracles. It is for those whose faith is in desperate need of resuscitation and those who are ready to take their relationship with God to a whole new level.

Tomi Arayomi
Founder, RIG Nation

INTRODUCTION: THE LETTER

Efim Klubnikin wrote two prophetic letters. I would not exist today if my great-great-grandfather Demos and his family had ignored the words of that prophecy from Efim Klubnikin written down in the first letter around 1855. The truth is, my Armenian ancestors and hundreds of other families from our region did listen. Over 2,500 people immigrated from the community of Kara Kala and the surrounding area to Southern California around 1905. As a result, their descendants, including me, are able to tell our story.

Sadly, despite those 2,500 brave souls who chose to heed that prophecy and immigrate halfway around the world, between 1 million to 1.5 million Armenians perished at the hands of the Ottoman Turks in what would become the first of many horrific genocides in the twentieth century. It is not only important but imperative that I take the time to tell our story as well.

Before Demos Shakarian and his family immigrated to Los Angeles, California, tensions between the Armenian communities and the Turkish Ottomans had degenerated quickly. Ottoman soldiers massacred three thousand people in the Talori District in 1894. This was not too far from my ancestral homeland. Over the next few years, almost 250,000 Armenians were killed by Ottoman soldiers in massacres, hundreds of Christian churches were destroyed, and millions of Armenians were left homeless. Those sobering events certainly got the attention of families in Kara Kala and the surrounding region. Efim Klubnikin, the Russian prophet, opened the first letter and declared it was time to leave their homeland or perish.

Several years after my ancestors moved to Los Angeles, they heard things were getting worse for their friends and relatives in Armenia. In 1909, Adana was a coastal city on the Mediterranean that harbored an ancient and affluent community of Armenians. As political tensions rose in the Ottoman Empire, the Turkish Muslim community in the region lashed out at these Armenian families living there. By April of that year, most of the Armenian homes in that beautiful region were destroyed, and soldiers and paramilitary groups massacred almost 25,000 Armenians within weeks. As bad as this violent event was, things would get much worse within a few years.

While my ancestors were able to flee to America, most could not or would not flee. Armenia was their homeland, and it had been so for millennia. Sadly, the status of the Armenians who remained in their ancestral homeland went from horrific to unimaginable over the next few years. On April 24, 1915, Ottoman authorities arrested every Armenian cultural and civic leader living in Constantinople. By orders of the leader of the Turkish government, Mehmed Talaat, over one million Armenian families were sent on a series of death marches across the Syrian Desert over the next year. They were given no food or water and were constantly subjected to rape, robbery, and massacre. This was true for the children as well. The small percentage of men who survived these forced death marches were systematically massacred. The women and children who survived were forcibly converted to Islam and integrated into Turkish households.

News of this horrific genocide began to make headlines in various newspapers throughout the world, but no one did anything to stop it. Only Britain took any form of action to bring to justice those who had committed these crimes. While this genocide became one of the reasons the United States had the political will to enter WWI, they had very little political will to stop further atrocities after the war ended. Yes, Mehmed Talaat was found guilty of crimes against humanity for his role in the Armenian Genocide, but that was only because of pressure from the British government as the Ottoman Empire was forced to surrender at the end of WWI. The modern state of Turkey, which began to form at the rapid decline of the Ottoman Empire wanted only to wash its hands of this sordid affair and forget that genocide had ever occurred.

After the defeat of the Ottoman Empire at the end of World War I, the systematic destruction of any trace of Armenian history, culture, language, or humanity continued over the next few years under the auspices of the Turkish nationalist movement. This movement succeeded in creating the modern state of Turkey without a trace of the history of Armenian culture, language, or Christian faith that had been established in this region for centuries. Any trace of the southern half of ancient Armenia had been eliminated. The northern half of Armenia faced an uncertain future in the hands of a newly emerging communist empire to the North.

As unimaginable as this genocide was, what was even more sobering was the lack of international response. Some of the perpetrators of the Armenian Genocide were brought to justice, but none of the leaders in this new modern Turkish state wanted to recognize their role in the extermination of Armenian culture, history, or religion. They took great pride in becoming an exclusively Turkish state without any regard for the minority populations and cultures living within their borders. To this day, the modern state of Turkey refuses to admit that the Armenian Genocide ever occurred. In addition, they exert their political will against any person or nation who attempts to say otherwise.

Most notably, in 1939, as Adolf Hitler was preparing to invade Poland at the beginning of WWII, he gave an infamous address to his generals. He was trying to assure them that other European nations would stand by and do nothing as he prepared them for the unprovoked invasion of Poland. Adolf Hitler said, "Who, after all, speaks today of the annihilation of the Armenians?"

One day, I was at my parents' home. My father was a deep thinker. I will never forget the day my father stood in the kitchen and suddenly said, "Who knows, one day we may have to leave everything behind when the second letter is opened." It was only my mother and myself in the house. It struck me so deeply; I don't know why but I wanted to cry. This is not a fairytale story. This is our reality and responsibility to pass on to our younger generations.

Sixty years before these events took place in 1915, all of my ancestors who ignored this prophetic warning suffered an unspeakable tragedy as prophesied by Efim Klubnikin. Then in 1918, Tsar Nicolas II and his family were executed by the Bolshevik Revolution as the era of Communism began. Later Armenia was forcibly annexed into the Soviet Union in 1920.

Efim's second letter has never been opened. The letter is of critical importance. He said the Holy Spirit would prompt the chosen individual to open the letter and reveal its contents at the appropriate time. About forty-five years ago, my grandfather Demos was offered to open that letter. He prayed but did not feel it was the time. **This point is very important to understand. God did not deliver an organization from destruction; he delivered a people.** Understand that not one member of the families that were delivered was asked to open it, except for my grandfather, Demos. The letter remains unopened. I often wonder what the letter and its contents contain. I am a descendant of both Demos and Richard Shakarian. It has been prophesied numerous times God's mantle rests on the three of us—which gives me pause. This mantle has empowered us to reach countless people worldwide. Such a position is not something you can manufacture or be voted into. It is a calling from God, who is sovereign.

I would pray that only the person appointed by God to open it will do so.

What I know for sure is that I would never dare to presume that I should have any part in that letter unless God makes it abundantly clear.

I, for one, will continue to speak of the merciless slaughter of my Armenian ancestors as long as I live. This disturbing true account of what happened in the Armenian genocide should send shivers down the spine of all people. There is one thing we all need to remember.

History always repeats itself.

CHAPTER 1:
PEOPLE OF PROMISE

Those that believe this prophecy will flee on
two large steamships across the ocean.
—Efim Klubnikin, 1855

What you are holding is a book filled with stories of transformational encounters with God. God has altered the course of the lives of every person I have written about, including mine. We all moved from the ordinary to the extraordinary because of a divine appointment. And we all changed from who we once were to whom God wanted us to be.

The trajectory of our lives shifted completely.

In the following pages, I will show how an encounter with God, such as we had, can change your life too. God created you for a purpose and has a specific plan for your life. You can relax just knowing that.

I am a California girl, born and raised. My father, Richard, and my grandfather, Demos Shakarian, were also both born in Southern California. In addition to our DNA, we have our geographic home in common. Beneath our shared genealogy lies something deeper and more significant and influential: a spiritual ancestry that has influenced not only me but nearly a billion people over the past seventy years.

Many of you are familiar with Demos Shakarian, who in the last century founded Full Gospel Business Men's Fellowship International (FGBMFI). You may assume this story begins with him. It does not; it begins with his grandfather, also named Demos Shakarian.

This story relates how my Armenian ancestors ended up in America all because of my great-great-grandfather's life-changing experience with our God, who saved his and his descendants' lives. At the time, he didn't know it, but God would spare him and his family from a coming genocide that would kill 1.5 million Armenians. Because of his obedience, thousands of his descendants are alive today.

Like my great-great-grandfather, we need to understand that our decisions matter. They affect people around us and those who come after us.

When I was a little girl, I was told how my great-grandfather Isaac and my great-great-grandfather Demos fled their homeland of Karakala, Armenia, in obedience to a prophecy warning them to leave or perish. This warning first appeared in an 1855 letter written by a young Russian Christian named Efim Klubnikin, who frequently visited the Armenian community with his family during harvest.

This Russian community experienced a spiritual revival in 1832. Occasionally they would visit my Armenian ancestors to help with their harvest and share their newfound relationship with God. By the time my great-great-grandfather had met the Russians, the young prophet Efim had already developed quite a reputation in the Russian community. He was illiterate, yet God enabled him to write down two prophecies, along with specific instructions and maps. He sealed the prophecies in two envelopes with instructions that the letters would only be opened under divine inspiration.

At that time, my great-great-grandfather was part of a formal church in Armenia. He didn't have time for what he perceived to be prophetic and charismatic nonsense uttered by this Russian prophet.

At least, it was nonsense to him until his experience with God.

Goolisar, my greatgreat-grandmother, had borne five daughters but no sons. In the Armenian culture at the time, it was a disgrace not to have a male heir, but that was about to change. On May 25, 1891, Goolisar's brother, Magardich Mushegan, said God told him to tell her, "Exactly one year from today, you will give birth to a son."

It was easy for my greatgreat-grandfather to ignore a Russian Christian, but this was his brother-in-law. Magardich prophesied with boldness, and his prophecies were difficult for the Shakarian family to ignore. My great-great-grandfather wasn't entirely convinced until May 25, 1892, when Goolisar gave birth to a son. They named him Isaac, "the son of promise". Just as God promised Abraham and Sarah that they would have a son, whom they named Isaac, my great-great-grandparents also had a son of promise.

I was in my mother's womb when Isaac passed away suddenly. So many people have said through prophecy that I carry the anointing of my grandfather Demos. From that perspective, it can be said that I received this spiritual legacy as a daughter of promise.

This alone did not convince my great-great-grandfather of the authenticity of the prophecy, nor did it change his life. The transformation came eight years later when the Russian Christians arrived for their annual visit. My great-great-grandfather offered to host a traditional feast for Russian and Armenian families. He needed to slaughter the fattest steer in his herd to accommodate such a large crowd. He was proud of his cows, just as his son Isaac, his grandson Demos, and my father, Richard, would be.

There was one problem, a significant one. The biggest, fattest steer in the herd was missing an eye. Today, no butcher would hesitate to slaughter such a fine-looking cow. But the Christians in the Russian and Armenian communities took the Old Testament mandate seriously never to slaughter a blemished cow. There was no other steer large enough to feed all the families, so my great-great-grandfather slaughtered the steer, placed the head of the one-eyed steer in a bag, and hid it in a large pile of hay in his barn.

The steer was roasted over a large mound of charcoal. Final preparations were made for the feast. The Armenian families welcomed their Russian guests. As they gathered together, the Russian Christians continued a practice they had observed for generations: they waited and prayed until they felt the presence of the Holy Spirit before they began to eat the meal.

One by one, they began to dance before God until the patriarch of the Russian community abruptly held up his hand to stop the proceedings. Everybody watched intently as the patriarch left the table and headed directly to the far corner of the barn, where Demos had hidden the head of the one-eyed cow.

As my great-great-grandfather Demos looked on with horror, the Russian patriarch uncovered the bag hidden in the hay. He held the bag high and allowed the blemished head of this steer to tumble out in front of the community.

"Do you have anything to confess?" he asked my astonished ancestor.

At that moment, all the excuses, resistance, and skepticism my great-great-grandfather had toward the Holy Spirit and the Russian Christian community melted away. With tears in his eyes, he begged for forgiveness and asked how he, too, could receive the Spirit of God. That night, he and Goolisar wept with joy as they were baptized in the Holy Spirit and began speaking in tongues. They both experienced a transformational encounter with God that would change the course of their lives.

Soon after, the Holy Spirit directed Efim Klubnikin, now an adult, to open the first letter he had written nearly fifty years earlier. Through this letter, the leaders of the community received specific instructions to flee Armenia, travel on a steamship to America, and continue west. They informed the community that it was time to leave.

This was not an easy decision for the Shakarian family to make.

Since they had to abandon their farm and leave with only the clothes they wore and the few personal belongings they could carry. But in 1904, out of obedience to the prophecy, they fled Karakala, taking a train across Europe and a steamship across the Atlantic to New York City. They took another train westward across the United States until they arrived in Los Angeles in 1905. In the years that followed, other families, including our relatives, the Kardashians, left Armenia to settle in California.

Members of the Russian community left as well. Efim Klubnikin kept both letters, but the second letter of prophecy remained unopened as they traveled through the United States and put down roots in Southern California. Efim and his family settled in Los Angeles. That second letter of prophecy has stayed in possession of his descendants in Los Angeles to this day.

About forty years ago, my grandfather Demos was given the opportunity to open Efim's second letter of prophecy, written decades earlier. Demos prayed about it but did not feel it was time to open it; we could all learn from his sensitivity to God's timing. That second letter of prophecy remains unopened to this day. Different Armenians had asked my father to open the letter because our family carries the spiritual mantle for many Armenian people.

Those who ignored the first prophecy and chose to stay in Karakala perished a decade later, along with 1.5 million other Armenians, at the hands of the Ottoman Empire.

Shortly after my family settled in Los Angeles, they helped establish the First Armenian Pentecostal Church, which I attended with my family on special occasions. When I was young, the congregation still sang Armenian worship songs and continued the traditions of our ancestors, like having the men sit on one side of the room and the women on the other. The elders continued the tradition of kneeling on an Armenian tapestry at the front of the church to pray and wait until they felt the presence of the Holy Spirit, as their ancestors had done. Most importantly, they remembered the story of the young prophet who warned the community to flee Armenia.

This story was often repeated to me because this prophecy, and the obedience of our ancestors, meant the difference between life and death for us.

Throughout my travels, whenever we would run into anyone that was Armenian, my father would immediately ask them if they had lost anybody in the genocide. Every Armenian we talked to had lost at least one family member to the genocide; our family didn't lose a single one. To my father's death, he never encountered another Armenian family that had not lost a single family member to the genocide. And, neither have I. This weighed heavily on my father, who became emotional whenever he talked about it. He often wondered why our family was spared while every other family he met had lost someone. This story has ingrained in our souls just how important prophecy is. It was instrumental in our very survival, spiritually and physically.

Shortly after my great-great-grandfather arrived in Los Angeles, he and his brother-in-law, Magardich, were taking a walk and passed by a house where they heard people worshiping the same way they worshiped. The powerful meetings in that house they discovered gave birth to the Azusa Street Revival. This was a historical, spiritual event that lasted from 1906 to 1915.

A newsletter published by Azusa Street Mission, *Apostolic Faith,* mentioned that a number of Armenian families had visited the church that year. The Armenian Christian community quickly recognized that the Azusa Street Mission worshipped God in a similar way to their own. Their worship was frequently saturated with a variety of spiritual gifts, including prophecy. This confirmed to Demos that the Holy Spirit was transforming people in California, just as He had transformed Demos' family when they were in Armenia!

Soon, the Azusa Street Mission became popularly known as the birthplace of the Azusa Street Revival and the beginning of the Pentecostal movement in North America. People from many nationalities and ethnic groups gathered by the thousands at this unprecedented revival.

These early pioneers of the Azusa Street Revival began to spread their message around the world. For my great-great-grandfather, it was confirmation of what God had instilled in his heart in Armenia. It's no accident that other well-known preachers and pastors, like John G. Lake and Aimee Semple McPherson, were based in Southern California. In Los Angeles, Billy Graham gained the fame that launched his international ministry, partly because of media mogul William Randolph Hearst. He attended his meeting and had an encounter himself. This event must have significantly impacted him. He directed his North American newspapers via telegram to "Push Graham."

My great-great-grandfather Demos collapsed and died before he reached the age of fifty while laying railroad tracks in Nevada in 1906. His life was cut short, but he had done what he was supposed to do. He believed God could do anything. It was his faith that led the way for his family to follow God for generations and generations. I am so very grateful for his obedience.

When he died, his fourteen-year-old son Isaac became the sole provider for his mother and six sisters. These were financially difficult times for the Shakarian family. Isaac earned ten dollars a month selling newspapers, greatly contributing to the family's income when his father was alive. Still, now that ten dollars had to feed a family of eight. But his parents had taught Isaac well. One day when a businessman bought a newspaper from Isaac, the boy realized the man had given him a five-dollar gold coin instead of a nickel. The man had hurried off, so Isaac rushed to catch up with him and jumped on a trolley car, paying the fare out of his meager earnings. When he finally reached the man, Isaac returned his coin. The man did not in any way acknowledge Isaac's act of honesty.

But my great-great-grandfather had raised his family to do the right thing even when it hurts. Maybe that man didn't notice Isaac's integrity, but God did.

Isaac got a better job at a harness factory, and he was able to marry. He saved enough money to buy fourteen acres of farmland

and three dairy cows. In 1913 Isaac and Zarouhi had their first child, a boy named Demos, after the child's grandfather. His vision was to create the largest dairy farm. Within a decade, Isaac's small dairy farm quickly grew to become one of the largest dairies in Southern California. He eventually accomplished his dream and created the largest dairy farm in the world at one time.

My family prospered in the land that God sent them to. However, long before they could do that, before my great-great-grandfather recognized the importance of prophecy, and before my ancestors survived a genocide, the family patriarch had a transformational encounter with the Holy Spirit that changed everything, with the cooperation of a sacrificial one-eyed steer.

The call of God echoes deep within me. When your race is threatened, you have a bond with others whose families survived. "Never forget!" That phrase rings deeply in my heart. My family was spared for a purpose, and our obedience is the key.

In the book of Genesis, God spared the life of Joseph, one of the twelve sons of Jacob and Rachel, for a specific purpose. Joseph had faced evil and adversity but had been placed in a position of great power, which enabled him to provide food for his people throughout a famine. Decades earlier, his brothers had sold him into slavery. Still, when he encountered them later, he said, "You intended to harm me, but God intended it for good to accomplish what is now being done, the saving of many lives".

Despite the evil and adversity my ancestors and other Armenians faced at the hands of the Ottoman Turks, my great-great-grandfather was spared for a purpose. The calling God placed upon my life, my father Richard's life, and my grandfather Demos' life has been infused with that purpose.

CHAPTER 2:
THE VISION

I saw millions of people from every continent lifting their hands in worship to God.

Perhaps some of you are familiar with the work of my grandfather, Demos Shakarian. He is well-known for establishing what became the largest Christian businessmen's organization in the world, the Full Gospel Business Men's Fellowship International. As the founder of the organization, he was used by God to help launch what is now known as the charismatic movement. As the movement has continued to grow, it is estimated that nearly a billion people worldwide have been transformed by God through this work.

From the beginning, Demos' idea of connecting people through the FGBMFI nearly failed until one night when God gave Demos a vision that changed everything.

To me, my grandfather Demos was just Bobby, our family's name for him. My grandmother Rose, we called Mommy. They significantly influenced and shaped my young life. Watching them helped me understand that God could use anybody, whether they were ordinary or influential people. My grandfather was used to success in nearly all of his business ventures; he and his father, Isaac, had made their dairy business one of the largest privately owned dairy farms in the United States and even the world at one time.

A year after Demos started FGBMFI, one of his good friends, Miner Arganbright, told Demos what he already knew: that the organization was not successful.

"Frankly, I wouldn't give you five cents for the whole outfit," Arganbright told my grandfather.

On December 27, 1952, Demos planned to announce that FGBMFI would hold its final meeting at Clifton's Cafeteria in Los Angeles, where it had started a year earlier.

The challenge for my grandfather, as it is for many of us, is that he didn't accept failure easily. At the first meeting, he invited Oral Roberts, one of the most popular evangelists in the world at that time, to speak. The anticipation and excitement ran high as Demos and Oral Roberts entered Clifton's Cafeteria. The night before, more than 12,000 people had attended a rally in Los Angeles organized and paid for by Demos and led by Oral Roberts. The Clifton's Cafeteria banquet room could have easily held hundreds of people, but only eighteen people showed up the following morning. The organization tried to expand to other cities but failed on every occasion.

Demos' original idea for this venture was to connect business-people with one another and with God. The night before the planned announcement, a year after that huge rally, Demos and Rose had invited a friend named Tommy Hicks to join them for dinner at their house. Their conversation drifted throughout the evening, and soon it was midnight. Tommy retired for the night.

What happened next is considered legendary.

My grandfather got down on his knees to pray on the tapestry rug in the living room, much like the men in his church and what his ancestors had done. They waited for the presence of the Holy Spirit. He hoped God would guide him before he made a final decision about the organization. As Demos began to pray, he felt the presence of the Holy Spirit in a profound way.

Demos, will you ever doubt my power? He sensed God was asking him that question.

My grandfather suddenly realized he had been relying on his own power. He wasn't relying on God's power. He knew he needed to rely on the power of the Holy Spirit. As he continued to pray, my grandmother Rose softly played the Hammond organ in the corner of the room. After a while, Rose stopped playing and told Demos that God was "now going to show him the purpose of his life." Such a declaration is known among Christians as a *word of prophecy*, a pronouncement directly from God.

Immediately after this, my grandfather experienced a vision that shaped the destiny of his life and influenced the destiny of countless people. He saw himself looking at the continent of North America. He saw millions of people standing shoulder to shoulder. As he looked closer, he realized they were staring straight ahead, unthinking, not seeing; they were all dead. Then he saw either himself moving or the earth revolving, with millions more from South America, Europe, Africa, and Asia, and they were all dead. He shuddered in horror and wept for them as he prayed. Demos sat stunned at what he saw, but Rose still did not see anything.

"My son, what you will see next is going to happen very soon," she said to Demos.

Suddenly the dream changed as the world continued to revolve. Demos now saw millions of people lifting their hands to God in worship and adoration. They had gone from a state of death to life. God had profoundly changed the lives of millions of people from around the world. My grandfather use to say political differences and race didn't matter. This was reflected in the ethnic diversity within the organization my grandfather started.

At this point, the dream ended, and Rose, Demos spent the rest of the night talking about what God had spoken to them. They didn't get any sleep that night. When they arrived at Clifton's Cafeteria the next morning, Miner Arganbright greeted them at the door and handed Demos a check for $1,000. My grandfather was shocked because Miner had said he wouldn't even give him a nickel for the organization just a week earlier. Apparently, God had confirmed something to Miner as well. Remember, this was 1952, and $1,000 would be worth more than ten times that amount in 2023.

In addition, Thomas Nickel, an editor and writer, showed up. In the middle of their conversation that morning, Nickel agreed to start a publication for the organization that would be called *Voice*. It was still a small gathering that morning of December 27, 1952, but the organization grew exponentially from then on.

Within weeks, new chapters launched all over the United States. In June of 1954, the second National Convention of the organization was held in Washington, and Vice President Richard Nixon was the featured speaker. Nixon was only one of dozens of iconic historical figures my grandfather befriended and influenced in his lifetime. A few individuals that come to mind are Cuban Prime Minister Fidel Castro, United States President Ronald Reagan, Egyptian President Anwar Sadat, Argentine revolutionary Che Guevara, Pope John Paul II, Israeli Prime Minister Menachem Begin, and Sir Lionel Luckhoo, a Guyanese politician and lawyer.

My grandfather met Fidel Castro in 1959 while establishing a chapter of the organization in Havana. Demos stayed at the former Havana Hilton Hotel, now the Cuba Libre Hotel. This hotel had become the temporary headquarters for Castro and his entourage. Still, while they were there, Demos and the businesspeople with him had not seen Castro. At 2:00 a.m. one night, Demos sensed that if he went downstairs, he would meet Castro.

"What are you doing?" Rose asked as he was getting dressed.

"I'm going downstairs to meet Castro," he said.

Rose went back to sleep, and Demos went downstairs and ordered some ice cream. That always makes me laugh, because my father and my grandfather could never resist a little ice cream no matter the hour. As he looked around, he noticed only a few sleepy soldiers in the restaurant. He started talking with the waiter and asked if he could meet Castro when he came into the restaurant that night.

"Castro has not come tonight, and he never comes this late at night," the waiter said.

"Tonight, he will come," my grandfather simply replied.

A few minutes went by. The weary soldiers began leaving the room. As my grandfather paid the bill for his ice cream, he heard the sound of men in boots marching into the restaurant. Demos turned around and saw Castro in the middle of this group.

The waiter mentioned to the security detail that Demos would like to speak with Castro. Demos introduced himself and explained that he was a dairy farmer from California and wasn't involved in politics. He then told Castro what he was trying to do for the Cuban people.

"I like what you men are doing," Castro said.

The two men continued to talk for more than thirty minutes. Castro confided in my grandfather that he enjoyed listening to the radio programs of Oral Roberts and Billy Graham.

The conversation was interrupted when a drunk casino owner from the United States entered the room and asked why the Cuban government hadn't responded to his phone calls and letters. Castro's political colleague, Che Guevara, interrupted the meeting and told Castro he shouldn't trust these businesspeople from the United States.

"They are all capitalist pigs," Che said and yet he continued to engage in the conversation.

Demos was never a person who would let politics or race hinder him. His vision wouldn't allow that. He thanked Castro for his time. Despite this drunken man's interruption and Che's comments, Castro was so impressed with my grandfather that he sent him a prized Cuban steer as a gift. Demos had that kind of impact on people.

Another iconic figure whom my grandfather influenced was former United States President Ronald Reagan. When Reagan was governor of California in 1970, Demos invited him to speak. In turn, Reagan invited Demos to participate in a governor's luncheon. Later that same year, a leader in FGBMFI prophesied that Reagan would become president of the United States.

A few years later, several leaders in the fellowship were invited to meet with Governor Reagan and prayed for him to be healed of stomach ulcers that caused him quite a bit of discomfort. When Reagan ran for president in 1976, some of his political opponents tried to ridicule him over this incident, but Reagan simply admitted that the stomach ulcers had disappeared after they prayed for him.

Another iconic figure influenced by my grandfather was Egyptian President Anwar Sadat. Demos was invited to be part of a delegation from the US government after a peace treaty was signed between Egypt and Israel in 1979. The delegation flew to the Middle East on Air Force Two. Demos wore his traditional Stetson hat with an elegant suit. As he amiably began to talk with people on the plane, many of the special guests invited by President Carter began to ask who that man was with the Stetson hat.

My grandfather conversed with generals, ambassadors, and dignitaries and, with his friendly personality, managed to garner more attention than anyone else on this occasion. Sadat was so impressed with my grandfather that he sent his representative, Kamal Badir, to speak at the grand opening reception for the new FGBMFI headquarters in early 1980. I was a young girl at the grand opening of our FGBMFI headquarters in cost Mesa, California. I stood near my grandfather and I remember feeling so proud at the moment. More than a year later, the international news reported the horrific assassination of Anwar Sadat, reporting that terrorists had killed Sadat for signing a peace treaty with Israel. What went largely unreported were the rumors about Anwar Sadat privately deciding to become a Christian, due in part to the influence of my grandfather. Sadat became a martyr for peace and possibly for his newfound faith.

With iconic figures such as these interacting with the organization, growth seemed inevitable. Soon some chapters held regular gatherings with hundreds of businessmen in attendance. In 1955 the first international chapter started in Johannesburg, South Africa. Soon other chapters launched in Hong Kong, London, and Calcutta. Hundreds of international leaders, presidents, and luminaries became guest speakers and members of FGBMFI over the next few decades.

If my grandfather had not had that vision in December 1952, he would have given up on the organization he had started. But that night, God gave Demos the clarity and passion he needed to complete what God had called him to do. My grandfather, his vision, our family, and FGBMFI would never be the same.

Shakarian, 1975

CHAPTER 3:
THE RENEWAL

Will you give me a drink?
—Samaritan woman came to draw water

We do not become part of a renewal; instead, renewal becomes part of us when we accept the grace it offers.

Nineteen centuries before my family left for America, a young woman listened to someone she perceived to be a prophet. He revealed the truth to her, and she listened to Him, an outsider. She responded to His message of salvation and introduced her community to Jesus. Because this Samaritan woman believed the words of a Jewish prophet named Jesus, she and her village were spared and given the opportunity to enter into a relationship with God.

This story of a transformational encounter with God began with a question.

"Will you give me a drink?", Jesus asked the woman.

This was a rhetorical question, one that Jesus is still asking us today, not because He needs a drink but because we do, even when we fail to realize we are thirsty.

I have long been a runner. I'm not fast, but I am a steady long-distance runner. You learn a lot about yourself from running because you push yourself past what you believe to be your physical strength. At that point, you get what is called a runner's high, a euphoric sensation that makes you feel as if you could run forever.

One of the biggest physical dangers at this point in running is dehydration. Some marathon runners are hospitalized because they don't realize how much water they need to finish the race. Some even die of dehydration. Like a marathon runner who doesn't drink enough water, many of us are slowly dying of dehydration, spiritual dehydration, without realizing it.

Maybe the question we should all be asking Jesus today is, "Will You give *me* a drink of water?"

Just as Jesus offered water to the Samaritan woman, He now offers us *living water*. Most of us are spiritually thirsty, but we have not thought to ask that question because we are unaware of our spiritual dryness. Maybe you have been aching for something more, but you cannot describe what that is.

As Jesus continued His conversation with the woman, she seemed surprised that He was willing to talk to her; she was a Samaritan, He was a Jew, and the two groups were longtime enemies. Most of us can relate to this in a world that has become divided and polarized. Jesus not only asked us to love our enemies but demonstrated that love through His actions.

Jesus explained that He was talking not about the water in the well she was sitting next to but about the living water of God that could replenish her soul and give her eternal life. This water Jesus talked about is often used as a metaphor throughout the Bible to describe the presence of God's Holy Spirit. Later in this conversation, Jesus talked with the Samaritan woman about worshiping God in the Spirit. This is what my great-great-grandfather finally understood in 1892. He was familiar with Christianity but had never had a transformational encounter with God.

Like my great-great-grandfather, this Samaritan woman was familiar with God, but she had never taken a drink of living water until she met Jesus. And then, God used her to reach her community with with the message of hope and salvation, and her community began to follow Jesus.

The Samaritan woman was just about the last person anybody would have chosen to have such a positive impact on so many people! By human standards, she had three strikes against her. First, she was a Samaritan, a group of people historically despised by the Jewish people. Second, she was a woman, which in her context meant she was considered a second-class citizen without basic human rights. Third, she was a sinner. She had failed at five marriages. The man she was living with was not her husband. She was no one's candidate to change a community for the better.

Jesus lovingly and truthfully revealed to her that He knew of her choices that had left her spiritually and emotionally demoralized. Despite her failures, God chose to use her in a powerful way. This was an early example of how God used ordinary people to do extraordinary things for Him. He wants to use you in that way. God chose you and appointed you to bear fruit, to be spiritually productive and reproductive.

As Jesus continued to talk with the Samaritan woman, He turned their conversation to worship. In the Gospel of John, Jesus declared that those who want to worship God "must worship in the Spirit and in truth" (John 4:24). God created us to have a relationship with Him, but often that relationship is fractured or broken through our choices and perceptions. Through Jesus, we have been offered a chance to repair that brokenness, experience salvation, and drink that living water. Through worship, we are offered a connection with God. Through worship, we can begin a conversation with God that opens our hearts to the transformational power of the Holy Spirit, who can change our perspectives, vision, and understanding of the world around us.

Jesus said we need to worship in the Spirit because we need the Holy Spirit to guide us into a relationship with Him. The Holy Spirit guides us and draws us toward God from the day we are born. The Holy Spirit guided the Samaritan woman to meet Jesus at the well to have an encounter with Him that changed many people's lives.

This kind of encounter and its results are what God wants you to experience.

When I was sixteen, I couldn't wait to get my driver's license. My friends couldn't wait to have the freedom to go wherever they wanted. I felt the same way, but where I wanted to go was to the battered women's shelter. I longed to help the mothers and their small children at the facility in any way possible. I had such a burden for these hurting and frightened women. I loved volunteering there as often as possible and teaching them about the love of God.

When Thanksgiving came around, I was at the shelter early, serving food and helping with the children. When I finally got home in the afternoon in time for our family celebration, my father asked me where I had been all morning. I told him I was serving at the shelter.

He often laughed and said, "Who do you think you are, Joan of Arc?" At that time, I don't think my father or any of my family understood how deeply I took it to have the privilege to help other people.

CHAPTER 4:
"MICKEY MOUSE IS EVERYWHERE!"

**Be very careful what you say.
There are ears everywhere.
—Russian hotel employee**

Brianna sat facing me in my lap on the long flight to Moscow. After the flight attendants finished serving our meals, I realized Brianna was smearing chocolate pudding everywhere. I couldn't figure out where she was getting the pudding. Then the lady seated behind me started to laugh.

"All I saw were these little hands reaching between the seats to grab a handful of my dessert," she said when I turned around.

Brianna got some extra dessert on the long plane ride to Russia.

Demos had brokered a deal with a high-ranking person in the Russian government; Demos' part was to bring businessmen to help the Russian businesspeople. In exchange, the Russian government agreed to print thousands of copies of the Gospel of John in Russian for us to distribute with no restrictions. Ironically printed on former-ly Communist printing presses, boxes of these Bibles waited for us at the airport when we arrived in Moscow. They also allowed us to use a few of their largest auditoriums to hold meetings at no charge.

The Russian government set us up in one of the finest hotels in Moscow. We were chauffeured every day in a limousine once owned by Leonid Brezhnev, who was the leader of the Soviet Union from 1964 to 1982. The hotel was one of the most opulent hotels we had ever stayed in. The architecture was stunning, and the furnishings were ornate and exquisite.

I shared a small twin bed with Brianna. In the middle of the night, something ran across my chest. At first, what had happened didn't register, but then I heard a mouse squeaking and felt it running again on my bed. I scooped up my baby in one arm and ran out of the room into the hallway.

While I held Brianna in one arm like a football, I ran around bent over like a mouse, frantically trying to act out what was happening in my room to the floor monitor. Each floor had an attendant who sat at a desk beside the elevator. At first, this woman didn't understand what I was doing, but she finally clapped her hands, threw her arms up in the air, and said in her broken English, "Oh yes. Mickey Mouse is everywhere!" We both doubled over laughing. At that moment, we were just two women who connected over a mouse. It made me smile and reminded me that we are all the same, even if we don't speak the same language.

I jumped in the elevator and went to my parents' room. Brianna and I slept between my mother and father. That night, I felt like I was five years old again. At that moment, all was well in the world, and I fell asleep holding my daughter with a smile on my face feeling safe and warm. After that incident, my father and I often joked, "Mickey Mouse is everywhere!"

Because the Soviet Union had only recently dissolved, food and supply shortages were common. Knowing the uncertainty of getting enough food on this trip, almost everyone on our team brought a few snacks. One Italian businessman brought a big fat salami in his suitcase. We all got a good laugh at his ambitious snack planning.

One day after our meetings ended, this businessman called my father and me to his hotel room. Mice had chewed through his suitcase to get to that fat salami. All that was left was a big, shredded hole in his suitcase. Mickey Mouse *was* truly everywhere!

Amid our frequent encounters with rodents and busy schedules, we occasionally took time to eat at some of the finest restaurants in Moscow. The furnishings and architecture in these restaurants were as elaborate and beautiful as at our hotel. We perused great menus with a wide variety of selections, including steak, fish, caviar, and chicken. We would all order and then the waiters went through the ritual of telling us there was no steak, no fish, and no caviar, but yes, they always had chicken. Everyone grew accustomed to ordering chicken since that was all they had at every restaurant. When the chicken came to the table, there was no meat on its bones, but we were so grateful to be there no matter what the circumstance.

Russia and the other former Soviet countries were still transitioning their economies at the time, and because of that, there were very limited selections in the markets. Even the chickens in Russia were starving, although we did a good job feeding the mice while we were there.

I quickly became friends with the head of security at the hotel. She sat at an elegant desk near the entrance. I remember her fondly. I talked to her every day and asked her many questions. She was naturally guarded but began to answer some of my questions here and there, discreetly, of course.

Once, I asked her if our rooms were bugged.

"Be very careful what you say. There are ears everywhere," she whispered, placing a finger over her mouth.

As I left the hotel that day, she looked at me and quietly said, "Yes." I knew she was answering my question from earlier in the day. Later, I asked her if the vehicle we were using was bugged. She let some time elapse before she carefully gave me one nod. That was a yes to my question. While the country was beginning to open up to Western business and tourism, many eyes looked at us with curiosity or suspicion.

I brought my favorite Bible from my teenage years on this trip. My favorite passages were all marked up. One day, when I stepped out for a late lunch before our meeting in one of the largest arenas in Moscow, a maid stole my cherished Bible while she was cleaning my room. We quickly discovered that the people of Russia were both physically hungry and spiritually starving.

People filled the he Moscow Arena to capacity that first night, and every other night, with hundreds more waiting outside in the cold, hoping to get in. People even sat in the walkways and the stairwells, filling up the exits. Yet the people kept coming, thousands of them. They were so hungry for God. We could hear the cry of people outside of the stadium yelling, and our interpreters told us they were saying, "Please let us in!"

My father was the main speaker, but he invited our group of businessmen to speak. Toward the end of the "meeting" we passed out thousands of copies of the Gospel of John that the Russian government had printed for us on their communist printing presses. This was the deal that my grandfather made with the Russian government before he would agree to come on the trip. Russia was wanting business people to come in hopes of revitalizing the country after the Soviet Union broke up.

After each meeting, we would spend time praying for the people. The first night, we prayed for people from the stage, but as people began to call out that they had been healed, more and more people came toward the stage. The crowds rushed to the stage when they saw the miracles taking place there.

The weight of the crowd caused the large stage to begin collapsing, yet the people kept coming and jumping onto the collapsing stage. Security shouted to everyone praying on stage to run backstage and get out of there. Our interpreter later told us that the people saw the dramatic miracles taking place and wanted a touch from God. I grabbed Brianna and my mother, and we ran through the maze of tunnels behind the stage. We ran for our lives as the people chased us down. Somehow, we got separated from my father and the rest of the group.

Finally, security found us in a room in the back of the arena and rushed us to a waiting car. Our group rode in several cars, the drivers moving slowly through the pressing crowd. As we drove away from the stadium, throngs of people ran beside our car, begging to be prayed for. Some men climbed on the hood of the car, but the drivers continued until the people finally let go of the vehicles. I was so worried about Brianna. I was doing everything I could to protect her in that situation.

Anyone who has been in a riot can tell you that people lose their heads, and it becomes every man for himself. But we arrived safely back at the hotel. As I laid my head on the pillow that night with my baby in my arms, I felt so honored to be a part of something so special that God was doing. As I closed my eyes and drifted off to sleep, I could see the faces of the people crying out, and I could hear my translator saying, "She can see!" or "He can walk!" I watched hundreds, possibly thousands, of people receiving the miracle they came for that night. It was such a profound and beautiful sight to see.

During the panic to get out of the stadium, the quilt that kept my baby warm during the bitterly cold Moscow nights was lost. I asked my new friend at the hotel where I could find a blanket for my baby. She told me where to go but explained that blankets were rationed. Supplies were distributed only on certain days; not everyone would get what they came for. Luckily, they were handing out blankets that day. My mother and I went to the shop where we were permitted to purchase one blanket. I held my baby inside my winter coat to keep her warm, and we waited in line for hours and hours in the freezing weather, but I was grateful. Truly Grateful.

We got a taste of the day-to-day lives of the people of Moscow as we waited in line. I was not the only mommy in that line trying to shelter her baby from the cold. For everyone else in the line, this was their daily reality: waiting for hours hoping for the basic necessities of life and using whatever they could to get them through each day. I was grateful to experience this daily life firsthand and to feel a deeper connection with the Russian people.

CHAPTER 5:
ONLY GOD

The people are being healed within the space of a man's walk. Jesus is walking among them.
—Armenian Translator

The bomb went off right down the street from us. The explosion rocked our car and left us stunned, but our driver turned around in the middle of the road against oncoming traffic and skillfully weaved through the streets of Yerevan like Mr. Toad's Wild Ride at Disneyland. He drove the wrong way down several narrow one-way streets and up on sidewalks as well. I was grateful that my ten-month-old baby in my lap seemed okay, especially because we were sitting in the front seat of the car. We were also thankful when our driver turned around and started going the right way down the busy street.

As two bombs exploded, we raced through the streets until we arrived safely at the hotel. It was 1990, and we were caught in the middle of a firefight as the newly independent country of Azerbaijan dropped bombs on Yerevan, the capital city of Armenia. When the Soviet Union collapsed, Armenia and a dozen other countries found new independence, but Russia strategically decided to arm both Armenia and Azerbaijan in a gambit to destabilize both countries.

This was my first visit to Armenia. I came with my daughter, my parents, and about ten businesspeople. My father and grandfather had been invited to bring businesspeople to Russia and Armenia, both in economic freefall and desperately in need of capital, commerce, and entrepreneurs to provide training and expertise to revitalize their economies. Demos had become too ill to travel that distance, so I traveled in his place and brought Brianna with me.

When we arrived in Yerevan from Moscow, I stood in the capital city of the country my ancestors were from. It was a profoundly deep moment as I thought about when they heeded a prophetic warning and fled. This was not the exact location because of the genocide and territorial disputes, but it was our capital now. This was a volatile time in Armenia and other former Soviet territories. The day following our arrival I walked around the town square holding my daughter in my arms. For some reason, I had an uneasy feeling that day, but the city looked calm, so I thought it would be fine. I enjoyed holding my daughter and taking in the beautiful architecture. Being in a country that meant so much to me was wonderful. I had heard stories about Armenia all my life, but to walk the beautiful tree-lined streets and breathe the air was magnificent. I was surprised that the city looked much like many other European cities I had been to.

I had heard of the large statue of Lenin in the town square. I went to see it, but I couldn't shake the uneasiness that I felt. As I stood at the foot of the statue, a riot suddenly erupted, seemingly out of nowhere. I knew I had to get my baby to the hotel immediately. I tried to leave the town square, but a sea of people rushed toward me. It was obvious that we were in danger. I held Brianna tightly and hid in a narrow gap. I shielded Brianna in my coat as dozens of young people yelled and climbed the statue of Lenin, a symbol of Soviet oppression, and began tearing it down piece by piece with sledgehammers. I didn't wait around to see Lenin's statue actually fall. Instead, I decided to make my escape and head for the hotel. As we pressed on toward the hotel, a sea of young people with hammers and other makeshift weapons ran past us, going the other way. I could hear the angry mob yelling behind me. As I burst into the lobby of the hotel in a frantic state, I looked around and saw a very different picture. Well-dressed people were sipping their coffee casually and calmly chatting or reading a newspaper.

Later that night, my father spoke at a large amphitheater where thousands of Armenians gathered to hear him. The weather was beautiful that night, much like the weather in Southern California. A soft breeze blew through the amphitheater. While my father spoke, people throughout the audience started to shout.

My father thought they were being disruptive and asked the interpreter what they were saying. The Armenian interpreter leaned over to my father and said they were yelling out, "I am healed!"

"Do you see what is happening?" the interpreter asked as more people shouted that they were healed.

My father said he didn't know.

"Look, Mr. Shakarian, the people are being healed within the space of a man's walk. Jesus is walking among them," the interpreter said.

As we looked out into the audience, we saw a pattern emerging. Row by row, people called out that they were healed as Jesus seemingly walked among them.

One of the ladies there was a prominent political leader in Armenia. She didn't expect God to heal her; she had never experienced anything like this before, but as Jesus walked among the people, God miraculously healed her as well. After the service, she walked with my father around the entire amphitheater as she continued to try to understand what Jesus had just done.

Only God can do that.

The next day, my father and the businesspeople in our group were invited to meet with some politicians. My mother and I, along with others in our group, were invited to have lunch at a home out in the countryside. The minute we entered the house, the Armenian ladies took Brianna out of my arms. They immediately put a red scarf on her head and a chunk of shish kabob in her mouth. I tried to explain that Brianna only had two teeth and had never had solid food before, but those ladies just laughed and carried on. Brianna chewed and sucked on that piece of meat the whole time we were there. Even with two teeth, nothing slowed her down. That was the tastiest treat she'd ever had, and no one could get that meat out of her little hand.

The Armenian families showed us so much love. Because of a recent earthquake, they were on rations as they built their now-independent nation. The women made the most ornate and elaborate cakes we had ever seen. They had spent their whole month's rations on that one meal to feed us. I will never forget the love and generosity they showed us.

That memorable lunch was interrupted by another shockingly memorable moment when our driver ran into the house and started frantically whispering with the few men. Something was wrong; our driver told us we had to leave immediately. We were in the countryside, far from our hotel. I jumped in the front seat and held Brianna. My mother was in the backseat of the small car. We drove for a while, and I could tell the driver was on edge the whole time, but he didn't speak English. I couldn't get any information from him, and we didn't have cell phones back then. As we approached the city, we heard explosions in the distance.

A bit later, a small but loud bomb went off across the street to the right of the car where I was sitting. Our driver turned to drive the wrong way down a one-way street. Everyone in the car was strangely silent. I held Brianna as tightly as possible and watched the cars driving toward us. Our driver was determined to get us back to the hotel, no matter what. We heard another explosion in the distance. We later found out that Azerbaijan was bombing Armenia in order to weaken them. Finally, we pulled up to the hotel. My father was outside, pacing and waiting for us.

While we were in Armenia, my father told me the story of Gregory the Illuminator and how he became the apostle to Armenia, which led Armenia to become the first Christian nation in the world.

Ask any person of Armenian descent about the country's spiritual history, and they will proudly tell you that it was the first Christian country. Most historians will also point to the Garden of Eden, said to be located on the western side of Armenia, close to the Ararat valley. Mount Ararat rests on the border of Turkey and Armenia, and historians will likely confirm that this was where Noah's Ark landed. Therefore, you can derive that the location is strategically important to God.

When my father was twenty-eight, some Seventh-day Adventists invited him to climb Mount Ararat in search of Noah's Ark. My father wasn't athletic, so this was an especially arduous journey for him. He flew to Turkey and met with the other men making the journey. They had a lot of equipment and donkeys to carry it.

As they set out, my father was excited but also wondered what he had gotten himself into. One of the men with him said, "Richard, jump!" Without thinking, he quickly obeyed. Ahead of him was a big crevasse he would have otherwise fallen into. This was not a rare occurrence throughout his journey.

I loved my father very much. He was strong when he needed to be but also tender-hearted. Every night on that mountain, he would look across from his vantage point in Turkey to see the lights on the hills in Armenia. Every night, my father wept as he thought about how the Armenian people had been tortured and had suffered so much. He and the team didn't find physical proof of the ark, but it was the journey of a lifetime for him.

My father was set to meet my mother in Rome following that long, arduous trek. He was a mess and went to Istanbul to get a haircut and a shave before flying to Rome.

My father listened to the radio playing in the shop as he sat in the barber's chair. The barber started flipping through the channels on the radio, and my father heard a broadcast of a play in the Armenian language. He asked the barber if he would stop at that channel.

The barber grabbed the straight razor to begin shaving my father's face. He pressed the razor to my father's throat and asked if he understood what they were saying on the radio. Immediately, my father fell silent and didn't utter another word. To request a radio program in Armenian while sitting in a barber's chair in Turkey was still a bit dangerous and underscored the tension between Turkey and Armenia, which still exists today.

My parents met up in Rome at the Excelsior Hotel, which has always been their favorite hotel. My father was so sick with food poisoning that my mother called the front desk to ask if there was an American doctor who could attend to my father; they said there was. The doctor was brimming with stories from the set of *Cleopatra,* for which he had been hired to take care of the actors. While attending to my father, he regaled my parents with tales of all the gossip on the set about Elizabeth Taylor and Richard Burton, whose torrid affair ended both their marriages.

My parents went to the Amalfi Coast after that. They rode in a full bus along those steep, treacherous winding roads. My mother is terrified of heights and was a nervous wreck throughout the journey. I have traveled all over the world, but nothing is more daunting than those narrow, twisting roads. The bus almost filled up the narrow winding road as they traveled high upon the cliffs. Suddenly, the bus driver pulled over as far as he could, which was not much on that narrow road, and stopped. My mother was certain someone's car had fallen off the cliff. After the bus stopped, my parents went straight to the bus driver to confirm her suspicions. The bus driver said casually, "No, no." He explained that Jackie Kennedy was staying at the Amalfi Coast, and she decided she wanted to get some stationery, so they had to pull the bus over to make room for her. Sure enough, just minutes later, Jackie Kennedy came around the winding road in her little red Fiat convertible.

Previously, a renowned scientist had been given a piece of wood to study at one of the most highly respected labs in the world, which happened to be in Switzerland. The man who gave the wood did not disclose a single piece of information about it to the scientist.

Sometime later, the scientist called the man and asked him, "Did this come from Noah's Ark?"

Nothing had been said to the scientist that would lead him to ask that question. The man who had given him the wood said, "Yes!" Because of my family's stature within the Armenian community, that man gave my father the precious piece of wood with corresponding paperwork before he left Europe. Who knows what the truth is, but given the scientific evidence, it's not impossible that the wood came from the ark.

Armenia's history as the first Christian nation in the world is often overshadowed by the conversion of the Roman Emperor Constantine and the dramatic growth of Christianity in the empire after his Edict of Milan declared Christianity a legal religion in AD 313. But Armenia became a Christian nation around AD 301 or a little later. The Roman Empire did not declare Christianity the state religion until the Roman Emperor Theodosius did so in AD 380.

But the journey of Armenia's spiritual heritage took a circuitous route. Tradition indicates that Armenia was first introduced to Christianity by two of the original twelve apostles, Bartholomew and Thaddeus. Other ancient Christian historians mention that churches became established in Armenia in the second century, a generation after the martyrdom of Bartholomew and Thaddeus.

While Christianity made some small strides in establishing itself in Armenia in the first three centuries, the nation was still mostly rooted in Zoroastrianism, a Greek religion influenced by Alexander the Great and his conquest, and other forms of ancient animism. It is said that the original wise men who visited Jesus shortly after his birth were Zoroastrian priests who may have come from Armenia or perhaps farther south in the Persian Empire of that period.

In the latter half of the third century, Armenia had not identified as a Christian nation until a young man named Grigor Lusavorich returned to his birthplace to share his faith with other Armenians. Grigor was born into a noble family, but his father, Anak, became a political rival of the Armenian king. Anak was assigned the task of assassinating the king.

After killing King Khosrov II, Anak was executed, along

with most of his family. Young Grigor's caretakers ushered him out of danger and sent him to be raised by a Christian family in Caesarea. There he met the woman who would become his wife, Miriam, a woman of Armenian nobility, and they began to raise a family. Something was missing from Grigor's life, and he felt God compelling him to go back to Armenia and extend God's message of grace to the Armenian people.

Upon arriving there, Grigor's message was not met with any of the success he had hoped for. Instead, he faced opposition and persecution as the current king of Armenia, Tiridates III, perceived Grigor as a political threat to his reign. After all, Grigor's father had assassinated the current king's father. And so, Grigor was tortured and sent to a very deep pit at the top of a mountain. By all accounts, Grigor lived in this pit for over a decade, with a friend occasionally bringing him bread to survive.

This pit was described as a place full of snakes and rats, a cesspool of infection that Grigor had to survive as he recovered from the wounds he received during his torture. Grigor survived this ordeal, and as he recovered, he sought God and continued to pray for the people of Armenia, including Tiridates, who had imprisoned him. While Grigor continued to pray in this pit, Tiridates encountered a political enemy, narrowly avoiding his demise.

At first, a political pact was formed between Armenia and the Roman Empire, but Emperor Diocletian saw an opportunity to enlarge his empire and betrayed Tiridates to acquire large portions of the western Armenian kingdom. This led Tiridates to the point of crisis in which he became insane. Some sources say he acted like a pig and became demonically possessed. During this crisis, a Christian friend of the Armenian king remembered Grigor and thought he could help Tiridates. The king was surprised to hear that Grigor was still alive; he assumed he had perished long ago in the pit.

Upon his release from prison, Grigor insisted that the king must repent for his sins. The king acknowledged his sins and his need for repentance in AD 297. Grigor prayed for Tiridates, and the king was miraculously healed of his affliction. After this, Grigor began to share his faith with the people of Armenia. It was reported that many people were miraculously healed under Grigor's ministry, and in AD 301, the king of Armenia asked Grigor to baptize him, his family, and the royal court. God radically transformed Tiridates during this encounter, and he helped Grigor establish the Armenian Apostolic Church. Grigor Lusavorich was given the title of Gregory the Illuminator.

Tiridates had initially perceived Gregory to be a threat. But Gregory had come with no ill intent; he had come to bring a message of hope and freedom that would change the course of Armenian history. Eventually, circumstances drew them together, and the former political rivals became allies as Tiridates assisted Gregory in his mission to introduce the Armenian people to Christianity. Within a few short years, most of the population of Armenia had discovered the Christian faith, been baptized, and made public declarations of faith in Jesus Christ.

When I recall the story my father told me about the pit, I can only imagine how miserable and agonizing it must have been for Grigor to survive there for more than a decade. I visited that pit with my father on a trip to Armenia and Russia in 1990. From this pit, you could look north and possibly see where humanity started at the Garden of Eden in the distance, and you could look south and see Mount Ararat, where God restarted humanity through a renewed covenant with Noah.

In 2013, we returned to Armenia and held an FGBMFI World Convention. We took our leaders to Gregory's pit. The stories of all that Gregory suffered in that pit were gruesome. Still, God used this place to prepare and anoint the man who introduced Christianity to Armenia and liberated an entire nation from its bondage.

I often think about the response of the people in the stadiums of Russia and the amphitheater in Armenia, where Jesus walked among the people. I think about the spiritual hunger and desperation of these people. I'm sure many of them may have felt much like Grigor Lusavorich did when he was thrown into that pit and people forgot about him. But God did not forget Grigor, and God has not forgotten those spiritually hungry people either. And God has not forgotten you.

Until she met Jesus, the woman at the well was spiritually and emotionally starving. But she quickly recognized there was something different about Jesus. How tragic it would have been for her and her community if she had dismissed His message because of her limited vision or prejudice. The divisions in our world today can only be healed through the one who offers us hope, reconciliation, and healing.

Paul encountered this person on the way to Damascus and extended the gospel message to even the gentiles he had previously despised. Jesus was in that pit with Grigor and prepared Grigor to become a messenger of hope for a nation. Tiridates III of Armenia was introduced to Jesus through the one he believed to be his political rival, and together, he and Gregory were transformed.

While we were in Russia and Armenia, we saw people in two nations transformed by the power of God. They went from who they were to whom God called them to be. It was clear that love and grace had never lost their power.

CHAPTER 6:
NOTHING COULD STOP HER

My grandmother stayed the course.
—Brenda Shakarian

My Norwegian grandmother, Elizabeth, is one of the strongest women I've ever known. For that reason, I named my daughter, Brianna Elizabeth, after her. I loved my grandmother more than words can say. She was my safe place. My parents traveled a lot when I was young, so my Norwegian grandparents took care of my sister and me. I couldn't wait to go to bed because my grandmother would tell me stories about China, and I could not wait to hear them again and again. As a young girl, it was exotic and different from the world I was growing up in. The customs, what the people wore, and what they ate fascinated me. As she shared her stories, I would see the colors of the clothing in my mind, and it was as if I was there with her. If one night she forgot a detail in one of her stories, I would stop her to make sure she included every detail. I couldn't get enough! I dearly loved her.

While attending Oral Roberts University, I got the call that she had died. I have no words to express the profound loss that I felt. She was selfless and brave in a way that is seldom seen in people.

She was some kind of woman!

Elizabeth was born and raised in Norway. Most of Norway is Lutheran, and until recently, the Lutheran Church was the state Church of Norway. Even in my grandmother's day, you were expected to become a member of the Lutheran Church. As a teenager, a boy invited her to attend a prayer meeting in his parents' barn. There, she had an encounter with God that changed her life. She became filled with the Holy Spirit and transformed by the power of God.

After this experience, she sensed God was calling her to be a missionary to China. In Norway at that time, you could not raise money for missions unless you were a Lutheran missionary. Because she was no longer Lutheran, she had to raise her own money. Her family didn't know what to think. Many people went to America to raise money for missionary work at that time. America was founded on faith in God and biblical principles, and Americans were known to be generous people. She talked a girlfriend her age into going to China with her, which tells you a lot about her charm and determination. Don't you just love her already?

Elizabeth decided to go to America and raise the money she needed; then, she would travel to China, where she had no contacts or connections. She had no idea what to expect but was determined that whatever came her way, she would meet the challenge.

This is how I know that I am deeply connected to her. I would have done that very same thing. She was a gutsy girl, and I loved her for her courageous heart! What a woman, especially in those days when travel was so slow and uncertain. To her parents' credit, they let her go on this journey into the unknown.

While visiting relatives in Norway many years ago, I interviewed her only remaining sibling. Her sister was in her nineties at that time. I asked her about my grandmother's journey in great detail. She said their parents didn't know what to think about it. They had a Norwegian contact in Minnesota, so they knew she had somewhere to start, but that was it. Then she was off to China, which in those days might as well have been Mars.

The day Elizabeth departed was such a profound time. Family and friends came out to the huge ship to see her off. She hugged them all and climbed aboard this enormous vessel hoping to do enormous things with God. Her family stood on the dock, lined up in a row, furiously waving to her as though beckoning her to come home. Her sister said the family was certain they would never see her again.

She arrived in America and traveled until she reached Minnesota, where many Norwegian immigrants settled at that time. Even today, many Norwegians live in Minnesota, including some of my relatives. When Elizabeth got to Minnesota with her friend, they stayed with a family, and fate took over. Elizabeth met Oscar Klingshiem, the love of her life. Oscar worked on his family's farm, loved God, and wanted to serve Him somehow. Elizabeth visited families and churches and shared with the people what God had laid on her heart.

Elizabeth received enough financial support and was finally ready to set off for China, an unknown land full of mystery. At the last minute, her girlfriend decided she wanted to stay in America. Although disappointed, Elizabeth stayed the course. Nothing could stop her. She took her few belongings with her and set off on her journey, leaving behind her girlfriend and her new friend, Oscar.

I can't imagine the emptiness she must have felt and the questions rolling around inside her head as she embarked on her journey and found herself profoundly alone. Yes, she was the bravest woman I have ever known. Back then, the ship and the boats she had to take on her long journey must have been so unstable and scary. It was also dangerous for a young girl to travel alone.

She spoke only Norwegian and some English. These were uncertain times in China; a previous war with Japan had already weakened the country, and the looming threat of a Communist insurgency was always present. Because of this, the government of China was often suspicious of outsiders.

In all the stories my grandmother told me of her time in China, she never once mentioned the danger or the fear that must have gripped her. She shared her love for the people and her heart for the children and the elderly. She shared how she struggled and finally learned the language.

But I never heard her talk about the cost, and I don't mean money. I mean the loneliness and the fear. She never mentioned what it was like being so far away and cut off from everything and everyone familiar to her. She remembered China with great joy in her heart. She began to learn to read her Chinese Bible and fell in love with the Chinese people.

To put in perspective the profound cultural changes she was dealing with when she was living there, the Chinese were still binding the feet of little girls because they considered small feet beautiful, and binding stunted the growth of their feet. They continued this practice in some regions until 1949. I was fascinated by that and asked her endless questions about the culture and the people, and I always asked, what did they wear? Her work there brought her so much joy. She eventually began to run out of money. She knew she would have to return to America to raise financial support again, as so many missionaries in those days did. She was determined to return to China as quickly as possible to continue the work she loved so much. She had no desire to live anywhere else. China had become her home.

When she returned to Minnesota, Oscar was waiting for her there. Their love had grown while she was away, and they both wanted to serve God together. They married in Minnesota and collected the donations they needed to return to China. As they prepared to leave, they began to hear of some trouble brewing, then the dreaded news that they feared was happening came to be, and they could not go back to China. In 1927, the possibility of civil war between the Communists and the Chinese government made the country unsafe for foreigners, especially missionaries. Although missionaries wanted to help build the Chinese nation, the whole idea of foreign mission work was under attack. Christian schools were now subject to government regulations, which required all organizations to have Chinese leadership. This caused many missionaries to leave China as support from their home nations dissipated. As a result, my grandparents remained in America for the rest of their lives.

Oscar became a much-loved pastor for many years. My grand-mother wore a dress and stockings every day and always took good care of herself. She never looked sloppy. I don't remember her ever wearing pants. Whenever there was a celebration of any kind, my grandmother would pull out the same fur stole for the occasion. She was a lady, and my grandfather treated her as such.

She made the most of what they had, and I have done the same in my life. She is the woman I emulate the most because she was selfless and good. I remember so vividly how Oscar would kneel on the floor next to Elizabeth and fasten her shoes whenever they left the house. He continued to do that as they grew older, even though kneeling and getting up again must have been difficult for him.

What a love story, and what a woman! Elizabeth never returned to her beloved China. However, China was part of her soul and remained with her until her death.

CHAPTER 7:
THE VISION CONTINUES

No matter what the condition of the world around us,
we will be the happiest people on earth.
Demos Shakarian

By the time I was born, the FGBMFI, founded by my grandfather, had become the largest Christian businessmen's organization in the world. It had spread to dozens of countries worldwide and would soon be an active and vibrant organization in over half of the world's nations. However, my grandfather never wanted this to be just another organization.

Demos simply wanted a meeting place where people could find God. Business leaders from around the world found a safe place where they could connect with God. The transformations that took place in their lives were miraculous.

While chapters of this organization continued to spread all over the world, my grandfather wrote a book called *The Vision Intensified,* in which he reminded readers that God would never touch two people or two places in the same way. God, in His infinite variety, continued to do unique things at every conference we held and in every country this organization reached. Every chapter and every meeting was different. God frequently reminded my grandfather to allow the Holy Spirit to control each meeting and conference.

A divine pattern emerged as God continued to use my grandfather to grow the organization. Everywhere my grandfather went, Demos was reminded that he didn't need large numbers. He only needed a few faithful people in each location to do something significant for God. Soon the organization my grandfather started touched thousands, millions, and eventually hundreds of millions of people directly or indirectly.

Some of my first memories as a young girl are of sitting with my father and grandfather in a hotel suite late at night after an evening meeting at a world convention. Businesspeople shared their personal stories, and guest speakers spoke about what God was doing around the world. Other children from my family would sometimes come to those suites to stay a short while or grab a sandwich, but I never left the room.

Over the years, I remember sensing God there and feeling warm tears rolling down my cheeks as I realized God wanted to use me. I continued to travel with my father, and occasionally my grandfather, Demos, all over as God moved in the hearts of people. I loved it so much that I went to every meeting I could. Not only business leaders but world leaders such as Jimmy Carter and his sister, Ruth Carter Stapleton, spoke at our meetings.

Other leaders who spoke for my grandfather included most of the sitting Presidents during the years of FGBMFI, including United States President Ronald Reagan, along with celebrities such as Pat Boone, Roy Rogers, and Dale Evans. Under my father, speakers included the Armenian Catholicos, sports figures George Foreman, Evander Holyfield, and actor Mel Gibson. In addition, a host of congressional representatives, senators, and governors were frequent participants and speakers at our meetings. The Christian leaders who spoke at our meetings are too many to mention, but included Billy Graham, Reinhard Bonnke, Fred Price, evangelist Kathryn Kuhlman, and Andrae Crouch, who supported me at my first Love in Action event, just to name a few.

So many world leaders and famous singers came to our meetings! Soon the world took notice as millions of people began to be transformed through the thousands of chapters of FGBMFI and the hundreds of regional, national, and world conventions globally.

During this time of enormous popularity and influence, my grandfather published his autobiography, *The Happiest People on Earth,* which sold millions of copies in the next few years. Millions more were touched by his story and the story of my ancestors who came from Armenia. Every year I looked forward to going to the FGBMFI World Convention. In fact, the only occasions that I missed the World Convention were when I gave birth to my children.

As a little girl, I had one consistent prayer at every convention. I wanted to be filled with the Holy Spirit. At our children's meetings each year, our wonderful children's leader would explain the baptism of the Holy Spirit. She would pray with each one who raised their hand for prayer. I waited for this moment, and my hand would shoot up. I prayed and prayed to receive this very special gift. Each year, every time I prayed, nothing happened. For two years, I prayed the same prayer: "Lord, fill me with Your Holy Spirit." After a while, I began to think I would never receive this special gift.

At ten years old, I went to our next World Convention, and I continued to pray, "Jesus, please allow me to receive this special gift!" Finally, on the last night of the convention, I received the gift of the Holy Spirit and felt tears uncontrollably streaming down my face. Even as I write this, decades later, those tears keep coming. I am still awed by God's constant love, grace, and care for you and me. What a wonderful God we serve.

Whenever I traveled with my parents, I enjoyed going to my grandparents' hotel suite and lying down on the bed next to my grandmother to watch television while we rested between meetings. My grandmother always shared a box of See's Candies with me. Even at home, an open box of See's Candies always sat on the table. I don't think I ever visited them when they didn't have some See's

Candies to share. Some of my fondest memories of my grandmother Rose are sitting in bed with her and eating a seemingly endless supply of See's Candies while we watched television. I felt warm and loved and special. I have carried on that tradition. Whenever I visit friends or family, I often bring a box of See's Candies to share.

Demos was funny and enjoyed making people laugh. He definitely enjoyed a good prank. He always remembered people's names and professions. I always thought, *How does he do that?* Not only was I blown away at his gift of memory for people's names and the businesses they were in, but everyone else was also amazed by this. Even when my husband Terence first met my grandfather with my dad, my grandfather said, "You are an evangelist!"

Terence said, "No, I'm a businessman," but my grandfather discerned his gift. Even after his stroke, his mind was still sharp. He lived his life to the fullest. I never thought about his age and certainly never entertained the thought of him not being with us.

I dearly loved and respected my grandfather Demos, but I was suddenly reminded of the reality of this life and its limitations. Paul wrote to the Corinthians, "But we have this treasure in jars of clay to show that this all-surpassing power is from God and not from us" (2 Corinthians 4:7). My incredible grandfather had become frail and vulnerable. He was like that jar of clay Paul spoke of. He was a human vessel God had used in extraordinary ways. In this ordinary vessel of clay, God chose the most valuable treasure in the world, His presence, to demonstrate His power. Despite his newly discovered frailty and humanness, Demos pressed on, and God continued to use him. This impressed me to pray for people more than ever.

Demos wrote a new book titled *Come Let Us Exalt Him.* God had begun to remind Demos that his purpose on earth, and the purpose of every human being, was not simply to be used by God in miraculous ways. Our purpose was also to exalt God and glorify Him in our words, actions, and hearts.

While many other organizations emphasized the importance of revival at this time, my grandfather reminded people that God didn't want revival but rather habitation. God wanted people who allowed His Holy Spirit to inhabit and fill them. God frequently reminded Demos that the organization he started was called to bring people around the world to Jesus Christ.

After my grandfather's stroke, people in the organization began to ask questions about succession and the direction of the organization. Demos felt my father, Richard, should lead the next generation, but some close family members resisted that idea. By this time, the fellowship had a large international headquarters in Southern California. Demos hosted a television show and authored nearly more books. But his health and vigor were not what they had been. He had sacrificed millions of dollars of his own money to support the expansion of the organization.

My father sometimes allowed his grandchildren or me an opportunity to share at meetings and conventions. Whenever he asked us to come forward, my older sisters always pushed me ahead to speak. For some reason, I was comfortable, from age thirteen, speaking on stage in front of hundreds or thousands of people. I never had anything prepared because it was always spontaneous when they wanted to hear from the Shakarian family. Even at fourteen years old, I felt at home on the stage, but it was more than that. In those moments, I felt I was doing what I was created to do. I quickly learned that God wanted to use me to help people. Adults began to recognize God's hand on my life and that I had a unique calling to fulfill. From that time forward, many people have told me I carry the same anointing as my grandfather, Demos.

Over the next two decades, no less than ten major leaders, prophets, and guest speakers prophesied that I carry the anointing of Demos Shakarian. The leaders said I was to be my father's successor. Looking back, I realize that three obstacles stood in the way of fulfilling my spiritual destiny: I was a woman, I worked with other human beings with their own limitations, and I encountered the politics of ministry.

The first realization might be obvious because my grandfather founded the FGBMFI to reach businesspeople. But in the process of reaching millions of men, the organization also reached millions of women and children. From day one at Clifton's Cafeteria until now, FGBMFI transformed not only men but also families. Because of my calling and my leadership abilities, I quickly became involved in reaching young people through this fellowship. However, our human reality quickly crashed into my world when my grandfather had a stroke that devastated his health.

Eventually, the needs and expansion of the fellowship quickly superseded and overcame the funding of the FGBMFI. In addition, internal politics and accusations led to an attempted coup of Demos' leadership. In reality, a few political men in the organization took advantage of my grandfather's failing health, and these few men tried to take over the organization. They began to circulate letters around the world trying to discredit my grandfather and my father, and as a result, some people left the fellowship.

Despite these setbacks, my grandfather persevered. He gained a new urgency to spread his message of transformation and hope to millions of business people over the next few years, but my grandfather's body began to weaken. In 1992 his health worsened. He asked that the executive leadership appoint Richard, his son and my father, as his successor. Some leaders in FGBMFI and family members voiced their disagreement with this decision, but the organization remained unified until my grandfather passed away on July 23, 1993.

CHAPTER 8:
THE ROAD TO CHANGE

Something like scales fell from [his] eyes, and he could see again.

Have you ever been completely wrong about something and realized your mistake? Maybe you were young, and your parents confronted you about something you did, and you had to face the consequences of your poor decision. When we confront our mistakes or bad choices later in life, we are often slow to confront our faults. Often, we do not see the harm we are bringing to ourselves and others around us. Such was the case with Saul of Tarsus on his way to Damascus.

Saul identified himself as a Pharisee who knew the Bible exhaustively and defended what he believed as he vigorously opposed, arrested, jailed, and sentenced those who threatened his beliefs to death. Those in power supported his efforts, so as he tried to obliterate a group of people who threatened what he believed in, he was permitted to continue his campaign and go to the city of Damascus. But something, or rather someone, met him on the way there who would change the trajectory of his whole life. He encountered Jesus.

When Saul, who became Paul, first met Jesus on the road to Damascus, he didn't recognize Him or know who He was. But Jesus knew Paul and asked him why he opposed Him. Paul thought he was helping God but discovered through this encounter that he was acting in opposition to God and His purposes.

I had my first personal encounter with Jesus when I was only eight years old. While watching television one night, I saw a family friend singing on the program. His name was Andrae Crouch. Tears streamed down my face as I watched him in my bedroom that night, and I accepted Jesus into my heart. From that point on, I perceived the world around me differently.

After Paul encountered Jesus, his perceptions, goals, ambitions, plans, and everything about his life changed dramatically. This person who formerly devoted his life to persecuting Christians now identified as a Christian. His reception among Christians came slowly, and many early Christians distrusted him for quite some time, perhaps fearing for their safety. However, the reaction among those who previously employed and supported him was swift and strong; they sought to silence and destroy him. His early Christian supporters helped him avoid imprisonment or death by enabling him to escape Damascus.

He fled to the city of Jerusalem and became acquainted with his new family of believers there. This was not the reception or change Paul had envisioned after encountering Jesus. Sometimes our vision is limited by myopic perceptions that can only see so much, but God's vision is unlimited. My great-great-grandfather had a limited perception of God. His spiritual eyes were blinded to the truth, and it took the miraculous gift of a son named Isaac, and a prophetic confrontation with a Russian Christian, to remove the spiritual scales from his eyes. Sometimes it takes an encounter on the road to Damascus to help us begin to see more clearly what God wants us to do.

While his encounter with Jesus changed his life, Paul's life certainly didn't get easier; it got more difficult. His previous employer provided protection and the power of the provincial authorities to assist him. He was on his own now.

Paul wrote to the Christians in Corinth that he had been whipped, beaten with rods, and shipwrecked while preaching his new faith. He also wrote that he was pelted with stones and left for dead but continued more courageously to present his faith to all who would listen, despite the dangers. He sacrificed his prestige, reputation, job, and safety for something, or someone, he encountered on the road to Damascus.

Because of his dedication to his newfound faith, he became an apostle and a prolific writer of the letters that became books of the New Testament. This new faith began to spread to other regions of the Roman Empire. He paved the way for this burgeoning Christian experience to become a global phenomenon. To accomplish this, Paul's former enemies had to become his allies. Not only did Paul have to accept that the people he once persecuted were right and he was wrong, but he also had to change his whole perception of humanity.

Paul was born into the family of Israel, chosen by God, who declared that His people would one day have a messiah. Abraham, the patriarch of Israel, was blessed by God, but the primary purpose of that blessing was so that Abraham and his descendants would become a blessing to everyone else in the world. When I feel God's presence in my life, I can easily forget the purpose of that blessing. Over centuries, as God continued to bless Israel and declare them as His chosen people, they sometimes forgot this blessing had a purpose that would ultimately bless every other nation and ethnic group on the face of the earth.

Paul was born a Jew. He was a devout Pharisee and a follower of that particular branch of Judaism. However, like most of his Jewish peers, Paul began to believe God's blessing was their exclusive right and that a relationship with God was only available to believers of Jewish descent. The prophets of Israel warned the Jewish people of the dangers of spiritual arrogance and privilege. Jesus frequently challenged that perception by dining with sinners and tax collectors and talking to outcasts, like the Samaritan woman at the well.

Paul's encounter with Jesus radically transformed the trajectory of his life, and he became known as "the apostle to the Gentiles". His Jewish upbringing taught him that gentiles were dogs, less than human, and unworthy of God's blessing or the opportunity to have a relationship with Him. That all changed on the road to Damascus. Jesus changed Paul's perception of humanity. Previously, Paul had no idea how far he had strayed from God's purposes for his life. Still, he began to understand God's vision for people, as he confidently declared that "there is neither Jew nor Gentile, neither slave nor free, nor is there male and female, for you are all one in Christ Jesus".

CHAPTER 9:
LOVE IN ACTION

You are going to get yourself killed!
Curtis "Earthquake" Kelley

In 2000, I started a nonprofit humanitarian organization called Love in Action, designed to help people in need and connect local services. Throughout Los Angeles and Orange County," the people I met had so many needs and experienced so much hopelessness, and I wanted to do more for them. I decided to go to the most violent community in Southern California: the notorious South Central Los Angeles.

Twenty years earlier, South Central was the center of the Watts riots, which set much of downtown Los Angeles on fire, as it became a combat zone for nearly a full week. I went to the most violent part of South Central, Ted Watkins Park, to hold the first event for Love in Action. At that time, it was a hotbed of conflict, where the area's two largest street gangs, the Bloods and the Crips, waged a constant, bloody war over territory. Bloodshed was the currency of the day.

I didn't have a single contact in that neighborhood when I first showed up. My children didn't know their mother was entering gang territory by herself after I dropped them off at grade school, risking her life twice a week for ten hours a day to help people she didn't know.

But those children could be my *children*, I thought.

South Central is an hour from where I live. I will never forget the first day I exited the freeway there. I had lived in Southern California all my life but never pulled off the freeway in that area. It felt like another country. An appropriate amount of fear fell over my body. I started down the street and felt as if everyone was staring at me, both drivers and pedestrians.

South Central is a bit safer now, but when I was spending time there, it was very dangerous. Within minutes of leaving the freeway, a police car pulled me over. The police assumed I was lost; they offered to escort me back to the freeway. I told them I was there intentionally and briefly explained what I was trying to do.

"That idea could get you killed! You need to go home!" one of them said.

I told them I was going to the local schools to get to know some educators in the area. They realized I wasn't leaving and reluctantly escorted me to a school, where I met with the principal.

I started going to South Central by myself twice a week to meet with local businesses, educators, first responders, gang members, and everyday people doing great things to feed or help their community. I told them I planned to hold an event and invite the Bloods and the Crips. Everyone said, "Don't do it!" But nothing could stop me.

I focused most of my time on children and young people. I set a date for the event, the day before Thanksgiving, three months away. I began spreading the word that the community was invited to come. I wanted to make a difference there, primarily with the families. My immediate concern was to bring the community together, provide practical help to families and young people, and love basically everybody no matter what. I was working full time, going to South Central twice a week on my days off, and taking care of my own children, who were in elementary school. I didn't know whether I was coming or going for those three months.

Every time I went to South Central, I would spend half the day in the projects with the children, who were hungry for love and attention. On one occasion, a couple of gang members used their car to push mine into a ditch. Just as they jumped out of their car and started heading toward me, a police car showed up out of nowhere, and the gang members drove off quickly. This was a threatening environment for me, and the experience was terrifying. There was not one thing in my background or in my experiences that could prepare me for this.

I persisted because of the kids. I would knock on the doors of random apartments in the notorious South-Central projects every week and ask whatever adult would answer the door if I could take their young child to the playground for the afternoon. No one ever questioned me about who I was or what I would do with their child.

Many of the mothers or siblings were addicted to drugs and alcohol. I will never forget the first door I knocked on. Some shady guy had followed me to the apartment. A woman answered the door, and she was clearly out of it. There was a big, tough-looking man at the door with her who was, let's say, openly fond of her. That mother waved her little girl over to me without a single question being asked. The first chance I had alone with that little girl, I asked her how old she was. She was six years old and as precious as they come. I would knock on one door after another, collecting young grade school-aged kids until I had maybe ten or more kids. I was always terrified because there were drugs and God knows what else. Everything was going on there. The terror I had for myself always dissipated once I took charge of all those kids every week. My chief concern was those precious kids born into an imperfect world. The moment that we got to the sandbox every week, the first thing that I did was comb the sandbox for razor blades and needles before I would let them sit down. I would cradle the kids around me as best I could to shelter them through the storm. Those kids became mine in my heart and soul. Just thinking about them now warms my heart.

These children were so precious. They want what everyone wants. To love and to be loved. I told them stories from the Bible. I taught them songs about Jesus, and every week, I got more and more kids that wanted to come with me. I asked people to donate Bibles for the children; over time, many adults wanted one too. I tried to get as many children's Bibles as I could, but some little kids received thick study Bibles that were almost as heavy as the children. I told each child who received a Bible that this was a very special book and to keep it close. I told them to place their Bible underneath their bed and pull it out to hold it whenever they felt afraid or alone. Many of the younger children could not read the book they were given, but the Bible became a symbol of safety and shelter.

While talking with them, gunshots and gunfights often started across the street or nearby. I would huddle the kids together, and we would start singing as loud as we could as if nothing unusual was happening. I would be thinking how crazy this was, but I just kept singing louder and louder. The dichotomy of the moment was not lost on me. The kids had learned to live like that, and so I did also. It makes me cry just thinking about it. But the gunshots only fortified me. I would lead the kids to sing louder as we sang about the goodness of God. And you know what, I felt strong and defiant.

Gang members as young as thirteen frequently propositioned me, openly brandishing weapons and huge rolls of hundred-dollar bills. Some kids even wore big gold Rolex watches. For the next three months, the teenagers and some adults continued to flirt with me until they began to respect me. Once they respected me, they became my best protectors. Now I was getting somewhere.

A former heavyweight boxer named Earthquake Kelley and Ben Rodriguez heard what I was doing. They came looking for me.

"Girl, what are you doing? You are going to get yourself killed!" Earthquake said.

They became my bodyguards here and there when they could from that point on.

I started making plans for the Love in Action Family Day in the most violent park in the most violent section of South Central. I gathered food, toys, bicycles, and new clothes to give away. I never had the money to put on any of my Love in Action events; I just believed that I could do it. I dreamed how I could help people and then sold anyone and everyone on the dream. People jumped on board. Whatever I got, I gave away and I did every time. I established a pattern of outreach I have seen replicated for years in many cities.

I started calling local businesses and told them I was organizing a family day in the park, with an area for extreme sports, another for young kids to play games and hear stories about God, face painting, and a giveaway of new toys and bikes. I convinced businesses to donate time and money for youth sports. I persuaded universities to help young people apply for grants, scholarships, and college admission to get an education. On the main stage, celebrity friends of mine would share their testimonies of how God changed their lives.

Several weeks before the event, I wanted to pray over Ted Watkins Park, the largest park in South Central. I asked friends to walk with me through the park to pray for everyone's safety. My friends were terrified, but a few agreed to walk with me. I felt it was necessary to be spiritually prepared for this event. We took those prayer walks for the three days preceding the festival.

I informed the South-Central police chief about our family day only a week before the event. I was eager to tell him about the programs we had organized, the food and toys we would give away, and the entertainment. I got so excited that I didn't sense his apprehension.

"Okay, are you done now? You cannot hold this event, it's not safe. I cannot send anyone to protect you," he said.

I told him we would be there with or without the police and that I hoped to see them there. What I didn't mention was that I had invited the bloods and the crips to be there. I fully expected for them to come.

I hadn't heard back from the chief of police. When the day came, I arrived at 5:30 a.m. to set everything up with the one hundred volunteers I had enlisted. Police patrol cars were already at the park ready to serve.

The police and many others in the community feared violence would break out between the two gangs. But months earlier, I met with a city-appointed gang mediator who helped me communicate my intent and work out a truce between the two rival gangs for the festival. It turned out my own work at the sandbox with the young children earned me the respect of both gangs. I hoped my relationship with them was enough.

At the event, we had two programs running simultaneously: one for reaching children and one for reaching everyone else. Grammy Award-winning singer and songwriter Andraé Crouch, who was a very dear friend, sang with Sandra Crouch and his band. Fred Price Jr. and his band joined many other singers, athletes, and actors, including one of the major cast members of the famous hit show ER. Football player Rosie Grier brought some other famous football payers to talk with the kids and throw a football around with them. As darkness fell on the city and I was wrapping up the event, I noticed that Andraé Crouch was still lingering in the park, and I told him he could leave if he wanted. However, he stayed until the very end and said, "If you were willing to do this for my people, then I am not leaving until you leave."

In-N-Out Burger provided free cheeseburgers, fries, and a drinks to everyone who attended. Each family received a bag of groceries, and the line was around the block. On the main stage, each special guest shared their faith and what it meant in their life in their own way. We had a big stage for the kids at the other end of the park. We had face painting, and the kids won bicycles and toys. They had races and listened to beautiful stories about how much God loved them.

Along with thousands of people from the community, both gangs showed up. The Bloods stood at one end of the park, and the Crips stood at the other. As they looked on and listened, not a single incident occurred that entire day, aside from thousands of people having a chance to hear the goodness of God.

Some members of the Tuskegee Airmen, the famous African

American heroes of World War II, showed up in uniform to support. They had heard about our event and wanted to support us. Celebrity friends of mine showed up to give me their support. I invited many of them on stage to share their personal life-changing stories. It was such a success that the police sergeant overseeing the park approached Phil Aguilar, my head of security. He had something to say.

"You tell that little lady over there that this is the most incredible thing I have ever seen," he said. "Tell her if she ever does this again, we will be more than ready to provide security for her at any event she wants to do in this community."

Earthquake Kelley approached me after the event looking so happy. His son had listened to all the speakers, stayed close to the stage the whole day, and dropped his head when it was time to pray. The Kelleys lived in that community and witnessed the drug abuse and violence surrounding them. I knew Earthquake had been praying for his son, a good kid, not involved with drugs or crime but just struggling with his faith. God got his attention that day.

Two days later, his son and a girl drove to the very same park that we were just at. As they parked the car, a gang member approached him and ordered him to get out of the car. He paused for a moment, and the gang member shot and killed him. A heartbroken, distraught Earthquake called me later that day. He was heartbroken but he was comforted that God had spoken to his son just a few days earlier. This tragedy reminded me of how important the work was, reaching and helping young people like Earthquake Kelley's son.

A week later, I was invited to be a guest speaker at the funeral of Kelley's son. Biker leader Phil Aguilar, offered to help provide security for me at the funeral and any future events I wanted to hold in Southern California. Phil was an ex-con who had started a church for bikers called Set Free by Christ and created a motorcycle gang called Christ's Sons. They were an intimidating group of men.

Phil called me up and said his guys would like to escort me to the funeral. When he came to my house he had arranged to lead a full contingent of bikers to the funeral in South Central following my car. Some two dozen tough-looking bikers showed up at my doorstep that morning and escorted me to the funeral. We formed a cavalcade going eighty mph. They followed me down the freeway. People were pulling over and taking pictures. With all of this security around me, I felt like the President of the United States.

For the next ten years, I continued to organize events like this in other communities through Love in Action. Whenever I did, I could be sure of three things: One, I would never have enough money to hold the event; Two, I would never find enough people to help; Three, I would have no reason to think I could pull it off. Despite all that, God showed up and showed off every Time.

In every city I went to, I focused on transformation through outreach. I met with city officials, school administrators, first responders, and community leaders to ask for their cooperation and participation. I started visiting small businesses and homes to gauge the heartbeat of each city and get them involved at a grassroots level.

I held events all over, but my heart has a special attachment to South Central out of my love for the precious children who lived in the projects and became my dear friends. I also met many unacknowledged angels, such as a lady who would cook food for anyone who needed a meal. Right out of her own kitchen, she would give anybody who knocked on her door a plate of food. Many others played significant roles in these outreaches. I was probably the most unlikely person to try to do such a thing and the last person this community expected to come and help them.

God allowed me to help change a community, one person at a time.

I hope this encourages you to listen to the Holy Spirit, to be led by His promptings, and to begin to see the extraordinary things God can do through you. If God could use me, a struggling single mother, to help change South Central, He can use you. With tenacity and faith, you can do much more than you think you can. I want you to see that you can stretch beyond your circumstances and do, through

His power, what only God can do!

Jesus has done a powerful work in my life. He did the same in the life of the Samaritan woman at the well. If you are willing to worship God, you will begin to see God work in and through your life in astonishing ways. It all begins with worship because, first and most importantly, God wants to have a real relationship with you. You get that through worship.

The Samaritan story exemplifies the incredible opportunity and dream that Jesus invites us to participate in. After His encounter with the woman, His disciples met with Him, concerned about His physical health. They wanted Jesus to eat something. Jesus decided to use a food metaphor in response.

"Open your eyes and look at the fields! They are ripe for harvest" (John 4:35). Jesus refers not to literal crops but to the fields of humanity, teeming with people who are searching and thirsty.

He declared a prophetic vision that the world, including the Samaritans, was ready to reap a harvest. Every time I read this story, I think of the children in the projects of South Central, who were already ripe for harvest. Later, you will read about Paul the Apostle, Gregory the Illuminator, and more about Demos Shakarian, me, and other ordinary people whom God used to change the world around them. Among these stories is an overarching vision: God wants to preserve humanity and bring us into a relationship with Him. The fields of humanity are crying out for someone who will bring hope and unite a fractured and fragmented world. God offers living water to a thirsty world. Let's begin to allow God's transforming power to change our lives and the lives of others.

CHAPTER 10:
SHAKARIAN COLLECTION

My mother told me that from age six, I used to beg her to take me to lunch at the luxury Los Angeles department store, Bullocks Wilshire. I had to go there at lunchtime because the beautiful models would wear the latest designs with exquisite hats and purses. They would walk around the tables as people were having lunch. I am certain that my obsession for glamorous things was born at the Bullock's Wilshire store.

My mom had a lot of my clothes made for me when I was young. My clothes were in all the latest styles that teenagers would have worn, which they do now, but in those days, no grade school child was dressed like that. I began my modeling career at eleven years old. A local store owner asked me if I would model for her in their fashion shows and at her store, Jaborwoky. I modeled for that store until I grew too tall to wear the clothes.

My grandmother, Rose Shakarian, was always well-dressed. Her signature look was a dress, big Chanel glasses with rhinestones, and two-inch heels. I couldn't help my love of all things stylish and beautiful. She always wore fabulous jewelry that people had given her from around the world.

As a young girl, I often sketched high-fashion women's clothing. I would spend hours at home designing the most elaborate gowns, coats, and dresses for elegant women, with beautiful details like feathers, fur, or crystals on the garments. I never designed anything ordinary; what I created had to be fabulous! In my mind, my designs had to be worthy to debut on a runway during Paris Fashion Week.

"Brenda, your designs are so beautiful, but where would anyone wear such elaborate gowns?" my mother would ask.

Whenever my parents traveled out of the country, I would insist that my mom bring back stacks of high-fashion magazines for me. I got a ridiculous amount of pleasure from devouring every detail of those magazines. I read each page as if it were a precious gift. I still have a collection of *Vogue* and other fashion periodicals from different countries. I love to sit at a café in whatever country that I am in and watch the the women go by to see what they are wearing. I think it tells so much about a person on how they dress and how they carry themselves. I love to see women feeling confident in who they are. I think the way that women dress expresses who they are and where they come from. I absolutely love the colors of Africa. When I am in Africa, the jewelry and the brilliant colors make my heart sing. The Africans dance and are so expressive it's right alongside with how they dress. They live their life out loud and it is beautiful. When I am in many European countries, the look is more subtle, and that is the way the Europeans express themselves: in a more understated ways. Yet, no less beautiful, and the quality of the fabric in Europe is exquisite. In Asia, I absolutely love the clothing designs. The fabric is impeccable, and the women have a real sense of style.

I can't get enough because it is creative and it is a part of who I am. I love going to local markets to check out the fashion scene. I immerse myself in the fabrics and the styles of different countries that I am in. I get just as excited to see clothing from around the world as I did when I was a child. It's in my blood!

Years later, I was signed by several modeling agencies. I watched designers fussing over the clothes backstage at runway shows, and I thought, *I can do that!* So, I started my own clothing line called *Shakarian.* I was divorced and busy raising two small children on my own. Now I had a business to run. If you've ever owned a business, you know that you are married to it. You are the first person in the office every day and the last to leave. My beautiful collection was the only elegant aspect of owning my own business.

I put the money I earned modeling into the business. I would put Brianna in grade school and then I would drive an hour and a half each way, in horrific Los Angeles traffic. When I got there I would put Blakeland in a stroller and off we went. I walked the streets of downtown Los Angeles and learned the business the old-fashioned way. I worked myself to the bone. I went into every wholesale fabric store asking every question I could think of. Downtown Los Angeles was terribly unsafe back then, and I was scared pretty much every day, especially since I had my baby with me. But I was determined to succeed. I found affordable pattern makers and seamstresses and did everything the hard way.

One day I realized the providence of God because without realizing it, I was working on my clothing company only five minutes in one direction from Clifton's Cafeteria and five minutes in the other direction from my grandfather Demos' former office. How crazy was that?

I never took a dime from anyone who wanted to invest or help me financially. Several businessmen offered money to get my business off the ground, but I wouldn't take money from anyone. I protected myself and stayed focused. I depended on God to help me, which was more than enough for me. All this meant driving and working endlessly, but I was hungry for success. I made beautiful clothing. I was the face of the brand, the designer, and the owner. I was also in charge of manufacturing and sales.

Sometimes it's good to push yourself beyond your comfort zone and find out what you are made of, then cry out to God for mercy. I'm laughing as I write this because that was me! It was crazy, but I did it!

My designs were in many stores, including one of the finest boutiques in the famous Las Vegas Hilton Hotel, where Elvis Presley used to famously perform. The manager bought my entire first collection. When that collection arrived at the store, the manager sent me a photo of an unprecedented occasion. They featured the *Shakarian Collection* in every window of the store.

One day the manager called to tell me that I was the fastest-selling designer he had carried in his store in thirty years. The collection sold out so quickly that he was ready to order the following season before my next collection was even available. Many stores, including Nordstrom, also sold very well for me. I did a major fashion show each season at Westin Hotels, Marriotts and other venues. I still occasionally modeled to keep the cash flow going. And randomly I landed a role as an extra in Whoopi Goldberg's 1993 film *Sister Act 2: Back in the Habit.*

I did all this while raising two young children and loving every minute. But by far, being a mother was my greatest joy. Brianna Elizabeth was full of life from the start, and she still keeps me on my toes. She has sung at our meetings for the youth and World Conventions for years. In school, Blakeland Richard was a top athlete who always kept his cool under pressure. When he was a young hockey player, a coach nicknamed him Animal. During the clutch time, the people in the stands at his games would start to chant "Animal, Animal," and Blakeland would score the winning shot. This nickname stuck with him throughout his life in sports. He is still grace under pressure even today.

But before those years of success, I struggled financially shortly after my first marriage ended. I worked overtime to make a life for my little family. Despite the pain I had I knew I was not alone because God was with me every day.

I continue to have an overwhelming burden for others. When the kids were little, I taught my children that their lives were about more than just themselves. One outcome was that the kids and I used to collect toys for needy children at Christmas. One year I called the shelter where I used to volunteer and asked if they knew of any at-risk families staying in local motels.

They referred me to one family, but all I knew about them was their motel room number. The kids and I had collected some food, paper goods, and toys ahead of time. One night before Christmas, we knocked on the motel door unannounced. The father answered the door suspiciously.

"The shelter gave me your name and address, and my family brought you some things," I said. "If you feel comfortable [with this], we would like to take you to Toys R Us to get some toys and go to the grocery store to get your Christmas dinner."

The family got into our car, and I did my best to make them feel like they were our family too. Slowly the awkwardness dissolved, and the fun began. The kids were so polite as I invited them to pick some toys for themselves. We went to a market and grabbed a pre-cooked turkey, pies, and all the trimmings that make Christmas delicious and exciting. The parents looked as if they couldn't believe what was happening, and the children looked at us like we were Santa!

As we turned into the motel parking lot, one of the parents said they'd had nothing to eat for Christmas and no presents for their children. He wanted to thank me but I stopped him immediately because I wanted to thank him for celebrating with us. This is the love of God in action. This is how He loves people through us. Jesus came to serve and not to be served; this is what He expects us to do with His love.

There was another especially bright light during that time: my friendship with former NFL star Rosey Grier, the same Rosey Grier guarding Robert and Ethel Kennedy at the moment Robert Kennedy was assassinated in 1968. Rosey was the one who grabbed the gun from shooter Sirhan Sirhan and subdued him. A longtime friend of the Kennedys, Rosey spent considerable time with John F. Kennedy Jr. at the request of Jackey Kennedy. Rosey served as his mentor and protector when John-John was a child and quickly became one of his very close friends. This tells you everything you need to know about Rosey's fierce loyalty to his close inner circle.

Rosey Grier is a close friend of mine and often invited me as his guest to celebrity events. Rosey used to come to my house and teach

ONLY GOD CAN DO THAT!

my young son Blakeland how to throw a football. He took the kids and I to sports events to meet iconic athletes and throw a ball around with them. Another close friend I spent a lot of time with was Vince Evans, who was quarterback for the Chicago Bears and the quarterback for the Raiders. Vince was the one who invited me to his Raider's Celebrity Golf Tournament in 1994. Each of the Raiders paired up and jumped into their golf carts. I was the only one invited to participate in the golf tournament that was not a famous football player. It was all of the current famous Raiders' football players. Rosey is a big guy; I took the wheel of our cart and drove recklessly. At one point, I almost flipped our cart over on a sharp turn! We laughed hysterically the entire day. After our day together, I somehow won the tournament prize and almost won a second, wholly unexpected prize involving John F. Kennedy, Jr.

During a break in the day, still together in the cart, Rosey called his friend John Kennedy, Jr. at George Magazine. Rosey knew what kind of woman John was looking for but had not found yet. Rosey started telling John all about me, a woman with all the qualities John admired. But it was not to be. In the same phone call, John told Rosey that he had just started dating a girl named Carolyn he really liked. That girl was Carolyn Bessette, whom he married the following year.

Rosey has been my friend for almost my whole adult life. I'm talking about a friendship that you can call at any hour to talk or if you need something. Rosey loves people and I have so much respect for him. He will do anything for his close friends. As you can imagine, I have endless Rosey stories but I must tell you just one more. Rosey just happened to call me up to see what I was doing one day as he often did. For some reason that I don't even remember now, I was upset about something. Rosey was not happy at all that I was upset. He said, "Where are you at?" I told him that I was at Macy›s at South Coast Plaza, which is a shopping center in California.

We got off the phone, and I didn't think about it again. Within the hour, all of a sudden, I heard screaming and saw mobs of people waving paper and crowding in on two people. The mob was moving swiftly toward where I was and then I suddenly realized that all the commotion was coming from my dear friends, Rosey Grier and Vince Evans. Within minutes there was a sea of people—so many that it was flowing out into the mall. Everyone was screaming and trying to get autographs and pictures from these famous football players.

Vince Evans and Rosey Grier with his guitar began to sing to me so beautifully right in the middle of Macy's. They grabbed me and placed me in between them both looking at me like dear friends do. I was looking at my friends and enjoying them so much! It wasn't until I started to look around that I couldn't believe what a commotion my friends were making. They were so loved by so many but they never stopped looking at me and singing to me like I was the only one in the room. Really, they couldn't have been more caring and I am grateful for them both.

They signed a few autographs, and they were gracious to the fans but the police quickly got us into an attached restaurant called Wolfgang Puck and stayed to watch and protect these famous football players so we could enjoy lunch at Wolfgang Puck's. I remember insisting that we had to get garlic mashed potatoes. Although they are both in the public eye, neither one needed the spotlight. I am grateful for friendships that are real, kind, and loving. The most beautiful reward in life is a great friend.

CHAPTER 11:
ATTACKED BY HAMAS

I felt a powerful punch to my chest.
Brenda Shakarian

Early in my more frequent involvement with FGBMFI, I began coordinating airlifts to Israel. In February 2004, I was invited to a special banquet honoring Prime Minister Ariel Sharon. My parents were also invited to attend the event. A bus was bombed quite close to our hotel the morning after we arrived. We were fully aware that had been a not-so-uncommon form of terrorism at that time.

We were there for a black-tie, invitation-only event for leaders. Later that week, my father was also invited to address the Knesset, the Israeli parliament. He mentioned the tragic connection of genocide between our ancestors and theirs. Israeli leaders came up to my father and me after his address and told us they believed if they had stood up for the Armenian people in World War I, the later atrocities might never have been committed against the Jews.

"The world stood by and watched the Armenian people being taken over and slaughtered and did nothing. That is why Hitler devised a plan to destroy us as well," one leader said.

The following year, in 2005, I organized the first tour FGBMFI ever held in Israel. We had been having a wonderful time in Jerusalem and many of the surrounding areas. My friend, Israeli Ambassador Rami Levi, warned me to be careful in certain areas because of the increased conflict between Israel and the Palestinians. One such area was Bethlehem. He also told me that some reporters had been kidnapped.

Unknown to us, our scheduled day to visit the Church of the Nativity in Bethlehem was the first anniversary of the death of Sheik Ahmed Yassin, a key leader in Hamas. He was killed in March 2004 by an Israeli bomb.

Ours was a large tour group, but I enjoyed exploring and tended to find my own way around the various sites. Tensions were high that day in Bethlehem as the Palestinians staged a protest across the street from the Church of the Nativity. We constantly heard gunshots; many fired their weapons in the air nonstop. There were men in Hamas uniforms everywhere. Everyone in our group was on high alert.

Most of the group had gone ahead into the Church of the Nativity at the top of the hill. Two brave friends and I were the last of our group who were still out looking around the area.

I have been caught in riots before. I could feel trouble in the air, and for the first time that day, I felt real urgency. Everything inside of me was telling me something unexpected was going to happen. As we walked up the hill to catch up with the rest of the group, I saw something alarming coming from another direction. Behind us were several groups of Hamas militants lined up with weapons and marching toward the square where the rally was being held. Their faces were completely covered, with the exception of their eyes.

They were still a distance away, but groups marched in single file toward us. Armed groups of Hamas also gathered in the town square across the street from the church where we were headed. I held my camera at my hip, hoping to catch some good pictures of the Hamas men undetected. My sense of adventure was overriding my brain.

Finally, one of the people with me said, "We need to leave now!"

Hardly anyone was on the street by then, and although it was the middle of the afternoon, all the shops had locked their doors.

I started walking up the hill, but I was looking down at my camera. As I stepped off the curb and onto the street, I felt a powerful punch to my chest that took my breath away; later, I discovered a large bruise in the middle of my chest from the impact. Someone grabbed me, and I immediately felt ice cold, afraid to look the man in the eye. I was terrified, not knowing who had grabbed me or what was happening. All I knew was that someone had me by the throat, and his hand gripped my clothing so I could not move. The only movement I could make was to lift my chin slowly. As I lifted my head, I saw that I was face to face with a group of Hamas. The man that had me in his grip had dark, piercing eyes and that is all I could see. While he gripped me tightly, something unusual happened when he looked at me. He stared into my eyes, captivated, but kept me in his grip, and I could not move. I realized I was face-to-face with Hamas!

Those eyes were chilling, let me tell you! He held me so closely that our bodies touched, and because I am tall, we were eye to eye! Even as I write this today, the thought of this moment sends shivers down my spine! I was grabbed by a group of Hamas, one of the same groups of men I had taken pictures of earlier from a distance. With one hand, the militant held me by the neck. With the other hand, he held my clothes at the neck and twisted them, pulling my face just inches from his. My mind was racing, but he stared into my eyes for what felt like a long time, although it couldn't have been that long. I had enough time while he held on to me to wonder what he would do to me next. For that moment, it was as if time stood still. This group of Hamas militants held guns, and there was just one unarmed: me.

My two friends, Rhonda and Jim Priddy, Jr., stopped, pressed frozen against a closed store window, watching all of this take place. They, too, were terrified and probably couldn't breathe.

I remembered what Rami told me about the recently kidnapped

journalists. Thinking about that didn't help. One journalist was an Algerian camera tech with France TV, and the other was a Peruvian photographer with the French press. Both were released after ransoms were paid, but the incident raised the level of concern. Over the previous year, kidnappings had become a serious international problem.

The Hamas militant kept staring at me, looking into my eyes like he was looking at something unusual. He held me close to his face, and I couldn't look in any other direction. One of the men pushed me away from the man holding me. I don't recall how long we stood there, but finally, another militant pushed the Hamas man off of me. One of the men yelled something in Arabic, and I was released. They marched up the hill to where the demonstration for Hamas was being held, and I stood frozen in the street for several minutes, afraid to move. I finally and slowly turned to look back at my friends; they were plastered against a wall, still terrified at what had just happened.

Once we started heading up the hill toward the church, all I could think about was how upset my father would be with me for lagging behind the rest of the group. I told those with me not to mention the incident to him until we left Bethlehem. When I finally got back to my hotel room that night, I saw that I had a big bruise on my chest. Given the many possibilities that could have taken place, I felt grateful.

We quickly arrived at the Church of the Nativity. Directly across the street from the town square where the Hamas protest went on. Gunshots were continuously fired into the air by dozens and dozens of Hamas, yelling in the town square in protest of their leader's assassination exactly one year to the day. It felt like anything could happen at any moment. If you've ever been in or around riots or extreme danger, you don't have to see it physically; you inherently know it is there. I know exactly how it feels. You may not know what it is, but you feel it. I was still shaken from my experience with Hamas, and I was only interested in getting out of Bethlehem as soon as possible. People kept wanting to engage me about everything they saw at the church, but I was mentally not there. A special service at the church had been planned, but for obvious reasons, thank God, the church decided to keep the service brief.

After the service, a producer with a camera crew from France TV picked me out of the crowd and asked if I would agree to be interviewed for a program that would air across Europe, sharing my thoughts about the recent passing of Pope John Paul II. The network was filming at this holy site, along with other special locations from around the world, interviewing people about the Pope. They wanted to know what I thought of him, his legacy, and the impact he had made in his lifetime.

Having been traumatized at the hands of Hamas less than an hour earlier, I don't remember a thing I said. Luckily, I genuinely believe he was a wonderful Pope, and apparently, I shared that and more on camera. The producer and film crew got my information and told me the interview was excellent. Later, they contacted me and said they used my entire interview, along with other interviews and footage from various countries, as part of their broadcast. When my interview ended, the Church of the Nativity was quickly evacuated, and the doors locked due to the growing threat of the heightened Hamas demonstration.

We left the church in a hurry as the riot intensified. We started down the long, steep hill back to our bus, rushing down the same street where I was accosted earlier, but this time I stood close to my father, who still had no idea what had happened to me. Oddly enough, by that time, many of the shops had reopened.

A man ran out of a shop and started shouting at my father in broken English. "One hundred camels for your daughter?" The man kept demanding that my father agree to his offer. He stayed in lockstep with us.

I thought, *Can this day get any stranger?* My father started hurrying me down the long hill toward our tour bus.

The man hurried with us every step of the way. "One hundred

camels for your daughter!" he continued to call out.

His persistence made my father more nervous each time he shouted. My father kept pushing my shoulders harder to get me down the hill. "No, no, no!" he continued to tell the man.

"Stop pushing me!" I told my father.

The three of us, the man offering 100 camels for my hand in marriage, my father yelling, "No!" and I nervously walked, almost stumbling down the very long hill telling my dad "stop pushing me." We each kept saying the same thing, repeating our parts in this dialogue without realizing it. All three of us were equally frustrated. It was like a very bad Middle Eastern soap opera.

This went on for quite some time down the long hill, but my father kept saying, "No, no, no!"

We finally reached our tour bus, and our group climbed aboard. The man trying to buy me for one hundred camels had to turn back empty-handed.

Shortly after we boarded the long bus, our tour guide standing next to the driver, started talking about Abraham and all the camels he possessed. He wrapped up the story by issuing a challenge.

"I bet you don't know how many camels you are worth."

The tour guide smiled and folded his arms, as he likely had done dozens of times at the end of that story. He never expected anyone to have an answer.

From the last seat on the tour bus, I shouted, "As luck should have it, I actually know the answer to that question! I am worth one hundred camels!"

At that point, everyone on the bus began to laugh; they all had heard or seen what had happened. The biggest and best laugh came from my father, who was sitting at the front of the bus. It was his deep belly laugh, and I could still hear him laughing long after the story had well ended.

The tour guide took us to a big tent in a beautiful setting where we were going to end our day eating and relaxing. There were camels there and I could not resist. I got on that camel and enjoyed riding it around. The smell of the delicious food being prepared for us and looking at the beautiful sunset, sitting on my camel, I reflected on the most adventurous day I probably will ever have!

Back at the hotel, my father heard about my near abduction by Hamas. He was not pleased. But how mad could he be? He would have done the exact same thing. After all, I got my sense of adventure from him!

CHAPTER 12:
BREAK THE MOLD!

The most successful businessman is the one who
holds onto the old just as long as it is good and
grabs the new just as soon as it is better.
Robert Vanderpoel (Metropolitan 1952, 53)

What is the cost of innovation and change? That wasn't necessarily my first question when my father hired me. I soon realized how quickly politics and our humanity get in the way of God's desire to transform us.

Change is inevitable. The problem is that, by and large, people resist it. Change helps a business or organization grow and survive. Lee Iacocca was a dear family friend who was one of the most successful managers of Ford Motors. He participated in the design of several successful Ford automobiles, including the Ford Mustang, the Continental Mark III, and the Ford Escort. He also oversaw the revival of the Mercury brand in the late 1960s and introduced the Mercury Cougar and Mercury Marquis. He convinced Henry Ford II to return to racing. Ford claimed several victories, including the Indianapolis 500, NASCAR, and the 24 Hours of Le Mans victory recently portrayed in the movie *Ford vs. Ferrari*. These victories helped make the Ford name enormously popular, and eventually,

Lee Iacocca was made president of Ford Motors.

Iacocca later clashed with Henry Ford II and was fired in 1978 despite the $2 billion profit the company posted that year. Lee found a new home at the Chrysler Corporation. When he took over as president and CEO, the company was on the verge of going out of business, but over the next fourteen years, he rebuilt the company into a profitable corporation and oversaw the introduction of the K-car, the minivan, and the Jeep Grand Cherokee.

Lee Iacocca became a legend because he understood change.

Sometimes it is hard to let go of the old. When faced with resistance, people often miss opportunities ahead. Author H. Jackson Brown once said, "Nothing is more expensive than a missed opportunity" (DeFord 2004, 140). There are countless examples of this axiom, but one of my favorites is when Netflix approached Blockbuster in 2000 to sell their company for $50 million. Blockbuster turned down the offer because they viewed Netflix as "a very small niche business" (Graser 2013). Now Netflix has more than 222 million subscribers and an annual operating revenue that exceeds $20 billion. Blockbuster has only one store left in the world, located in Bend, Oregon, with an annual operating revenue of less than $1 million.

In 2008, our World Convention was held in Panama. I brought my children with me, as I always did. We had a room adjoining my dad's suite. One afternoon I was in my room praying when I had a dream that I knew came from God. In that dream, I saw a multitude of adults being prayed for. It was a beautiful dream in which hundreds of people were being healed in this big meeting.

As I looked up to see who was praying for these people, I realized it was the children praying for the adults. I had never seen that happen anywhere. When I woke up, I went to my father's room and shared with him what God had shown me. I told him we would have only children praying for the adults at the next World Convention. I was going to call it a miracle service. My father had grown to trust my visions and dreams, and to his credit, he said, "Let's do it!" He knew if I felt something was from God, he could count on it, so he said, "Yes!"

My friend Jimmy Hughes and his son Joshua were with us at the World Convention in Panama when I had this dream. Our kids grew up together. Jimmy was one of the keynote speakers that year in Panama. Together with his wife, Jessica, they operate an amazing orphanage for abused and abandoned kids in Honduras.

A month after that World Convention, I got a frantic midnight call from Jimmy. Joshua had been in a terrible accident on his way to the airport. His vehicle veered off the road and rolled down a hill. Joshua was severely injured; one of his eyes was hanging out of his skull. His whole face was mangled, he had lost a lot of blood, and it was a miracle he was even alive. Jimmy asked me to pray because the doctors didn't expect him to live through the night.

After Jimmy got off the phone, I called my father.

My father said, "Hello."

All I said was, "Well, we have our speaker for the miracle service at next year's convention."

"What are you talking about?" my father asked.

I told him Joshua had been in an accident, was fighting for his life, and was not expected to live through the night. I said, Joshua will live and not die, and he will declare the works of the Lord.

I told my father, "Joshua will be our keynote speaker at the next world convention." I knew this was a bold statement, considering the accident had just happened, and the doctors said he wouldn't live through the night.

When Jimmy called, he had just finished speaking at a large church in Dallas. His wife was in Honduras at the hospital with Joshua. Jimmy took the first plane back to Honduras the next morning, not knowing if his son would be dead or alive. Through a series of miraculous events, Jimmy and his wife arranged for Joshua to be airlifted to Miami. The doctors in Miami were able to stabilize Joshua, but they told Jimmy and Jessica that Joshua would have severe and permanent brain damage. They said he would not be able to learn or retain short-term memory. He battled for months in the hospital. Many people, including the doctors and nurses, couldn't believe what they witnessed. He received one miracle after another, after another.

Despite their dire predictions, Joshua completed his senior year of high school and graduated on time with excellent grades, honors, and distinctions. As I write this, I am humbled by the grace and power of the living God. Nothing is too hard for Him. Nothing!

At the World Convention the following year, I made preparations for Joshua Hughes to be the keynote speaker at what I called the Miracle Service. We did not tell anyone about the special service. What God had shown me in that vision was that the children were to pray for the adults. This was a risky maneuver because we had never done anything like this before. None of the kids had ever prayed for people before, but I had so much faith in Jimmy and Jessica Hughes that they could prepare the kids for what was about to come. Sometimes a risk is absolutely necessary. God desires us to be ready for anything because it is He who does the work. The problem is always us because people are afraid of change and people are afraid of the unknown. But without faith, it is impossible to please God. I met with around twenty young people on the first night of the convention.

Jimmy and Jessica Hughes were running the youth meetings that year at the convention. I shared my vision with the kids at the beginning of the week, and they took it from there. At first, the kids were reluctant to pray for anyone. All week, Jimmy and Jessica taught them how to pray for people even if they hadn't done it before. By the time the night arrived, the kids were willing that they, too, could be used by God and pray for people.

This concept had never been tried before, and my father, although he trusted me, was nervous that this might not work. Unbeknownst to me, he hired a guest to be the main speaker before the Miracle Service; basically, we had an entire evening meeting before the meeting. He was nervous about it, rightly so, but I kept telling him to trust God because I had already seen it in my vision.

After the main speaker concluded his message, my son, Blakeland, came on stage and sang a great song called "How to Save a Life" (The Fray 2005). That song became the anthem of the night. Then I played Joshua's video of his accident. The footage showed the mangled car and, worse than that, his mangled body after the crash. Joshua then stood up to speak and gave such a compelling testimony that many people in the audience began to cry. Everyone was riveted by the story of what had happened to him. When Joshua started to speak, you could hear a pin drop. Many people knew Joshua, but this was a different boy. He had obvious impairments from the accident, and yet he was smiling. He was sharing the many miracles God did for him to even get to this point.

At the end of the service, we told the people it was time to pray for the miracles they were seeking. Surprisingly, twenty young people from age ten and up stood in front of the stage, wearing matching T-shirts. They were ready to pray for the adults. When I stood them up, an invitation was given for anyone to come forward if they needed a miracle in their life from God. My father was concerned that nobody would respond, but God had shown me this moment one year before, and I was confident that this would be a powerful night.

The audience was confused. They didn't understand at first that the kids would be praying for the adults. When the invitation was made, it was like a stampede. The ballroom was packed, but it was as if the entire audience had come forward to be prayed for. Hundreds of people were healed that night. I've never seen anything like it. People were running out of the ballroom and calling family members to tell them what was happening. They wept as they were healed, just after a young person prayed for them.

We now had a small core of well-trained and passionate youth leaders from around the world who helped me launch one of my first big initiatives to reach the next generation of leaders.

Soon I organized and developed youth chapters in different countries. This was vital to the future growth of the organization. Some saw the Ladies International division of the organization and the youth groups as less important than the primary mission of connecting businessmen with God. Yet, women were the fastest-growing segment of the organization. I just prayed and did what I felt I was supposed to do. Prayer is a powerful weapon.

My grandfather Demos was very vocal about his concerns with this need for change, which is why when Demos was alive, he kept reminding everyone to "Break the mold."

When my grandfather went to the board with those concerns, Demos voted yes, but the board said no. Consequently, this group of women started another organization now known as Aglow International. The president of Aglow is my dear friend, Jane Hansen Hoyt.

At the World Convention in Florida in 2002, several prophecies were given, exhorting the members of the organization to open the door to women. One national president after another prophesied, saying, "Richard, it is time for the women!"

My father offered to hire me the next day, and I said, "Yes."

Recognizing the need for change, I renamed the outreach to Ladies International and started expanding this aspect of the ministry. Thousands of women from around the world poured into the meetings like never before. The women's meetings were packed.

In recognition of my leadership, my father appointed me FGBMFI President of Ladies.

Years ago, some of us went to lunch with the former International Treasurer for the FGBMFI, Gideon Eusura. As we talked, he said, "Everyone knows the oil is on Brenda, but that will never happen because she's a woman."

Terence responded, "Everyone knew the oil was on David, but he was a boy."

Terence couldn't believe they acknowledged that the oil was on me, that God had chosen me, but that wasn't enough. More than ten public prophecies have been given, identifying me as my father's successor as the international president of FGBMFI. My father, Richard Shakarian, our FGBMFI COO Dan Sanders, and many others publicly acknowledged that the mantel went from Demos to Richard to Brenda. They recognized God's anointing and the mantle is on me in the same way.

Through my own initiative, I started an internationally distributed magazine called *Answers*. My dear friend Glorisal Lorenzana was the editor of the magazine and worked closely with me on that project. I also created and produced a television program called *No Borders*. My dear friend, DeCarol Williamson, let me have an office at his television studios in Costa Rica and allowed me to create and produce my TV shows in his studios. I created an introduction that caught people's attention. The show featured the personal stories of people who had overcome great obstacles in their lives. The show aired in Latin America, the United States, and Europe. Despite the success of these programs and the exponential growth occurring in various outreaches, disturbing changes were on the horizon.

My grandfather Demos always said there are many ways to reach people. As Demos advised in one of his books: "Break the mold!" I couldn't agree more with my precious grandfather, Demos.

CHAPTER 13:
VIVA LAS VEGAS

My ladies' magazine, *Answers*, was well-received. The magazine would have never happened if my dear friend Glorisel De Lorenzana was not working with me. Glorisel was the editor, writer and published the magazine for distribution globally. I contributed by bringing some of the great stories to Glorisel, but make no mistake, she took charge and did all the work and created a quality product that people could enjoy and grow from. I am grateful for my beautiful friends who give everything to God with their talents asking nothing in return. Nothing ever just happens with one person. My best creative creations have always been collaborative.

This is where I must mention my dear friend Rosa Ortega, former USA National President Joe Ortega and his wife Rosa worked so hard to grow the organization and see lives change. When Rosa and I saw a need for women to be used in a greater way, we jumped in and worked with the women in the nations. It seems obvious now but many years ago we had to really work to accomplish that. I was experiencing a spiritual revival in my own life. Ladies' groups around the world were growing by the thousands, and the presence of the Holy Spirit was strong. Ladies were leaving the meetings healed, inspired, and changed for the better.

In 2016, my father appointed Terence and I as the National President of FGBMFI USA. This was unexpected because Joe Ortega was the USA leader and was doing a great job at that time. Terence would only accept the position once he spoke to Joe because they were close friends, and their friendship was more important than the position. Ironically, Joe's wife, Rosa, had spoken to Terence in Panama City, Panama, during a convention there, telling Terence to get ready for his leadership role.

When Terence called Joe and Rosa to discuss this, they immediately said they knew this would happen because they both felt pulled to move into family ministry. Their concern was who would take over the reins of leadership in the USA. This was an incredible confirmation. My father was preparing myself and Terence to be the next international Presidents of FGBMFI. Everyone knew my father would put me in the international president position one way or another because of the many prophecies stating that for years. To qualify for the international president's position, a candidate needed to be the president of the country of residence.

During this time of transition, the USA had been without a National Convention for twenty-five years. I decided to hold a USA National Convention in Las Vegas and set a date for February 2017.

Our emphasis for the USA National Convention was *Making an Impact in Your Community*. I felt that we needed to make the first night about first responders and those serving in Las Vegas. At this National Convention, I felt we should honor and pray for local police officers, first responders, and their families. Our organization had never done anything like this before, but that is what I felt God was telling me to do. I also interviewed the Chief of Police for Las Vegas.

It is important to mention that we prayed for direction and what came up for me was hearing the stories of these first responders and covering their families in prayer. It was unique and special for our organization.

CNBC stated: "59 Dead and 527 injured" (Kharpal and Sheetz, 2017).

Little did we know that eight months later, those first responders would face the Mandalay Bay Resort Massacre, in which a shooter on the thirty-second floor of the resort killed sixty people and wounded 411 more. The first responders were unprepared and understaffed because nothing like that had happened before in the history of our country. It was the largest massacre in USA history.

NBC News said, "Las Vegas Shooting is the deadliest in modern USA history" (Rosenblatt, 2017).

We worked alongside Pastor Troy and Sandra Martinez in an initiative to reduce violence throughout the United States that I called, Believe Again. A documentary was created with the stories around the horrific October 1 shooting and its aftermath. Another unprecedented event happened for the first time ever. ABC, NBC, and CBS agreed to air the documentary simultaneously in Nevada's prime news slot of 6:00 p.m. to 6:30 p.m. To our surprise, the Believe Again documentary was later nominated for an Emmy. You can't make this stuff up.

This is a perfect example of God using ordinary people to do extraordinary things. In our organization, we had never invited first responders to speak at our conventions before. We had no way of knowing that a massacre was about to take place only minutes from where we held our convention, but God did.

If you surrender your life to God, your purpose can start to reveal itself. If you dare to jump out of the boat and trust the God who created you, He will use you. When I was praying about our convention, I just waited to hear or feel something. You never get the whole picture; you get a snapshot. If you will dare to believe again, God wants to use you! All I had in my heart was that I wanted to honor first responders, so I moved on that idea, and God was able to use us in a way I never imagined. I encourage you to pray, listen, and not be afraid to take action. So many people think they would like to do something for God, but they never do it. If you feel something in your heart, just go for it. God wants to use you in the city you are in to do something extraordinary. When God is with you, nothing is impossible.

So many things happened at our Las Vegas National Convention that made it clear to many people that change was coming. Unbeknownst to me, my father had invited a speaker named Peter Gammons to speak in my father's slot. Peter is known throughout the world as a pastor and a prophet. I didn't know that Peter Gammons was coming until he arrived before the service. He laughed and said, "I came here to deliver the word God gave me for you."

I said, "That's great!" That was the end of the conversation.

Peter Gammons began his message by stating that God gave him a prophetic message for Brenda Shakarian. I was to be the next International President of FGBMFI. In addition, at the board meeting two days later, one of our longstanding respected International Directors, Brother Darko, insisted that my father announce me as the next international president at that board meeting. My father decided to wait to make that announcement. He was having health problems, and he was hoping to get stronger.

During that same year, we were invited to the "State of the City" address by the Mayor of Las Vegas, Carolyn Goodman, who spoke about the significant decline in crime over the previous year. In certain areas like sex and drug trafficking, the city had seen a forty percent decrease in criminal activity. God wants us to change the atmosphere around us.

As the months passed in 2017, my father's health continued to decline. We knew he had drawn up formal paperwork, but we didn't ask any questions. At the beginning of July, my father called us to his house to give us a document stating he would not attend our World Convention in Honduras. He stated in a letter to all of the Board of Directors and the FGBMFI President of Honduras that, "Richard Shakarian had chosen Terence Rose and Brenda Shakarian to walk in his place and make decisions for the nations, as he would have done at the Honduras World Convention." My father also handed most of his actions and duties down to Terence and I. We went to the World Convention, and almost every board member was happy with the announcement and enthusiastic about us leading FGBMFI into a new era. It was also revealed that my father, through a notarized document, under penalty of perjury, shows Terence Rose as the next International President of FGBMFI. My father made it very clear to everyone around him and to us that Terence Rose and Brenda Shakarian would serve together as International Presidents.

I have been working for FGBMFI for more than twenty years. I handled all of the media, coordinated events, and created and produced the television show, *No Borders*. From 2017–2018, Terence and I served as International Presidents of FGBMFI and traveled extensively in our roles. We planned to visit our European leaders in early October when my dad took a turn for the worse. Terence went on his own to the European meetings, which proved to be a time of unification.

On November 1, 2017, we said goodbye to my father. He passed away in a hospital surrounded by family. I was standing behind my mother, holding her as he passed. To say that I was heartbroken doesn't cover it. This was a deep pain that had no relief. I was crushed; I knew things would never be the same again. The patriarch of our Armenian family was gone, and with him, an era ended. I loved him so much. We traveled together, and in every city we landed, we were on a quest to find the most delicious food. We had long talks about his family. The bond I had with my father was deep. We had a lot of parallels between us. We both related to the story of Joseph, and we had some deep discussions about this on long flights. It is interesting how bonding shared experiences can be, and even when they are painful, these bonds somehow make you feel better.

I cherish those memories and hold our talks close to my heart. We had the exact same painful struggles. I mean, exactly. Situations in our family that only we could understand. Not everyone is happy for you when you serve God. Just read the story of Joseph. Some pain, only God can heal, and that is good enough for me. We talked about the Word of God and many other things. I love black and white cookies! My father would drive to my house if he were at a restaurant where he could get me a black and white cookie. Whenever we were in New York or other cities where I could get a good one, he would drive out of the way for my favorite treat. It was our thing.

Along with our serious discussions, we laughed a lot! We talked about where we would eat before we even landed in whatever country we were going to. Good food was quite high on our to-do list. My dad could eat a big meal and still be looking for ice cream. At his funeral, I was dealing with many difficult situations and rebellious behavior from others. I didn't get to properly say the things about my father that I wanted to say. There were so many things I wanted to share.

During our travels, we talked a lot about the Word of God. He would bring study Bibles and heavy books that barely fit in the overhead compartment. When my dad was 13 years old, he started a radio program. He wouldn't let you be a guest on the radio show unless you had won somebody to the Lord that week. Some people judge leaders for various reasons. It's often easy to see what they are not doing but what you don't see is the years of faithfulness and sacrifice.

From Demos to Richard to myself, Brenda, I can honestly say, without hesitation, that we genuinely love people no matter their condition.

APPOINTMENT OF SUCCESSOR

Richard Shakarian, the President of Full Gospel Business Men's Fellowship International, hereby appoints **TERENCE ROSE** as his initial successor pursuant to Section 1 of Article VII of the Bylaws of Full Gospel Business Men's Fellowship International – Revised 2010. This appointment is made pursuant to that provision in the Bylaws which provides:

"Demos Shakarian shall be entitled to appoint his initial successor by executing a written statement before a Notary Public in which he designates such successor. … The term and authority granted to Demos Shakarian in Article VII, Section I, is hereby granted to Richard Shakarian."

SIGNED this 8TH day of July, 2017.

_____
Richard Shakarian, Principal

_____
Evangeline E. Shakarian, Subscribing Witness

A notary public or other officer completing this certificate verifies only the identity of the individual who signed the document to which this certificate is attached, and not the truthfulness, accuracy, or validity of that document.

State of California } ss.
County of Orange

On 09/29/2017 (date), before me, Jawad Abbasi, a notary public, personal appeared Evangeline E. Shakarian, proved to me to be the person whose name is subscribed to the within instrument, as a witness thereto, on the oath of HEDIGH RAHAT (name of credible witness), a credible witness who is known to me and provided a satisfactory identifying document. Evangeline E. Shakarian being by me duly sworn, said that she was present and heard Richard Shakarian, the same person described in and whose name is subscribed to the within instrument in his authorized capacity as a party within instrument as a witness at the request of Richard Shakarian.

Witness my hand and official seal.

_____
NOTARY PUBLIC, STATE OF CALIFORNIA

EXHIBIT A

Exhibit 1

Richard Shakarian's notarized document of the Appointment of Successors

Documento notariado de Richard Shakarian del nombramiento de sucesores

CHAPTER 14:
NO BORDERS

"You will know the truth, and the truth will set you free."

After the miracle that occurred by the pool at the World Convention in Bali, my involvement in the organization continued to flourish. The TV show I created and produced, *No Borders,* aired and continued to grow. I thought it was a fitting title because I created it to be a show featuring the many nations of the world. I wanted to show that we all want the same things in life. We all want to love and be loved. We want to pursue goals and achieve them. I want to live. I mean, truly live. I explored the food, the history, the way of life, and most importantly, the stories of ordinary people who experienced extraordinary events.

I have always been fascinated by the power of the human spirit. That is one reason I know that there is a God. You hear about someone who went through something so devastating and so heartbreaking, and they still wake up the next morning whether they want to or not. What is that something that drives us forward? As the executive producer of the show, *No Borders*, I had the chance to find the bigger story beyond what I was hearing and seeing. I would look for the God factor and His purposes at work. God was always there to meet me and lead me in every country. It is sometimes difficult to accept that God is involved in something that happens to you, especially when it is a terrible event, but He always is. It's extraordinary because sometimes, something happens that blindsides you and cuts you to the core.

Nevertheless, God is with you all the time. In those difficult moments, we really get to know God intimately, and while nobody wants to hurt, many beautiful things can come from difficult times. "Verily, verily, I say unto you, except a corn of wheat fall in to the ground and die, it abideth alone: but if it dies, it bringeth forth much fruit".

In 2013, we had our World Convention in Armenia. We took some of our leaders to the pit where God prepared Grigor to save Armenia 1,700 years earlier. As we prepared for this convention, we had difficulty getting visas for our African contingent. We found out that many of our delegates and members were stranded in Dubai. At the last minute, we decided to have a second convention in Dubai for the stranded members. It became one of the most exciting and transformational conventions we have ever held.

At first, the African members were disappointed, and rightfully so. They were understandably frustrated because they had hoped to come to the World Convention in Armenia. They had been stranded and waiting in Dubai for days because of Visa issues. We met in a large, open lounge accessible to anyone who walked by that gorgeous five-star Dubai hotel. This was during Ramadan, so the hotels were full. My father asked me to speak to the large group of weary travelers. I stood up and gave a prophetic word that changed the atmosphere, as almost everyone in the room responded dramatically to the presence of the Holy Spirit. Many local people from Dubai stopped to listen because our large meeting room was next to the coffee shop. It thrilled my heart to see so many of the local people stop to hear the Word of God on their way to the restaurant next door. I even heard someone translating for some of the people in the hallway. The hotel manager had given us that meeting space at the last minute because nothing had been prepared. It turned out it was the best spot we could have been in.

Because it was the holy month of Ramadan, employees and managers at the hotel were curious and interested as they witnessed what God was doing amongst the businesspeople. It was certainly the most spontaneous World Convention we had ever been part of, but it was more than just a convention. In that room, with hotel guests passing by on their way to lunch, we had no music, special speakers, or programs. Yet they were intently listening to what was being said. We began to sing a cappella, then I spoke and prayed for the people. What came next was simply wonderful. The presence of God was undeniably in that room, and His heavy anointing touched everyone in that place. The presence of God in that hotel was so gentle yet so strong. All I can tell you is that the love of God was flowing in that fabulous hotel in Dubai that day. Local people who practiced other faiths were curious about what we had to say. Even the hotel workers lingered and wanted to hear more about what we discussed. It made me think a lot about the way we communicate our faith in God to those who are unfamiliar with the terminology we often use. We can and should be open to communicating God's love in various ways. The power is in the blood of Jesus. I invite you to explore new ways of reaching people. I believe if we practice the presence of the Holy Spirit and free ourselves from forms and rituals, we might start hearing from God. Sometimes when I want to spend time with God, I force myself not to say anything. That is a lot harder than it sounds. What I have found is that God is waiting for me there . . .

CHAPTER 15:
OUT OF DEEP WATERS

"He reached down from on high and took hold of me; he drew me out of deep waters."

The departments I was responsible for were thriving. My international travel kept me on the go all year long. I saw many people healed and changed for the better as I traveled the globe to Indonesia, Malaysia, Armenia, South Africa, Hong Kong, Dubai, all over Latin America and beyond.

I found that the hunger for God was clearly growing all around the world. Through the work of many, lives were changed. My grandfather talked a lot about infinite variety. He believed there were many ways to reach people. To this point, I want to add that the diversity of ways I have reached people is so important. You must be sensitive to the Holy Spirit about what He is telling you for your city. I believe wholeheartedly that the goodness of God leads man to repentance. *Love is so much stronger than hate. I have found in my life that love is a powerful force that cannot be stopped.*

God is around us all of the time. It is up to you to receive what He is trying to give you.

In 2012, our World Convention was held in Bali, Indonesia. The final meeting was on a Saturday night, and everyone headed for the beach the next morning, including me. I sat alone on the beach and began reading a chapter in the Book of Psalms. I finished reading and texted some verses to my sister to encourage her during a difficult time in her life. The words pierced my heart. I didn't recall ever reading these verses before:

He reached down from on high and took hold of me; He drew me out of deep waters. He rescued me from my powerful enemy, from my foes, who were too strong for me. They confronted me in the day of my disaster, but the Lord was my support. He brought me out into a spacious place; He rescued me because He delighted in me. **Psalm 18:16–19**

The Bali conference was held at the Westin Hotel. The black bottom pool at this hotel was the largest pool any of us had ever seen. The black bottom of the pool obscured the visibility in the water. While many of the members from the conference continued having fun at the beach, I decided to leave the beach and go to the pool for lunch. Moments after I sat down in a lounge chair next to the edge of the pool, I heard splashing right in front of me. A woman and a man were struggling to lift a clearly dead boy out of the pool. He appeared to be about eight years old. I had never seen a dead body before. But when you see one, nobody has to tell you what you are looking at; you just know.

The boy's body was swollen as if he was wearing a wetsuit. I've never seen anything like it. He was turning bluer by the moment. Because of the water in his body, they had difficulty rolling him out of the pool. The child's father and a doctor who happened to be there that day rushed past me to administer CPR. By the estimates of those who rescued him, this little boy had been underwater for at least thirty minutes, and it took another five minutes for him to be retrieved from the pool. For whatever reason, rather than rolling his body out at the closest exit, they chose to carry him across the pool and roll him out of the water directly in front of my lounge chair. It just goes to show you that there are no accidents with God.

It was clear to everybody who could see him that the child was dead. More than sixty people stood at their lounge chairs observing this sobering situation. Nobody said a word but watched silently as the two men tried to revive the boy. It was as if time was standing still. Some tried to get a better vantage point to observe what was happening. For the most part, people were respectful of the dead body. It is an eerie feeling when a crowd is struck with fear. The only break in the silence was the sound of a few people crying.

From the minute the body came out of the water, I stood up and began praying aloud, standing over his body. I prayed for life to come back into this child's body. As I continued to pray, for just a minute, I started to become self-conscious of the silence surrounding me. This went on for some time, and I began to wonder where the ambulance was. After more than ten minutes, there was still no sign of life, but I continued to stand next to the boy and prayed out loud because his life was the most important thing that mattered at that moment. I did not care who heard me.

I began to yell out loud, "Where is the ambulance?"

If you have ever driven the streets of Bali, you would understand. The traffic of cars and motorbikes is so crazy. There is no way to get around them. They moved the boy to an oxygen tank that someone had found in a dirty closet. This growing tragedy remained strangely silent apart from my loud prayers.

Suddenly, I heard the boy say, "Help me," slowly and deliberately in perfect English. But then he didn't say another word. Upon hearing him, I continued to ask the God who created him to bring him back to life. The boy's father and the doctor continued to administer CPR, but they spoke no English as they communicated. Finally, the ambulance arrived and took the boy away with his father.

Immediately after the ambulance left, I began speaking to an Australian lady who had been standing next to me. She was the woman involved in recovering the young boy's body. I told her I thought it seemed unusual that he spoke English, even though his father did not. The lady emphatically said that she knew the boy did not speak English because he had been playing with her children all week and could not speak English with them. They managed to play and have fun anyway, as kids do.

It wasn't an accident that I sat in that place next to the pool that day. It wasn't an accident that I sat right where they rolled the dead body out of the pool. It wasn't an accident that God allowed that young boy to speak two English words, which encouraged me to press on harder in prayer. It wasn't an accident that God placed the Australian lady next to me to show me what God had really done.

I ran into a few people from our organization there at the pool and told them what had happened. The Australian lady was standing next to me. I was oddly composed and at peace throughout the ordeal, and I excitedly said the boy would live and not die.

As I walked back to my room, continuing to pray for the boy, I suddenly remembered the scripture from the beach earlier that day. I burst into tears. I knew that the God who promised to draw us out of deep waters was also the God who would raise that boy from the dead.

Late that night and late into the next day, we received word that the doctors told his family that, by some miracle, he survived and had no apparent brain damage. The next morning, we heard he was already up and eating breakfast. This young boy, who had not breathed for more than thirty minutes, and whose lungs were full of water, was now alive and talking.

God cares for us and acts with such precision in our lives and the lives around us. If you are willing to be still, listen, and believe that He can, the God of miracles will transform not only your life but the lives of others. I have experienced many miraculous moments over many years. The Word of God was in me already, and that is what came out of me when troubles arose. "Behold, all souls are mine." God loved that child; we don't fully understand the sovereignty of God. What I know for sure is that we are called to be the light of the world.

The God who gives life to the dead and calls into being things that were not.

That story, in particular, continues to inspire me. It gives me hope that God's hand is upon me, even in deep waters. Little did I know that a few years after that incident, I would find myself and my family in deep waters, and I knew only God could draw me out of the situation and sustain me.

I was walking back to my hotel room, and I suddenly stopped. I remembered the scripture I found and sent to my sister right before I went to the pool!

Although King David wrote this psalm thousands of years ago, God found a way to bring His words to our time and quicken that passage to me while I sat on the beach in Bali. That word raised that boy. The scripture brought actual life to someone all these centuries later. The Word is as alive today as it was when it was written. Now that you've read this remarkable, true story, I encourage you to step out of the boat. God wants to use you to help transform the lives of others.

He reached down from on high and took hold of me; he drew me out of deep waters. He rescued me from my powerful enemy, from my foes, who were too strong for me. They confronted me in the day of my disaster, but the LORD was my support. He brought me out into a spacious place; he rescued me because he delighted in me.

Psalm 18:16–19

Nothing just happens.

CHAPTER 16:
FULFILLING THE DREAM

Richard, your daughter has the anointing of Kathryn
Kuhlman. She has a call on her life and
healing in her hands.
The prophecy given at the 2002 World Convention

The church was crawling with people, and I was swallowed up with hugs and tears from friends all over the world. It's a strange feeling sometimes, being in the public eye. You share tender moments and sometimes deep life-changing events with close international friends you don't see often. But when you do see them, it is like coming home. I get this warm, tender feeling when I see my friends from different nations, like no time has passed since we were last together. At my grandfather's funeral, I was devastated. I was breaking to pieces on the inside, but I shed only a few silent tears on the outside. I was fighting the ugly cry no woman wants to utter in public, the cry that comes from the deepest part of you. It was clear that an era had ended, and the future was unknown.

Even at my grandfather's funeral, the political wrangling of the FGBMFI went on. Some men in the organization used this occasion to further their attempts to derail my father's appointment as the next international president of the organization. Many years later, what happened to my father also happened to me, in the same pattern, despite a notarized document.

My father was unable to attend the July 2017 World Convention in Honduras. My father spoke to Dr. Pinel, the national president of Honduras. He followed the conversation up with a letter confirming that Brenda Shakarian and Terence Rose were walking in Richard Shakarian's footsteps and making all the decisions for the nations.

In addition, everyone knew that I was to succeed my father because of the numerous public prophecies expressed by various people over many years.

A well-respected board member chosen by Demos, John Carette, and several other board members witnessed the political fight to dismiss the chosen successors at Demos' and Richard's funerals. That was reminiscent of the story of Joseph: the family member chosen by God was the one the others wanted to eliminate, even though he was widely accepted as the chosen one. But God always has a plan despite those who may plot against you. You might not see a plan, but God always has a plan.

The organization continued to grow in Asia, Africa, and Europe, and Latin America saw the strongest surge in growth and influence. My father often asked me to help with many areas of the Fellowship. I didn't want to work for FGBMFI simply because my father had graciously asked me to do so. I knew that any responsibility I had in the organization wouldn't simply be a job for me; it would be a calling. It would have to be something ordained by God. I needed to feel that God was in it. I always stayed closely connected with the organization and its many conventions. My father often asked me to help with World Conventions and other projects, such as tours or special events in various countries.

On the last night of a large FGBMFI World Convention in Florida in 2002, our main speaker was a man from Africa. He left the room to pack right after he spoke because he had to catch a flight back to Africa at around midnight. For some reason, the people at the convention stayed in their seats when the meeting ended that night. All the leaders on the stage stayed right where they were, too, amid the beautiful presence of the Lord.

One by one, men spontaneously prophesied, saying, "Richard, it's time for the women to become members of the FGBMFI. It is time for the women." In addition, many of the leaders prophesied, all saying the same message:

The prophet of God had said, "Richard, you have a daughter. This one daughter has the anointing of Kathryn Kuhlman. She has a call on her life and healing in her hands. You are holding her back because of fear. The Word of the Lord says to release her!"

My three sisters were sitting with me, but everyone in the room knew the men were talking about me because of the numerous prophecies given to me in prior meetings and the ministry work I had done for a long time. For years, after our FGBMFI meetings, people would line up for me to pray for them. Some ushers came to expect this and graciously assisted me with the people. One of these long-time ushers found me on Facebook. His name is Mike Valant. Mr. Valant was reminiscing about how people would line up after the meetings and wait for me to pray for them. God bless those who serve faithfully.

Suddenly, the guest speaker returned to the ballroom and went up on the stage.

"I am so glad you are all still here. I forgot to deliver this prophetic word I received during worship tonight," he said, pulling a piece of paper out of his handkerchief pocket, opening it up, and reading aloud, "This is the hour for the women." The speaker was then satisfied that he had given the word from God, and he left for the airport to go back home to Africa.

Until then, my father had remained silent, but after hearing this prophecy, he spoke to everyone. He began by telling us about his association with Kathryn Kuhlman. My father said that God's miraculous power flowed through her with many miracles, but being a woman with a heavy call of God on her life meant she was forced to make difficult choices. And then my father stopped. There was a long pause.

"I know which daughter you are speaking of," my father said. "I have to confess; I am the one who has held her back because I wanted to protect her," he said. "You have been talking about Kathryn Kuhlman tonight, but I knew her well. Kathryn Kuhlman was a lonely woman. What father wants that for his daughter? It was for this reason I have been trying to protect my daughter."

"Richard, you have to embrace the gift your daughter was given. We must move forward with this organization," Bruno Camano said.

The next morning my father hired me to work at the headquarters of FGBMFI. I accepted, considering the move of God the night before and the many other prophecies confirming my leadership over the years. I began working with my father at the headquarters the very next week. I worked for more than two decades, working with my dad to expand various aspects of the organization.

I became the International President for the Ladies and the International President of Youth. I started opening youth chapters in different countries, including many in Costa Rica. One year my father and I had meetings in Costa Rica. Later I worked with Ricardo Oreamuno doing youth camps in the mountains of Costa Rica. Young people from many nations loved to go to these camps. It was powerful because the young people would enjoy sports all day, and in the evenings, they would gather in the indoor amphitheater.

My children Blakeland and Brianna led worship, and there was something so deep hearing the young people worship in such an abandoned way. One year, when I was producing television in Costa Rica, I came across a teenager who was a Christian rap recording artist and first heard him in a television studio, and his words were so impacting. I brought him up to the youth camp one weekend, and the young people all jumped to their feet and loved the rap music that glorified God. I grew accustomed in those youth meetings to reaching the heart of the youth so that they truly received the Spirit of God in their lives. Not only were my children's lives changed at those camps, but my life was also changed.

Young people are so real, and if you reach them where they are, you can change a life. After a Latin Summit meeting one year, I organized an additional healing service. Many young people came and invited their neighbors, families, and friends. When we called for anyone who wanted prayer to come up, many people came forward. However, they did not know that an hour before the meeting started I had worked with the high school and college-aged youth to prepare them to pray for the people. I prayed over them and sent them out into the crowd to pray for the adults waiting for prayer. When the adults realized the young people were praying for them, some were moved to tears, many before they had been prayed for. They were overcome by the love the teenagers showed them. Many young people could not contain their emotions either, and I could see the tears rolling down their cheeks as they prayed. These young people were so motivated that we continued the meeting for one more night and encouraged them to bring their parents and neighbors.

I called on many people to open Youth Events and Youth Chapters. To help accomplish the overall vision, I drew from my previous experience staging large events through Love in Action, such as the one in South Central, Los Angeles.

In 1997, shortly before I started working for the fellowship, I was invited to a large National Convention in Guatemala, where I was the keynote speaker for the ladies' luncheon, with a thousand women in attendance.

After the meeting, I had to catch a flight back to Los Angeles. We had a great time, and after I spoke, a former USA Olympic athlete began singing the closing song. I was onstage looking out into the large group of ladies packed to the back of this beautiful ballroom. In the sea of women, a lady who appeared ready to give birth at any minute caught my attention. I had no particular reason for noticing her. She was just one lady in a large crowd of people.

As the people continued to sing, the Lord spoke to me and said, "Her baby is dead." To say that I was shocked would be an understatement. I felt compelled to act on what I heard. I interrupted the singer before she finished her song and told the crew to stop the music. I asked this pregnant lady to come up to the stage.

As she walked toward the stage, she seemed poised and composed. She wasn't crying. *What on earth am I doing?* I thought. I had no time to think through what I would say to the lady. As she approached me, I put my hand over the microphone, so people couldn't hear what I was saying.

"Is everything okay with your baby?" I whispered in her ear.

She said no, and suddenly she began to weep profusely and dissolve into a flood of tears. She told me her doctor said the baby was dead, and he insisted that she terminate the pregnancy. I asked her if I could tell the audience what was going on with the baby, and she said yes. I walked to the other end of the large stage and began speaking to the women in the room.

"We are women of faith, and we are going to pray for this baby right now that the baby will live and not die!" I told them.

I have never heard a thousand women become so quiet in my entire life. Everyone just looked at me. For a moment, I felt alarmed at my bold declaration.

"What are we made of? Is God able to do all things?" I heard myself say. Off I went building everyone's faith, including mine, in this impossible situation. I reminded the women of the one whom we trust.

Now the audience was with me, and we were ready to pray.

"This baby will live and not die and will declare the works of the Lord," I said from across the large stage.

I turned toward the pregnant woman and stretched my arm toward her, and she suddenly fell to the floor, overwhelmed by the Spirit of God. I prayed for her for a few minutes longer. She gradually got up.

I had to leave quickly because I had a plane to catch. I went home and heard nothing more about her until two months later.

I didn't know then, but this pregnant woman had gone to her doctor for a sonogram the day before the luncheon. After the doctor examined the images, completed further testing, and consulted with several other medical professionals, he said her baby had exencephaly, a condition in which the baby's brain grows outside of the head. He told her that her baby was dead and that they would need to remove it from her body immediately for her safety and health. She would not allow that.

She told the doctor she was going to a meeting the following day where Brenda Shakarian was going to speak. She said she wouldn't agree to anything until after the meeting. The doctor urged her to reconsider; this was a dangerous condition, and every day the baby remained in her body could result in sepsis or otherwise harm her.

Because the doctor persisted, she agreed to return in two days for him to re-examine her. On that day, she returned, and the doctor started preparing her for an abortion. But she insisted on another sonogram first. The doctor reluctantly agreed, thinking it was a waste of time. As he studied the sonogram images, he could not believe his eyes! He compared the two sonograms side by side and had difficulty comprehending what he was seeing. He was looking at the sonogram of a healthy baby boy. He said it was impossible but had to concede that this was a documented miracle.

Two months later, I got a phone call from my mom and dad. They were in Guatemala for some meetings when they met this same woman, holding a healthy baby boy. As my dad was holding the infant in his arms, my mom began to tell me about the miracle of how God brought this unborn baby back to life. I sat there in the car wash, where I happened to be, unashamedly weeping over the goodness of God. He doesn't need our help. He needs our obedience!

CHAPTER 17:
FOR SUCH A TIME AS THIS

As I look back on all that has happened in the past few years, I wonder about the dreams yet to be fulfilled. In 2010, shortly after I had been in the Middle East and several European countries, I had an open dream in which I saw myself in the middle of a big arena packed with people finding their seats. I felt excitement as people flowed eagerly into the crowded building. I'm used to producing events and working with the cameramen to get the best shots, and this looked like a great shot to me.

The meeting hadn't started yet. I left the stage and climbed up the equipment backstage to see how the shot looked from further back. I glanced over to where people were sitting and waiting for the meeting to start. There was such an expectancy in the air. I was immediately struck by the fact that only women were in that arena. They were sitting with their hands in a position of prayer, each one filled with anticipation. Details in my dream showed me they were not American.

As I looked, I only saw their eyes. I heard the words, "They are waiting for you there . . ."

Kim Kardashian is a cousin; her great-great grandparents heard the same prophecy my great-grandfather Isaac heard. They left for America just a few years after our family did. The Kardashian family grew up hearing the same prophecy that rescued their ancestors. Kim's father, Robert Kardashian, whom most people know as one of O.J.

Simpson's defense attorneys in his 1994 trial. His close friendship with O.J. Simpson was the only reason he was involved in the trial. Everyone wanted the trial to be over. There were no winners in that case. It was a loss for everybody involved. Robert's grandfather, Tom Kardashian, married my great-aunt Hamas Shakarian. Thus, we became a family: two families that survived a genocide because of the work of the Holy Spirit directing and guiding them.

Like all of us, God has been working in Kim's life.

Several years ago, Kim became involved in criminal justice causes. Robert was a lawyer, and she had always been interested in the law. She has helped release dozens of people from prison who were unjustly jailed either for punishments that didn't match their crimes or for crimes they didn't commit. One such person was Alice Johnson, who received a mandatory life sentence in 1996 and spent more than two decades in prison until Kim intervened and asked President Trump to pardon her.

Alice has five children, worked at FedEx for ten years, and became a manager. She lost her job, and her life began to spiral out of control. Her husband left her with no child support.

Alice began to gamble, went bankrupt, and was about to lose her house when several members of a drug ring asked her to help them as a *telephone mule*, a person who passes messages between drug dealers. In hindsight, she called this "an offer from hell." All were arrested and testified against Alice to receive lesser sentences. Her attorney told her that if she agreed to a plea, she would receive a sentence of three to five years in prison. Instead, she chose to go to trial.

Alice was found guilty and was sentenced to life in prison without the possibility of parole. In her own words, she was given "an unexecuted sentence of death" (Ciesemier and Horowitz, 2018). The only way she was going to leave prison was as a corpse. While in prison, she reached the lowest point in her life, and the only place to look was up. As she did that, she found hope in Christ.

While Alice was in prison, she met an older wheelchair user who gave her some advice she never forgot. She said, "Bloom where you are planted. God knows where you are." Alice knew Christ as a young girl but turned her back on God at fourteen. When she was in prison, she found true freedom and her purpose in life with a relationship with Jesus.

Alice began to read the Bible. She read about the importance of forgiveness and eventually forgave her ex-husband, the people who testified against her, and the system that sentenced her. She had to choose to live in bitterness or to live in forgiveness. She chose forgiveness. She not only embraced the forgiveness Jesus Christ offered but also extended forgiveness to everyone who mistreated her. This is what set her free and put a skip in her step. She also began to write and perform faith-based plays. Through her witness and her plays, she led many prisoners to Christ.

She fought for her own clemency and submitted appeal after appeal, even to the Supreme Court, but every case was denied. Her fellow inmates and even her warden sent letters of recommendation to government officials and to President Barack Obama, to no avail. She had exhausted every available avenue that would free her from prison.

That is until she had a dream that a beautiful woman she did not know would fight for her and help set her free.

That woman turned out to be Kim Kardashian.

Alice didn't even know who Kim Kardashian was, but God knew Alice and intervened. Alice made a video of her predicament that went viral, which scared her because she thought she had introduced a virus onto the internet. A friend retweeted the video. Kim saw the video and began to advocate for Alice. Until then, Alice didn't know what a tweet or a retweet was.

Reflecting on all the delays and denials that led to two decades of imprisonment, Alice now says, "I was not delayed, I was not denied, I was destined for such a time as this." Kim went to the White House and met with Ivanka Trump, who also began to advocate for Alice. On her birthday, Alice heard that a request for clemency had been made to President Trump. A week later, Alice was eating a hamburger in the prison cafeteria when she got a call from Kim.

Kim thought Alice had already received the news that she had been granted clemency. Right there over the phone, Kim gave Alice the good news that her sentence was over, and that she would be freed, after twenty-one years, seven months, and six days in prison. An outrageously high number of prisoners have been set free by the work of Kim's crusade for justice. She has since helped people who don't have the money to fight or don't have a voice to reach the right people the help them.

The spiritual legacy that started with my great-great-grandfather Demos has been extended to me. I was the FGBMFI International President of Ladies for many years, serving directly under the International President, Richard Shakarian. The next generation of Shakarians, which includes Blakeland and Brianna, have participated in World Conventions their whole lives by leading, participating, or singing. FGBMFI events have always been the highlight of my children's lives. Brianna has such a beautiful voice and a beautiful heart. Her son Dustin is the love of my life, along with my kids. Brianna's husband, Keli, worked in media with me for the fellowship.

At the World Convention in 2016 in Costa Rica, the speaker one night was Cash Luna, the Pastor of Casa de Dios, the largest church in Guatemala. Thousands of people were in attendance as Cash began to pray at the end of the meeting. I had met Cash before the service, but I never mentioned my children. He had never met my son.

Hundreds of people came forward for prayer after Cash spoke. Terence and Blakeland were helping to manage the crowd. Suddenly, Cash pointed into a sea of people and said, "You are part of a Christian dynasty."

Blakeland's girlfriend, now wife, Allison, said to me, "Mama, they are talking about Blakeland." Allison and I just held each other and cried as we watched Blakeland be covered in prayer.

Cash didn't know who Blakeland was, but many people in the room did. The next day, after discovering that Blakeland was a Shakarian, Cash sought him out and prayed further over him.

The legacy that started in Karakala has continued far beyond what my great-great-grandfather ever imagined. Hundreds of families were spared a horrific genocide, and millions more have been saved through the ministry of my grandfather, my father, myself, my son, and my daughter. Now Kim has found a way to help people.

God gives a spiritual legacy. You can't buy a spiritual legacy, you can't take it, and you can't be elected to it. Legacy generally refers to tangible gifts and property passed down to future generations, but it can also refer to intangible gifts like ethics and spiritual traits.

What I have is a God-given heritage. What happened in Armenia by the move of God through Grigor changed the nation to become the first to convert to Christianity. God had a purpose manifesting in my family's life right from the beginning. God's purpose was protected by delivering my family and others in an exodus from what is now Turkey for the saving of many souls. God's hand was on the first Demos, Isaac, the second Demos, Richard, and Brenda, because this is our God-given inheritance. This wasn't something that I wanted to do; this was something I was born to do because I love people. Each one of us received numerous prophetic confirmations of this.

CHAPTER 18:
I STILL WANT MORE!

I still want more!
Brenda Shakarian

All too often, envy follows the gifts God gives us. Often in biblical history, when God's anointing rested on a person, it provoked envy and even hatred in others who wanted the glory for themselves. Miriam and Aaron were jealous of Moses because God's favor was on him. Saul was jealous of David because God's anointing rested on him. Adonijah tried to seize the throne of King David out of envy. Even Pilate acknowledged that they handed Jesus over to trial because of envy. Jealously is the fear of replacement; God is a jealous God. He doesn't want to be replaced in our lives, but envy says, "Crucify Him!"

For many years, my father and I identified with the life of Joseph, the favored son of the patriarch Jacob. As a teenager, Joseph had a dream in which he was the leader of his family. It was so real to him that he told his father and his brothers about the dream. That didn't sit well with his brothers, and instead of rejoicing with Joseph, which is what he expected, they became jealous of him. They took matters into their own hands and tried to stop Joseph from becoming the leader God had appointed him to be. Joseph's brothers sold him into slavery.

But God's anointing was still on him, and the gift of prophecy was still active in his life. Amid his backbreaking work as a slave and extended imprisonment on false charges, God had a plan: Joseph would be the one to save a nation on the brink of a devastating famine.

Although He did not know God's plan, Joseph remained faithful to God nevertheless, trusting Him despite the lack of tangible evidence that God was still on his side. Then, when he had no reason to hope, as he waited in a dark prison cell for God to do *something*, a fellow prisoner recognized Joseph's gifts and gave him access to Pharaoh. Your gift makes room for you and brings you before great men. As a result, Joseph was appointed to the second most powerful position in the Egyptian government.

Joseph was eventually reunited with his brothers. To their astonishment, he showed no malice or unforgiveness toward them. His brothers feared he might order their execution, but instead, he told them that what they meant for evil, God used for good, for the saving of many souls. This is one of my favorite verses in the Bible, "You intended to harm me, but God intended it for good to accomplish what is now being done, the saving of many lives" (Genesis 50:20).

"You need to be out there teaching people," my father, with tears in his eyes, said the first time he heard me speak on the life of Joseph.

Like Joseph, I have faced evil and grave disappointments. Despite the emotional hardship of betrayal and false accusations, I have found my God to be true to His word every time. Even when facing the threats of gang members and terrorists, I can honestly say that His word is true. Psalm 23:4, 6 reads,

Yea, though I walk through the valley of the shadow of death, I will fear no evil: for thou *art* with me; thy rod and thy staff they comfort me...Surely goodness and mercy shall follow me all the days of my life: and I will dwell in the house of the LORD forever.

Psalm 23:4, 6 (KJV)

He guards me. He strengthens me. His holiness shields me from an enemy that I cannot see. The same God who redeemed Joseph is redeeming me.

I traveled to Nigeria for years, but the trip in 2017 was with Blakeland and my parents for a series of meetings. I have spoken to thousands of people in Lagos, Abuja, and Owerri. Nigerian President Goodluck Jonathan invited us to attend his small morning prayer meeting at his presidential government offices. At that meeting, my father shared a story about faith. President Goodluck Jonathan then invited my parents, my son Blakeland, and I to his private residence to have breakfast together. He allowed me to bring my cameraman, Blakeland, so that I could interview him about his presidency and the future of Nigeria.

What was particularly interesting to me was that Christians and Muslims lived peacefully side by side at that time. President Jonathan was happy with the interview and asked my family to have breakfast with him in his private residence. Our time together was so relaxing. We laughed and shared stories as if we were old friends.

The next morning Blakeland and I boarded a plane to Germany and landed in Los Angeles the next day. I had a one-day turnaround and flew to Chile, where I had scheduled speaking engagements throughout the country. When I arrived in Santiago, our National President invited me to have a personal meeting with a top cabinet member of the country. On the day of the meeting, huge protests were taking place outside the government buildings, so we had to go through an elevated level of security to get into the buildings where the President and the highest government officials had their offices.

The cabinet member, a woman, greeted me with respect but got straight to the point.

"I'm sorry, but I don't have much time today; what is it that you need?" she asked.

I whispered a prayer: "God, You are here, and that is all that matters."

And then, God revealed details about her private life to me. It sounds strange, but God began to give me the details of her life. It wasn't an audible voice; as I began to speak, I just read out of her current situation. That is the only way I can describe it.

I began to tell her things about her husband and her child that brought tears to her eyes. I was relieved because I hadn't known if she was married or had children. I also said that what her advisers were telling her wasn't true. She immediately put her finger to her lips, lowered her voice, and silently indicated we were being recorded.

In a hushed voice, I continued to speak to her.

"This is what God is saying to you about that situation. Your advisers are not telling you the truth. This is the truth," I whispered. I continued to tell her what God was saying, words that were for her ears only. She began to weep. I asked her if she would like to receive Jesus, the one who loves her the most.

"Yes, I would. Very much so!" she said.

Why does God speak to people? Because we are here to fulfill His purpose. He longs for a real relationship with us. I had no knowledge of this politician or what she was going through, but God did. God filled me in on details of her life that I had no other way of knowing, details she needed to have a clear direction on. This was about her family and the tough decisions she would face that would affect her country. In the Bible, Joseph passed along God's word about the coming famine, and those details, that prophecy, gave him a clear direction to avert an otherwise certain disaster. That politician I prayed with called the President of Chile, Michele Bachelet, and told her what had happened. They got word to me that she, too, wanted to meet with me.

God longs for an authentic relationship with each of us, the kind of relationship in which we don't just pray to Him, but we also hear from Him. He wants us to be still and to listen. He wants us to share with others the words He gives us, just as I shared with the top cabinet member the message she needed to hear.

I promised you a book filled with stories of people who had transformational encounters that changed the trajectory of their lives, all because they had a relationship with God. He is here. He is extending His offer of just such a transformational encounter with you.

God is perfect and lives in perfection. When Jesus was born, that perfection came to abide with and ultimately redeem mankind. He brought the kingdom of God to earth to live in the heart of those who believe in His death and resurrection.

I wonder, do you know Him?

He is my King.

Let me tell you about my King.

My King is the great Healer.

My King is the only one who can mend your broken heart.

He is the only one who will never betray your trust.

My King is my comforter.

He is my deliverer.

He is never going to leave you.

When people let you down, my King will lift you back up and restore you to be who He created you to be.

Only my King can do that!

He shed His blood on the cross so you could be free!

IT COST HIM EVERYTHING, SO IT COULD COST YOU NOTHING.

I've been around the world and enjoyed the company of politicians, presidents, dignitaries, celebrities, sinners, and saints. As remarkable as those experiences have been, they pale in comparison to seeing one life transformed by the power of the living God.

I have no sad story to tell. I only have the story about a Man who died for me.

Only through Him can I endure and overcome the pain this world has to offer. Because He lives, I can face tomorrow. Because He died, I can truly live.

Only God Can Do That!

EPILOGUE

Just after I turned in the final manuscript for this book, the death of Mikhail Gorbachev made headlines around the world. This reminded me of a long-ago prayer, which challenges what we think we know about others.

The 1998 World Convention occurred in Dallas, Texas, and featured T.D. Jakes and other speakers. Shortly before things kicked off, while people filed into the auditorium and found their seats, I was on the side of the stage with a line of people asking me to pray for them. A man whom I didn't know asked me to pray about a specific meeting he hoped would soon take place. I told him not to tell me anything more because knowing too much can cloud perceptions. I wanted to hear what God was saying, with no preconceived notions of my own in the way. I stilled myself and listened. This is what I heard, "You will meet with Gorbachev, and you are to tell him that the reason you are really there is because God loves him and cares about him." Things being busy, I moved on to the next person and cleared my mind to focus on their prayer.

The man called me a week later with a wonderful update. The meeting with Mikhail Gorbachev had taken place, and beyond all expectations, Gorbachev gave his heart to the Lord! Truly, Only God Can Do That! Mikhail Gorbachev never denied his faith and did what he could to make the world a better place in extremely challenging times. "Few leaders in the 20th century have had such a profound effect in their time," said The New York Times. "In little more than six tumultuous years, Mr. Gorbachev lifted the Iron Curtain, decisively altering the political climate of the world" (Berger, 2022).

In 1984, Gorbachev introduced *Perestroika*, a set of reforms intended to restructure and streamline the Soviet political and economic systems. Two years later, in 1986, the Chernobyl disaster forced a public acknowledgment that the Soviet work ethic and the quality of the workmanship it produced were inferior. Appalled at the prospect of nuclear war, Gorbachev sought to improve relations with the United States through a policy of detente. He effectively put an end to the Cold War. That kind of leadership is sorely lacking in today's world, where politicians often place their own self-interest above the greater good.

In 1987, Gorbachev allowed Soviet Jews to emigrate to Israel, a previously forbidden journey. That same year, in another first, he allowed the Russian Orthodox Church to broadcast an Easter service on live television. The Soviet Union also ceased its longtime practice of jamming the BBC and the Voice of America. And when anti-Communist protests arose in countries within the Soviet Union, Gorbachev refused to send in the military.

In 1988, Gorbachev presided over the transfer of the Nagorno-Karabakh territory from the Azerbaijan Soviet Republic back to the Armenian Soviet Republic. This impressive move returned land that had previously belonged to Armenia and was still largely populated by Armenians. Some Armenian churches in that area date back to the fourth century. One of these churches was established by Gregory the Illuminator, the Patriarch of Armenia, who converted the country from paganism, making it the world's first Christian nation. Gorbachev visited Romania during a time when the Soviet Union was becoming increasingly unstable. Because of the terrible conditions he saw there, Gorbachev fell out with the country's leader, Nicolae Ceausescu. He did nothing to stop the Romanian revolution that ended with Ceausescu's execution in 1989. He knew the days of the Soviet Union were numbered.

When the United States confronted Saddam Hussein in the first Gulf War in 1990, Gorbachev sided with President George H.W. Bush. However, this did not sit well with Communist Party officials. Gorbachev also formally announced that he would no longer support foreign Communist regimes that lacked the support of their people, a move that triggered the collapse of European Communism. In 1990, Mikhail Gorbachev won the Nobel Peace Prize for ending the Cold War. He died in 2022 at the age of ninety-one.

I am the daughter of a King who is not moved by the world. For my God is with me and He goes before me. I do not fear, for I am His.

Author Unknown

BIBLIOGRAPHY

Berger, Marilyn. "Mikhail S. Gorbachev, Reformist Soviet Leader, Is Dead at 91." *The New York*

Times. August 30, 2022. https://www.nytimes.com/2022/08/30/world/europe/mikhail-gorbachev-dead.html (Accessed October 1, 2022).

Ciesemier, Kendall and Horowitz, Jake. "Meet Alice Marie Johnson, the Woman Kim

Kardashian West Wants Trump to Pardon." *Mic.* May 2, 2018. https://www.mic.com/arti cles/189164/meet-alice-marie-johnson-the-woman-kim-kardashian-west-wants-trump-to-pardon. (Accessed October 19, 2022).

Deford, David W. *1000 Brilliant Achievement Quotes: Advice from the World's Wisest.* Omaha:

Ordinary People Can Win!, 2004.

Graser, Marc. "Epic Fail: How Blockbuster Could Have Owned Netflix." *Variety.* November 12,

2013. https://variety.com/2013/biz/news/epic-fail-how-blockbuster-could-have-owned-netflix-1200823443/. (Accessed October 1, 2022).

Kharpal, Arjun and Sheetz, Michael. "Deadliest Shooting in Modern Us History Leaves at Least

59 Dead, 500+ Injured in Las Vegas." *CNBC.* October 3, 2017. https://www.cnbc.com/2017/10/0 2/shooter-las-vegas-strip-police.html. (Accessed October 18, 2022).

Metropolitan Management, Transportation and Planning 48 (1952): 53.

Rosenblatt, Kalhan. "Las Vegas Shooting Is Deadliest in Modern US History." *NBC News.*

October 2, 2017. https://www.nbcnews.com/storyline/las-vegas-shooting/las-vegas-shooting-deadliest-modern-u-s-history-n806486. (Accessed October 18, 2022).

Shakarian, Demos. *The Happiest People on Earth*. London: Hodder & Stoughton, 1996.

The Fray. 2005. "How to Save a Life." Track 3 on *How to Save a Life*. Echo Park Studios,

compact disc.

ABOUT THE AUTHOR

Brenda hails from the Shakarian family who escaped Armenia prior to the genocide in the 1900s. The family settled in Southern California and became very successful in the farming industry. At one time they had the largest privately-owned dairies in the world. For many years they had the largest privately-owned dairies in the United States.

Brenda's Grandfather, Demos Shakarian, founded FGBMFI, a global nonprofit. Through this organization, people from around the world have transformed their lives for the better. Multitudes of people have said privately and publicly that Brenda carries the anointing of her grandfather; she is humbled by this. Brenda believes we are to serve and not be served.

Brenda was raised and educated in Southern California. She always had a heart for people, and during her education, she began volunteering at battered women's shelters. She was instrumental in gathering and distributing food and clothing to the many crisis centers throughout Los Angeles and Orange County.

After attending Oral Roberts University, Brenda went on to model for several agencies in Los Angeles. Through her modeling career, she was able to self-fund a clothing company. She designed and created a clothing line called *Shakarian*. The line was sold throughout the United States in high-end stores such as Nordstrom and the Las Vegas Hilton Hotel, to name a few. The Hilton Hotel stated that Brenda's line, *Shakarian*, was the fastest sellout of any designer ever carried at their store. Brenda also created one-of-a-kind custom pieces by request for many notable people in Hollywood.

Throughout Brenda's life, she has worked to help create solutions for people in need. She established her own foundation for families in crisis called Love in Action. Through this organization, Brenda partnered with many entities, including local governments, providing jobs, scholarships, food, medicine, race relations, and sports training. Through these community programs, Brenda leveraged her relationships with influential businesspeople, business owners, community leaders, and world-class athletes and celebrities.

In South Central Los Angeles, Brenda worked with some of the Bloods and the Crips to help motivate them to work and finish school, brought people on to address legal issues, and forge relationships to create better options for them. The city soon recognized the level of risk she was taking and appointed a gang mediator to assist her and her efforts in her community programs.

With her experience in International Relations, she was promoted to FGBMFI President Of Ladies. She travels the globe and has worked with dignitaries from around the world.

Brenda was the creator and executive producer of the television show *No Borders*. The show featured the extraordinary personal stories of people from around the world who overcame impossible situations through their faith. The show was seen throughout the United States, Latin America, and Europe. Richard Shakarian appointed Brenda as the FGBMFI President of Ladies. She also started the youth chapters for the organization and grew the women's chapters throughout the world. She continues to speak globally, bringing a message of hope and healing. She has seen many miracles, signs, and wonders in her meetings. Demos, Richard, and Brenda Shakarian have all worked to build FGBMFI for most of their adult lives. Brenda is continuing the legacy of her grandfather Demos Shakarian traveling the world and seeing people's lives changed for the better.

www.Shakarian.org

EXHIBITS

APPOINTMENT OF SUCCESSOR

Richard Shakarian, the President of Full Gospel Business Men's Fellowship International, hereby appoints **TERENCE ROSE** as his initial successor pursuant to Section 1 of Article VII of the Bylaws of Full Gospel Business Men's Fellowship International – Revised 2010. This appointment is made pursuant to that provision in the Bylaws which provides:

> "Demos Shakarian shall be entitled to appoint his initial successor by executing a written statement before a Notary Public in which he designates such successor.
>
> ... The term and authority granted to Demos Shakarian in Article VII, Section I, is hereby granted to Richard Shakarian."

SIGNED this _8TH_ day of ___July___, 2017.

_____
Richard Shakarian, Principal

_____
Evangeline E. Shakarian, Subscribing Witness

> A notary public or other officer completing this certificate verifies only the identity of the individual who signed the document to which this certificate is attached, and not the truthfulness, accuracy, or validity of that document.

State of California } ss.
County of Orange

On _09/29/2017_ (date), before me, _JAWAD ABBASI_, a notary public, personal appeared Evangeline E. Shakarian, proved to me to be the person whose name is subscribed to the within instrument, as a witness thereto, on the oath of _HEDIEH RAHAT_ (name of credible witness), a credible witness who is known to me and provided a satisfactory identifying document. Evangeline E. Shakarian being by me duly sworn, said that she was present and heard Richard Shakarian, the same person described in and whose name is subscribed to the within instrument in his authorized capacity as a party within instrument as a witness at the request of Richard Shakarian.

Witness my hand and official sea.

_____
NOTARY PUBLIC, STATE OF CALIFORNIA

JAWAD ABBASI
COMM. #2180817
NOTARY PUBLIC - CALIFORNIA
ORANGE COUNTY
My Commission Expires 01/02/2021

EXHIBIT A

Exhibit 1

Richard Shakarian's notarized document of the Appointment of Successors

Documento notariado de Richard Shakarian del nombramiento de sucesores

NOMBRAMIENTO DEL SUCESOR

Richard Shakarian, el Presidente de la Fraternidad Internacional de Hombres de Negocios del Evangelio Completo, por la presente nombra a TERENCE ROSE como su sucesor inicial de conformidad con la Sección 1 del Artículo VII de los Estatutos de la Fraternidad Internacional de Hombres de Negocios del Evangelio Completo - Revisados en 2010. Este nombramiento se hace de conformidad con esa disposición de los Estatutos que establece:

"Demos Shakarian tendrá derecho a designar a su sucesor inicial mediante la ejecución de una

declaración escrita ante Notario Público en la que designe a dicho sucesor.

...

El mandato y la autoridad otorgados a Demos Shakarian en el Artículo VII, Sección I, se otorgan

por la presente a Richard Shakarian."

FIRMADO este 8th día de julio de 2017

Richard Shakarian, Principal

Evangeline E. Shakarian, Testigo Suscriptor

El notario público u otro funcionario que cumplimente el certificado verifica únicamente la identidad de la persona que firmó el documento al que se adjunta este certificado, y no la veracidad, exactitud o validez de dicho documento.

Estado de California

Condado de Orange

El 29.09.2017, ante mí, Jalian Ubbabi, notario público, compareció personalmente Evangeline E. Shakarian, quien me demostró ser la persona cuyo nombre está suscrito en el presente instrumento, como testigo del mismo, bajo el juramento de Hedieh Rahat (nombre del testigo fidedigno), testigo fidedigno que me es conocido y proporcionó un documento de identificación satisfactorio. Evangeline E. Shakarian siendo por mí debidamente juramentada, dijo que estaba presente y escuchó a Richard Shakarian, la misma persona descrita en y cuyo nombre está suscrito al dentro del instrumento en su capacidad autorizada como parte dentro del instrumento como testigo a

petición de Richard Shakarian.

Sea testigo de mi mano y mar oficial.

FULL GOSPEL BUSINESS MEN'S
FELLOWSHIP INTERNATIONAL

Argentina
Australia
Austria
Belgium
Benin
Brazil
Bulgaria
Burkina Faso
Cambodia
Canada
Cen. African Rep.
Chile
China
Colombia
Costa Rica
Cote D'Ivoire
Cuba
Dem. Rep. of Congo
Denmark
Ecuador
Egypt
El Salvador
Finland
France
Germany
Ghana
Great Britain
Grenada
Guatemala
Honduras
Hungary
India
Indonesia
Ireland
Italy
Japan
Kenya
Malaysia
Mexico
Netherlands
New Zealand
Nigeria
Nicaragua
Norway
Panama
Paraguay
Peru
Philippines
Poland
Puerto Rico
Romania
Russia Fed.
Rwanda
Senegal
Sierra Leone
Singapore
South Africa
Spain
Swaziland
Sweden
Switzerland
Taiwan
Tanzania
Thailand
Togo
Trinidad/Tobago
Uganda
Uruguay
UAE
USA
Vietnam
Venezuela
Zambia
Zimbabwe

July 8, 2017

TO: Dr. Pinel, National President of Honduras
2017 World Convention Committee
International Directors
World Convention Leaders

Dear Dr. Pinel and the Wonderful Leaders of FGBMFI,

I want you to know how much I love and respect each one of you. It is amazing to see the different strengths He has given to each one of you.

How can I say that my heart is broken because I want to be with you and at this very moment I am at home recovering… and I am recovering very well. Unfortunately, many tell me that my body is not strong enough to make the trip to Honduras. But, you know me… I am still believing for my own miracle.

The 2017 World Convention in Honduras is a very important event. It is a spiritual turning point for many. As a result, all of us bear a special responsibility not to hurt this great blessing that is coming upon our people… through whispers, through gossip, through letter-writing or through innuendo. Instead, I ask that you lift the Lord Jesus Christ up high above everything.

In order to eliminate confusion, I have appointed Terence Rose and Brenda Shakarian to be the Chairmen of the 2017 World Convention. They will speak for me. If there is any question between parties please follow Terence and Brenda's direction and the smoothness of the Lord's joy shall be upon us all.

I respect each of you and the gifts God has given you. However, it is time to come humbly before the Lord and make this Convention a great spiritual retreat. Pray for me. My faith is strong and I am demanding that my body become as strong as my faith.

With great love for you,

Richard Shakarian

Richard Shakarian
International President

Exhibit 2

Richard's Appointment of Terence Rose and Brenda Shakarian as Chairmen in 2017

Designación de Richard de Terence Rose y Brenda Shakarian como presidentes en 2017

Hombres de negocios del Evangelio Completo

Fraternidad Internacional

8 de julio de 2017

A: Dr. Pinel, Presidente Nacional de Honduras Comité de la Convención Mundial 2017 Directores Internacionales Líderes de la Convención Mundial

Estimado Dr. Pinel y los maravillosos líderes del FGBMFI,

Quiero que sepan cuánto los amo y respeto a cada uno de ustedes. Es asombroso ver las diferentes fortalezas que Él ha dado a cada uno de ustedes.

Cómo puedo decir que tengo el corazón roto porque quiero estar con ustedes y en este preciso momento estoy en casa recuperándome... y me estoy recuperando muy bien. Desgraciadamente, muchos me dicen que mi cuerpo no es lo bastante fuerte para hacer el viaje a Honduras. Pero. ya me conocen... sigo creyendo en mi propio milagro.

La Convención Mundial de 2017 en Honduras es un acontecimiento muy importante. Es un punto de inflexión espiritual para muchos. Como resultado, todos nosotros tenemos una responsabilidad especial de no dañar esta gran bendición que está llegando a nuestro pueblo... a través de susurros, de chismes, de cartas o de insinuaciones. Por el contrario. Les pido que eleven al Señor Jesucristo por encima de todo.

Con el fin de eliminar la confusión. He designado a Terence Rose y Brenda Shakarian para que sean los Presidentes de la Convención Mundial de 2017 Ellos hablarán en mi nombre. Si hay alguna duda entre las partes por favor sigan la dirección de Terence y Brenda y la suavidad de la alegría del Señor estará sobre todos nosotros.

Respeto a cada uno de ustedes y los dones que Dios les ha dado Sin embargo, es hora de venir humildemente ante el Señor y hacer de esta Convención un gran retiro espiritual. Orad por mí. Mi fe es fuerte y exijo que mi cuerpo sea tan fuerte como mi fe.

Con gran amor para usted.

----- Forwarded Message -----
From: FGBMFI International <rshakarian@gmail.com>
To: ████████████████
Sent: Tuesday, October 3, 2017, 04:22:05 PM CDT
Subject: Very Important News from FGBMFI International Office

We continue to ask for your prayers for our beloved International President, Richard Shakarian. He currently remains in the hospital and is showing signs of getting stronger.

1/3

In early July of this year Richard, through a signed letter, had appointed Terence Rose and Brenda Shakarian to take his place and lead the FGBMFI World Convention in Honduras. We are very grateful to Dr. Pinel and the team from Honduras, as we all shared in a wonderful convention.

At the same time, Richard also signed a second document that named the person he has chosen to be the successor to his position of International President.

In accordance with the FGBMFI Bylaws, Article VII, Section 1, the notarized document was presented and put into effect on September 29, 2017. We are pleased to announce that Mr. Terence Rose is now serving as our new International President of Full Gospel Business Men's Fellowship International.

Many of you may know that Mr. Terence Rose is the husband of Richard Shakarian's daughter Brenda Shakarian. Richard and Vangie are joyous about this decision and are very excited about what God is going to do through this Fellowship in the days ahead.

Together, may we cover this important transition time in prayer, both for Richard and for Terence, as we all continue to fulfill the Vision God gave to Demos Shakarian.

You can reach Mr. Terence Rose at t████████@gmail.com

Full Gospel Business Men's Fellowship International
2600 Michelson Dr., Suite 1700
Irvine, California 92612

Exhibit 3

Vangie Announces Richard's Appointment of Terence Rose and Brenda Shakarian as International Presidents

Vangie anuncia el nombramiento de Richard de Terence Rose y Brenda Shakarian como presidentes internacionales

ONLY GOD CAN DO THAT!

- Mensaje reenviado -

De: FGBMFI Internacional <rshakarian@gmail.com>

Para:

Enviado: Martes. October 3. 2017.04:22 05 PM CDT

Asunto: Noticias muy importantes de la Oficina Internacional del FGBMFI

Seguimos pidiendo sus oraciones por nuestro querido Presidente Internacional, Richard Shakarian. Actualmente permanece en el hospital y muestra signos de estar más fuerte.

A principios de julio de este año Richard, a través de una carta firmada, había designado a Terence Rose y Brenda Shakarian para ocupar su lugar y dirigir la Convención Mundial del FGBMFI en Honduras. Estamos muy agradecidos al Dr. Pincl y al equipo de Honduras, ya que todos compartimos una maravillosa convención.

Al mismo tiempo, Richard también firmó un segundo documento en el que nombraba a la persona que ha elegido para sucederle en el cargo de Presidente Internacional.

De acuerdo con los Estatutos del FGBMFI, Anide VII. Seccion 1. el documento notariado fue presentado y puesto en vigor el 29 de septiembre. 2017. Nos complace anunciar que el Sr. Terence Rose es ahora nuestro nuevo Presidente Internacional de la Fraternidad Internacional de Hombres de Negocios del Evangelio Completo.

Muchos de ustedes sabrán que el Sr. Terence Rose es el marido de la hija de Richard Shakarian, Brenda Shakarian. Richard y Vangie se alegran de esta decisión y están muy ilusionados con lo que Dios va a hacer a través de esta Fraternidad en los próximos días.

Que juntos cubramos en la oración este importante tiempo de transición, tanto para Richard como para Terence, mientras todos seguimos cumpliendo la Visión que Dios dio a Demos Shakarian.

Puede ponerse en contacto con el Sr. Terence Rose en *****@mail.com

Fraternidad Internacional de Hombres de Negocios del Evangelio Completo

2600 Michelson Dr., Suite 1700

Irvine, California 92612

From: NELL
Date: October 3, 2017 at 11:28:52 PM CDT
To: Richard & Vangie SHAKARIAN <rshakarian@gmail.com>
Cc: Terence ROSE
Subject: Re: Very Important News from FGBMFI International Office
Reply-To: NELL

Hello Richard & Vangie

I received the email from the FGBMFI International Office today.
In Australia here we have been praying for you Richard during your illness and will continue to do so to see your health improve.

You have graciously passed on the baton and named Terence Rose as the newly appointed FGBMFI International President.
So good to see that the surname is Rose, reminding us of your dear mother Rose Shakarian, and your daughter retaining her name as Brenda Shakarian Rose.

Richard & Vangie you have worked together as a team, as did Demos & Rose, and set such a good example for Terence & Brenda to follow. They are already entrenched in the Fellowship and there are Happy Days ahead for "The Happiest People on Earth", seeing souls won into the Kingdom of God through the Full Gospel of Jesus Christ to save, heal and deliver, in these days when there are so many needy people out there not knowing God their Creator.

If Bernie were still with me, he would endorse these words.
We both loved the Shakarian Family, having attended many World Conventions

in the USA with the first one outside America being held in Melbourne Australia in March 1985.

Exhibit 4

Australian Leadership acknowledges Demos and Rose to Richard and Vangie to Terence and Brenda

El liderazgo australiano reconoce a Demos y Rose a Richard y Vangie a Terence y Brenda

SÓLO DIOS PUEDE HACERLO

De: NELL*****

Fecha: 3 de octubre de 2017 a las 11:28:52 PM CDT

Para: Richard & Vangie SHAKARIAN <rshakarian@gmail.com>

CC: Terence rose

Asunto: Re: Noticias muy importantes de la Oficina Internacional del FGBMFI

Reply-To: NELL*****

Hola Richard & Vangie

Hoy he recibido el correo electrónico de la Oficina Internacional del FGBMFI.

Aquí en Australia hemos estado orando por ti Richard durante tu enfermedad y seguiremos haciéndolo para que tu salud mejore.

Ha tenido la gentileza de pasar el testigo y nombrar a Terence Rose nuevo Presidente Internacional de la FGBMFI.

Me alegra ver que el apellido es Rose, lo que nos recuerda a su querida madre Rose Shakarian, y a su hija que conserva su nombre como Brenda Shakarian Rose.

Richard & Vangie habéis trabajado juntos como un equipo, al igual que Demos & Rose, y habéis dado un ejemplo tan bueno para que Terence & Brenda lo sigan. Ellos ya están arraigados en la Fraternidad y hay Días Felices por delante para "Las Personas Más Felices de la Tierra", viendo almas ganadas para el Reino de Dios a través del Evangelio Completo de Jesucristo para salvar, sanar y liberar, en estos días en que hay tantas personas necesitadas por ahí que no conocen a Dios su Creador.

Si Bernie estuviera aún conmigo, suscribiría estas palabras.

Ambos amábamos a la Familia Shakarian, habiendo asistido a muchas Convenciones Mundiales en EE.UU. y la primera fuera de América se celebró en Melbourne, Australia, en marzo de 1985.

FULL GOSPEL BUSINESS MEN'S FELLOWSHIP INTERNATIONAL

Argentina
Australia
Austria
Belgium
Benin
Brazil
Bulgaria
Burkina Faso
Cambodia
Canada
Cen. African Rep.
Chile
China
Colombia
Costa Rica
Cote D'Ivoire
Cuba
Dem. Rep. of Congo
Denmark
Ecuador
Egypt
El Salvador
Finland
France
Germany
Ghana
Great Britain
Grenada
Guatemala
Honduras
Hungary
India
Indonesia
Ireland
Italy
Japan
Kenya
Malaysia
Mexico
Netherlands
New Zealand
Nigeria
Nicaragua
Norway
Panama
Paraguay
Peru
Philippines
Poland
Puerto Rico
Romania
Russia Fed.
Rwanda
Senegal
Sierra Leone
Singapore
South Africa
Spain
Swaziland
Sweden
Switzerland
Taiwan
Tanzania
Thailand
Togo
Trinidad/Tobago
Uganda
Uruguay
UAE
USA
Vietnam
Venezuela
Zambia
Zimbabwe

October 27, 2017

RE: Mr. Richard Shakarian naming Mr. Terence Rose as his successor to the position of International President

Dear FGBMFI Leaders,

This letter serves to confirm the transition of the office of International President from Mr. Richard Shakarian to Mr. Terence Rose.

I have viewed the notarized document that states Richard's wishes for Terence Rose to succeed him as International President. It appears to me that the document is in good order and satisfies the requirements stated in the FGBMFI Constitution and Bylaws.

Please join me in praying for Richard and the Shakarian family as he continues in the hospital. Also, join me in praying for Terence as he assumes this great responsibility as our new International President.

His Banner Over Us Is Love,

John Carrette
International Executive
Vice President

THE LARGEST CHRISTIAN BUSINESS ORGANIZATION IN THE WORLD • GLOBALLY... AS ONE!

2600 Michelson Dr., Suite 1700 , Irvine, CA 92612 • Tel. +1 949.529.4688 • WWW.FGBMFI.ORG

Exhibit 5

International Vice President, John Carrette, Letter Confirming Transition from Richard Shakarian to Terence Rose

Vicepresidente internacional, John Carrette, carta que confirma la transición de Richard Shakarian a Terence Rose

Negocios del Evangelio Completo Meint's

Fellowship Internacional

27 de octubre de 2017

RE: El Sr. Richard Shakarian nombra al Sr. Terence Rose como su sucesor en el cargo de Presidente Internacional

Estimados líderes del FGBMFI,

Esta carta sirve para confirmar la transición del cargo de Presidente Internacional del Sr. Richard Shakarian al Sr. Terence Rose.

He visto el documento notariado que declara los deseos de Richard de que Terence Rose le suceda como Presidente Internacional. Me parece que el documento está en regla y satisface los requisitos establecidos en la Constitución y los Estatutos de la FBGMFI.

Por favor, únanse a mí orando por Richard y la familia Shakarian mientras continúa en el hospital. También, únanse a mí orando por Terence mientras asume esta gran responsabilidad como nuestro nuevo Presidente Internacional.

Su estandarte sobre nosotros es el amor,

John Carrette

Ejecutivo internacional

Vicepresidente

From: ▮▮▮▮▮▮▮▮▮▮▮▮▮▮
Date: January 22, 2018 at 2:51:53 PM PST
To: ▮▮▮▮▮▮▮▮▮▮▮▮▮▮▮▮▮▮▮▮▮▮▮ com>
Subject: Thank You from Vangie

My Dear Fellowship Family,

I so want to thank all of you who came from all the many nations of the world to be with us for my precious Richard's service.

Richard had visions and dreams in his heart until the very moment Jesus took him home. His body couldn't keep up with the visions he saw. **In order to honor Richard we all need to be supportive of Terence Rose as his appointment so that we can move forward and accomplish all the things the Lord has for us to do.**

This is a very very difficult time for me. I miss my Richard so very very much. He is the love of my life. He filled such a big space in our home and my heart! I feel like a piece of me went with him. We flowed together as one.

This whole experience makes heaven even more real. I know Richard is dancing and so happy there. I am sure a great crown awaited him because he was a soul winner his whole life. Everyday his thoughts and prayers were on how to further God's Kingdom!

I love and appreciate each one of you and you will always be family to me. Your support and love have been such a strength to me. It does help me get through this journey.

With My Love,
Vangie
--

Exhibit 6

Letter from Vangie Shakarian supporting Terence Rose as International President

Carta de Vangie Shakarian apoyando a Terence Rose como presidente internaciona

De: ****

Fecha: 22 de enero de 2018 a las 2:51:53 PM PST

Para:****

Asunto: Agradecimiento de Vangie

Mi querida familia de la Fraternidad,

Quiero dar las gracias a todos los que vinisteis de todas las naciones del mundo para estar con nosotros en el servicio de mi precioso Richard.

Richard tuvo visiones y sueños en su corazón hasta el mismo momento en que Jesús se lo llevó a casa. Su cuerpo no podía seguir el ritmo de las visiones que veía. Para honrar a Richard todos tenemos que apoyar a Terence Rose en su nombramiento para que podamos seguir adelante y lograr todas las cosas que el Señor tiene para nosotros.

Este es un momento muy muy difícil para mí. Echo mucho de menos a mi Richard. ¡Él es el amor de mi vida, mentira llenó un espacio tan grande en nuestro hogar y mi corazón! Siento como si una parte de mí se hubiera ido con él. Fluíamos juntos como uno solo.

Toda esta experiencia hace que el cielo sea aún más real. Sé que Richard está bailando y es muy feliz allí.

Estoy seguro de que le esperaba una gran corona porque fue un ganador de almas toda su vida. Todos los días sus pensamientos y oraciones estaban puestos en cómo hacer avanzar el Reino de Dios.

Os quiero y os aprecio a cada uno de vosotros y siempre seréis una familia para mí. Vuestro apoyo y amor han sido una gran fuerza para mí. Me ayuda a superar este viaje.

Con mi amor.

Vangie

FGBMFI TV Show

FGBMFI "No Borders" TV Show

Executive Producer: Brenda Shakarian
Host: Richard Shakarian
Currently Running On FCN (Family Christian Newtork) www.fcntelevision.tv

FACTS:

FGBMFI No Borders first aired March 2010 to rave reviews.
Currently we are one of the highest rated shows on the network.

OUR COVERAGE:

We are currently in over 50 million homes across Latin America via satellite Intelsat
9.
0. [Argentina, Boliva, Chile, Colombia, Costa Rica, Ecuador, El Salvador, Spain,
0. United States, Guatemala, Honduras, Mexico, Nicaragua, Panama, Paraguay,
0. Peru, Puerto Rico, Dominican Republic, Uruguay, Venezuela]

In addition, we have access to innumerable households through the Internet
audience. Live stream TV on FCN'sWebsite – www.fcntelevision.tv

SCHEDULING & VIEWING:

Go to www.fcntelevision.tv
Click on the TV Screen in lower left corner "Watch Live"

For "No Borders" television schedule click on Program Schedule and check each
day.
Current "No Borders" Schedule (subject to change) is:
Tuesday, 8pm (central time);
Thursday, 4am (central time);
Sunday, 6pm (central time).

Programa de televisión del FGBMFI

Programa de televisión "Sin fronteras" del FGBMFI

Productora ejecutiva: Brenda Shakarian Presentadora: Richard Shakarian

Actualmente en marcha en FCN (Family Christian Network) www.fcntelevision. tv

HECHOS:

FGBMFI Sin Fronteras se emitió por primera vez en marzo de 2010 con excelentes críticas.

Actualmente somos uno de los programas mejor valorados de la cadena.

NUESTRA COBERTURA:

Actualmente estamos en más de 50 millones de hogares de toda América Latina a través del satélite Intelsat 9.

- [Argentina, Boliva, Chile, Colombia, Costa Rica, Ecuador, El Salvador, España,

- Estados Unidos, Guatemala, Honduras, México, Nicaragua, Panamá, Paraguay,

- Perú, Puerto Rico, República Dominicana, Uruguay, Venezuela].

Además, tenemos acceso a innumerables hogares a través de la audiencia de Internet. Transmisión de televisión en directo en el sitio web de FCN - www.fcn-television.tv

PROGRAMACIÓN Y VISUALIZACIÓN:

Visite www.fcntelevision.tv

Haga clic en la pantalla de TV en la esquina inferior izquierda "Ver en directo"

Para ver el horario de televisión de "Sin Fronteras" pulse en Horario de programas y compruebe cada día.

El horario actual de "Sin Fronteras" (sujeto a cambios) es:

Martes, 8pm (hora central);

Jueves, 4 de la madrugada (hora central);

Domingo, 6pm (hora central).

Letter from Brenda

Dear Friends,

We are in a very exciting time in FGBMFI for the Ladies. We have a great opportunity to grow the Ladies International in many nations around the world.

For the First time ever we have a Ladies program set for the annual Latin Summit in January 2015. In July, we are planning an exciting new program for Ladies International at our 2015 World Convention. In August, we have the second annual Ladies Latin Conference to be held in Honduras with Dr. Pinel & Elinor Pinel. I am pleased to report that last year in El Salvador with Maurico and Armida Loucel we had 600 ladies at our first conference.

Also, we are trilled to announce that our Ladies chapters are now in the USA, Mexico, El Salvador, Costa Rica, Honduras, Columbia, Cuba, Nicaragua, Panama, Paraguay, Indonesia and others. Of course there are Ladies meeting in mixed chapters in many nations all around the world.

I am looking forward to working with your nation to grow the community of Ladies within FGBMFI.

There is so much we can do as we partner together – your nation with the FGBMFI International Headquarters. The International has the ability to broadcast your activities through social media and the Internet to the Ladies International community all over the world. Together we can network all the nations together and I can highlight to the world the amazing things you are doing in your nation. In addition, a three-fold chord is not easily broken and there is strength in working together.

I held a Ladies Leadership meeting in September and at that time the Leaders decided that there should be a regular financial support to the FGBMFI Ladies International account.

In order to provide the resources needed for this exciting work, I am asking the Ladies to consider giving a monthly gift to the Ladies International bank account (wiring instructions below).

We are in such an exciting time worldwide through FGBMFI and with the current world events there has never been a greater need for families to serve together through this organization.

Warmest Regards,
Brenda Shakarian
Ladies International

Carta de Brenda

Queridos amigos

Estamos en un momento muy emocionante en la FBGMFI para las Damas. Tenemos una gran oportunidad de hacer crecer la Internacional de Damas en muchas naciones de todo el mundo.

Por primera vez tenemos un programa de Damas fijado para la Cumbre Latina anual de enero de 2015. En julio, estamos planeando un nuevo y emocionante programa para las Damas Internacionales en nuestra Convención Mundial 2015. En agosto, tenemos la segunda Conferencia Anual Latina de Damas que se celebrará en Honduras con el Dr. Pinel y Elinor Pinel. Me complace informar que el año pasado en El Salvador con Maurico y Armida Loucel tuvimos 600 damas en nuestra primera conferencia.

Además, estamos encantadas de anunciar que nuestros capítulos de Damas se encuentran ahora en EE.UU., México, El Salvador, Costa Rica, Honduras, Colombia, Cuba, Nicaragua, Panamá, Paraguay, Indonesia y otros. Por supuesto, hay Damas reunidas en capítulos mixtos en muchas naciones de todo el mundo.

Estoy deseando trabajar con su nación para hacer crecer la comunidad de Damas dentro del FGBMFI.

Hay tanto que podemos hacer al asociarnos - su nación con la Sede Internacional del FGBMFI. La Internacional tiene la capacidad de difundir sus actividades a través de los medios sociales y de Internet a la comunidad de Damas Internacionales de todo el mundo. Juntas podemos poner en red a todas las naciones y puedo destacar ante el mundo las cosas increíbles que estáis haciendo en vuestra nación. Además, una triple cuerda no se rompe fácilmente y hay fuerza en el trabajo conjunto.

Celebré una reunión de dirigentes de las Damas en septiembre y en ese momento las dirigentes decidieron que debería haber un apoyo financiero regular a la cuenta internacional de las Damas del FGBMFI.

Con el fin de proporcionar los recursos necesarios para esta apasionante labor, pido a las Damas que consideren la posibilidad de hacer un donativo mensual a la cuenta bancaria de las Damas Internacionales (instrucciones de transferencia más abajo).

Estamos en un momento tan emocionante en todo el mundo a través de la FGBMFI y con los acontecimientos mundiales actuales nunca ha habido una mayor necesidad de que las familias sirvan juntas a través de esta organización.

Saludos cordiales,

Brenda Shakarian

Internacional de Damas

PHOTOS

Shakarian ancestors of Brenda Shakarian and Kim Kardashian.
Ancestros Shakarian de Brenda Shakarian y Kim Kardashian.

From Demos Shakarian to Richard Shakarian to Brenda Shakarian
De Demos Shakarian a Richard Shakarian a Brenda Shakarian

Modeling under contract
Modelaje bajo contrato

Prayer changes things
La oración cambia todo

Brianna in Armenia
Brianna en Armenia

Richard, Demos and Isaac Shakarian
Richard, Demos e Isaac Shakarian

Brenda being interviewed by France TV right after death of Pope John Paul II
Brenda siendo entrevistada por France TV justo después de la muerte del
Papa Juan Pablo II

Youth camps
Campamentos juveniles

Bali "No lifeguard on duty"
Bali "Sin salvavidas de servicio"

Brenda being interviewed in Israel
Brenda siendo entrevistada en Israel

Brenda and Glorisel Lorenzana create global Answers Magazine
Brenda y Glorisel Lorenzana crean la revista mundial Answers

Blakeland speaking
Blakeland hablando

Brenda at Clifton's Cafeteria
Brenda en la cafetería Clifton

Love In Action
Amor en acción

Indonesian Ladies Meeting
Reunión de damas de Indonesia

Desperate for God
Desesperado por Dios

Leaders from around the world
Líderes de todo el mundo

Honduras Meeting
Encuentro en Honduras

ÍNDICE

DEDICATORIA

Dedico este libro a la bondad de Dios y a sus numerosas maravillas.

Escribí este libro para mi amada hija Brianna Elizabeth y mi apuesto hijo Blakeland Richard. Hemos compartido mi vida adulta juntos, ¡y he disfrutado cada instante! "Y de generación en generación es su misericordia para aquellos que le temen" (Lucas 1:50).

Brianna, tu risa y alegría llenan cualquier espacio. Siempre has sido esforzada y la mejor amiga que alguien podría desear. Tu empatía hacia los demás es admirable. Haces que todos se sientan apreciados e importantes, y no dudas en ayudar a quien lo necesite. Continúa cantando, pues Dios te ha otorgado un don especial.

A mi leal yerno Keli, trabajaste conmigo en los medios de comunicación y desempeñaste un excelente trabajo. Eres cariñoso y valiente; estoy ansioso por ver lo que Dios tiene reservado para ti. Posees un propósito divino. Si lo buscas, lo encontrarás. ¡Te quiero, hijo!

Dustin, eres mi mejor amigo en el mundo. Disfruto del fuerte secreto que construimos en el lago, alimentar a los patos y jugar contigo. Con tu nacimiento, mi vida se renovó por completo.

Blakeland, siempre has priorizado hacer lo correcto, lo cual te convierte en un líder ejemplar. Esto es crucial, ya que formas parte de un legado. Eres un atleta tenaz; desde la primaria, la gente en las gradas de tus partidos de hockey y baloncesto coreaba "Animal, Animal" refiriéndose a ti en momentos cruciales. Te rodeas de buena gente porque eres una persona íntegra. Gracias por darme a mi nuera, Allison. Eres cariñosa, fuerte y decidida. Todo lo que emprendes lo haces con excelencia. No hay duda de que puedes alcanzar cualquier meta que te propongas.

¡SOLO DIOS PUEDE HACERLO!

Me encanta que nuestra casa siempre esté llena de risas, fiestas de pijamas, canciones, amigos, Elton John, comida deliciosa y, por supuesto, las Gilmore Girls (lo siento, Blakeland).

Alexandra, siempre piensas en los demás antes que en ti misma. James, me encanta tu feroz lealtad hacia aquellos que amas. Miqueas, nos inspiras a confiar en Dios en cada situación. Él siempre abrirá caminos para ti porque simplemente crees que así lo hará.

Terence, has hablado ante audiencias de todo el mundo y has tocado muchas vidas. La gente sigue hablando de los milagros que presenciaron en tus reuniones. Tienes un don extraordinario.

Rosa Ortega, eres la mujer más fuerte que conozco y siento una gran admiración por ti. Juntas tuvimos éxito porque nunca nos detuvimos. Sorteábamos, superábamos o atravesábamos todos los obstáculos en nuestro camino. No importaban los prejuicios ni los obstáculos: el secreto de nuestro éxito era seguir adelante. Creo que esa es la clave de la vida. No te detengas. Nada pudo detenernos porque presenciamos milagros increíbles y vidas transformadas alrededor del mundo. Las batallas a las que nos enfrentábamos las percibíamos como oportunidades para ver la mano de Dios en acción. Rosa, si alguna vez tuviste miedo, nunca lo noté. Todos los que te conocen coinciden en que cuando Dios te creó, ¡rompió el molde! Rosa Ortega, siempre te querré.

Sé que Dios existe porque creó a una persona llamada Alexandria Garza. Ella es una amiga en la que puedes confiar plenamente. Su lealtad y amistad significan el mundo para mí. Estoy muy agradecida de que mi querido amigo Ray se casara con esta maravillosa mujer. Recuerda, Ray, todo lo que necesitamos ya nos lo ha proporcionado Dios. Gracias por soportar mis interminables preguntas y debates nocturnos sobre el libro. ¡Eres el regalo que sigue dando!

PRÓLOGO

¡Maravillosa historia!

¡Este libro es absolutamente inspirador! Todos necesitamos un respiro y aliento en nuestro mundo lleno de estrés, ansiedad y desafíos. *"¡Solo Dios puede hacerlo!"* está repleto de historias de superación personal.

Podría parecer que la hija de un conocido padre cristiano, hijo a su vez del fundador de la Fraternidad Internacional de Empresarios del Evangelio Completo, no ha enfrentado retos. Brenda Shakarian ha experimentado las cumbres de la aventura y los abismos de comenzar nuevamente cuando la vida intentó llevarla al fondo.

Hay muchas cosas que me gustan de lo que ha compartido. Primero, admiro su habilidad para ser transparente y redentora al mismo tiempo. Segundo, irradia fe en que nada es imposible para Dios. Esto se siente al leer el libro. Tercero, su amor por las aventuras del Espíritu Santo. Por último, no se apoyó en el éxito de sus padres, sino que fundó una exitosa línea de diseño y ropa siendo madre soltera.

A cualquiera cuya familia haya sido tocada alguna vez por la FGBMFI, le encantará la historia de su familia. Para aquellos que no la conocen, es la sobrenatural historia de cómo Dios habló a un profeta analfabeto cuando era niño en Armenia. Esto ocurrió cincuenta años antes de que su familia necesitara ser salvada del genocidio del pueblo armenio. Es sobrecogedor. Es apasionante y te alentará sobre la grandeza y la bondad de Dios. El título lo dice todo: ¡Solo Dios puede hacerlo!

Cindy Jacobs
Dallas, Texas

Aglow International nació de las oraciones de cuatro mujeres cuyos maridos formaban parte de la Fraternidad Internacional de Empresarios del Evangelio Completo. Estas mujeres vieron cómo la presencia de Dios transformaba a sus maridos y anhelaban tener la misma experiencia en sus propias vidas. En "¡Solo Dios puede hacerlo!", Brenda Shakarian teje un hermoso y poderoso tapiz de la familia Shakarian, mostrando que solo Dios trae calma, esperanza, paz, provisión y protección en cada etapa de nuestras vidas. Cualquiera que lea esta obra de amor saldrá lleno de esperanza y ánimo.

Jane Hansen Hoyt

Aglow Internacional

Este libro es refrescante y oportuno. Ofrece al creyente una riqueza de anécdotas llenas de fe con lecciones de vida aplicables. En esta obra maestra, Brenda Shakarian nos invita a recorrer detrás de escena las vulnerabilidades de su vida, desde lo que significó crecer siguiendo los pasos de grandes hombres como su padre hasta las crudas percepciones contrastadas de los espectadores.

"¡Solo Dios puede hacerlo!" demuestra que lo imposible no está dentro del vocabulario de Dios y que su autora nos presenta de nuevo a un Dios que sigue obrando milagros. Este libro es para aquellos cuya fe necesita desesperadamente un resurgimiento y para los que están dispuestos a llevar su relación con Dios a un nivel completamente nuevo.

—Tomi Arayomi

Fundador, RIG Nation

INTRODUCCIÓN: LA CARTA

Efim Klubnikin escribió dos cartas proféticas. Mi existencia actual se debe a que mi tatarabuelo Demos y su familia no ignoraron las palabras de aquella primera carta profética escrita hacia 1855. Mis antepasados armenios, junto con cientos de otras familias de nuestra región, prestaron atención a esa carta. Más de 2.500 personas emigraron de la comunidad de Kara Kala y sus alrededores al sur de California hacia 1905. Gracias a ello, sus descendientes, incluida yo, podemos contar nuestra historia.

Lamentablemente, a pesar de aquellas 2.500 valientes almas que decidieron hacer caso de esa profecía y emigrar al otro lado del mundo, entre 1 millón y 1,5 millones de armenios perecieron a manos de los turcos otomanos en lo que se convertiría en el primero de muchos horribles genocidios del siglo XX. No solo es importante, sino imperativo, que dedique tiempo a contar también nuestra historia.

Antes de que Demos Shakarian y su familia emigraran a Los Ángeles, California, las tensiones entre las comunidades armenias y los turcos otomanos se habían degenerado rápidamente. Los soldados otomanos masacraron a tres mil personas en el distrito de Talori en 1894. Esto no estaba muy lejos de mi patria ancestral. En los años siguientes, casi 250.000 armenios fueron asesinados por soldados otomanos en masacres. Cientos de iglesias cristianas fueron destruidas y millones de armenios se quedaron sin hogar. Aquellos sobrecogedores acontecimientos llamaron sin duda la atención de las familias de Kara Kala y la región circundante. Efim Klubnikin, el profeta ruso, abrió la primera carta y declaró que había llegado el momento de abandonar su patria o perecer.

Varios años después de que mis antepasados se trasladaran a Los Ángeles, oyeron que las cosas empeoraban para sus amigos y parientes de Armenia. En 1909, Adana era una ciudad costera del Mediterráneo que albergaba una antigua y próspera comunidad de armenios. A medida que aumentaban las tensiones políticas en el Imperio Otomano, la comunidad musulmana turca de la región arremetió contra las familias armenias que vivían allí. En abril de ese año, la mayoría de los hogares armenios de aquella hermosa región estaban destruidos, y soldados y grupos paramilitares masacraron a casi 25.000 armenios en pocas semanas. Por muy malo que fuera este violento suceso, las cosas empeorarían mucho en pocos años.

Mientras que algunos de mis antepasados pudieron escapar a América, la mayoría no pudo o no quiso hacerlo. Armenia era su patria y lo había sido durante milenios. Lamentablemente, la situación de los armenios que permanecieron en su patria ancestral pasó de horrible a inimaginable en los años siguientes. El 24 de abril de 1915, las autoridades otomanas detuvieron a todos los líderes culturales y cívicos armenios que vivían en Constantinopla. Por orden del jefe del gobierno turco, Mehmed Talaat, más de un millón de familias armenias fueron enviadas a una serie de marchas de la muerte a través del desierto sirio durante el año siguiente. No les dieron comida ni agua y fueron sometidos constantemente a violaciones, robos y masacres. Lo mismo ocurrió con los niños. El pequeño porcentaje de hombres que sobrevivió a estas marchas forzadas de la muerte fue masacrado sistemáticamente. Las mujeres y los niños que sobrevivieron fueron convertidos a la fuerza al islam e integrados en los hogares turcos.

Las noticias de este horrible genocidio empezaron a aparecer en los titulares de varios periódicos de todo el mundo, pero nadie hizo nada para detenerlo. Solo Gran Bretaña emprendió algún tipo de acción para llevar ante la justicia a quienes habían cometido estos crímenes. Aunque este genocidio se convirtió en una de las razones por las que Estados Unidos tuvo la voluntad política de participar en la Primera Guerra Mundial, tuvieron muy poca voluntad política para detener nuevas atrocidades, una vez finalizó la guerra. Sí, Mehmed Talaat fue declarado culpable de crímenes contra la humanidad por su papel en el genocidio armenio, pero eso solo se debió a la presión del gobierno británico cuando el Imperio Otomano se vio obligado a rendirse al final de la Primera Guerra Mundial. El Estado moderno de Turquía, que comenzó a formarse con el rápido declive del Imperio Otomano, solo quería lavarse las manos de este sórdido asunto y olvidar que alguna vez se había producido un genocidio.

Tras la derrota del Imperio Otomano al final de la Primera Guerra Mundial, la destrucción sistemática de cualquier rastro de historia, cultura, lengua o humanidad en Armenia continuó durante los años siguientes, bajo los auspicios del movimiento nacionalista turco. Este movimiento consiguió crear el Estado moderno de Turquía, sin rastro alguno de la historia cultural, la lengua o la fe cristiana de Armenia que se habían establecido en esta región durante siglos. Se eliminó todo rastro de la mitad sur, perteneciente ala antigua Armenia. Al mismo tiempo, la otra mitad del norte de Armenia se enfrentaba a un futuro incierto en manos de un imperio comunista recién surgido en esta región.

Por inimaginable que fuera este genocidio, lo que daba aún más que pensar era la falta de respuesta internacional. Algunos de los autores del genocidio armenio fueron llevados ante la justicia, pero ninguno de los dirigentes de este nuevo estado turco moderno quiso reconocer su papel en el exterminio de la cultura, la historia o la religión de Armenia. En ese mismo sentido, se enorgullecieron de convertirse en un estado exclusivamente turco, sin ninguna consideración por las poblaciones y culturas minoritarias que vivían dentro de sus fronteras. Hasta el día de hoy, el Estado moderno de Turquía se niega a admitir que el genocidio armenio tuvo lugar. Además, ejercen su voluntad política contra cualquier persona o nación que intente decir lo contrario.

En particular, hacia 1939, cuando Adolfo Hitler se preparaba para invadir Polonia al comienzo de la Segunda Guerra Mundial, pronunció un infame discurso ante sus generales. El Führer intentó asegurarles que las demás naciones europeas se quedarían de brazos cruzados, mientras él las preparaba para la invasión no provocada de Polonia. Adolf Hitler dijo: "¿Quién, después de todo, habla hoy de la aniquilación de los armenios?".

Un día, estaba en casa de mis padres. Mi padre era un pensador profundo. Nunca olvidaré el día en que mi padre se paró en la cocina y dijo de repente: "Quién sabe, puede que un día tengamos que dejarlo todo cuando se abra la segunda carta". Solo estábamos mi madre y yo en casa. Me impactó profundamente; no sé por qué, pero me entraron ganas de llorar. Esto no es un cuento de hadas. Es nuestra realidad y la responsabilidad que tenemos de transmitir a nuestras generaciones más jóvenes.

En 1915, sesenta años antes de que tuvieran lugar estos acontecimientos, todos mis antepasados que ignoraron esta profética advertencia sufrieron una tragedia indescriptible, como profetizó Efim Klubnikin. Luego, en 1918, el zar Nicolás II y su familia fueron ejecutados por la Revolución Bolchevique al iniciarse la era del comunismo. Más tarde, Armenia fue anexionada por la fuerza a la Unión Soviética en 1920.

La segunda carta de Efim nunca se ha abierto. Esta tiene una importancia crítica. Él dijo que el Espíritu Santo impulsaría a la persona elegida a abrir la carta y revelar su contenido en el momento oportuno. Hace unos cuarenta y cinco años, a mi abuelo Demos se le ofreció abrir esa carta. Oró, pero no creyó que fuera el momento. **Es muy importante comprender este punto. Dios no libró a una organización de la destrucción; libró a un pueblo.** Comprende que a ningún miembro de las familias que fueron entregadas se le pidió que la abriera, excepto a mi abuelo Demos. La carta sigue sin abrirse. A menudo me pregunto por la carta y su contenido. Soy una descendiente tanto de Demos como de Richard Shakarian. Se ha profetizado en numerosas ocasiones que el manto de Dios descansa sobre nosotros tres, lo que me da que pensar. Este manto nos ha facultado para llegar a innumerables personas en todo el mundo. Un cargo así no es algo que se pueda fabricar o someterse a votación. Es una llamada de Dios, que es soberano.

Oraría para que solo la persona designada por Dios abriera la carta.

Lo que sé con certeza es que nunca me atrevería a presumir de haber tenido parte en esa carta, a menos que Dios lo deje bien claro.

Yo, por mi parte, seguiré hablando de la despiadada matanza de mis antepasados armenios mientras viva. Este inquietante relato de lo que ocurrió en el genocidio armenio debería provocarle escalofríos a todas las personas. Hay una cosa que todos debemos recordar.

La Historia siempre se repite.

CAPÍTULO 1:
GENTE DE LA PROMESA

"Los que crean en esta profecía huirán en dos grandes
barcos de vapor a través del océano".
Efim Klubnikin, 1855

Lo que tienes en tus manos es un libro lleno de historias de encuentros transformadores con Dios. Dios ha alterado el curso de las vidas de todas las personas sobre las que he escrito, incluida la mía. Todos pasamos de lo ordinario a lo extraordinario gracias a una designación divina. Y todos cambiamos de lo que éramos a lo que Dios quería que fuéramos.

La trayectoria de nuestras vidas cambió por completo.

En las páginas siguientes te mostraré cómo un encuentro con Dios, como el que nosotros tuvimos, puede cambiar también tu vida. Dios te creó con un propósito y tiene un plan concreto para tu vida. Puedes relajarte al saber eso.

Soy una chica nacida y criada California. Mi padre, Richard, y mi abuelo, Demos Shakarian, también nacieron en el sur de California. Además de nuestro ADN, tenemos en común nuestro hogar geográfico. Bajo nuestra genealogía compartida se esconde algo más profundo, significativo e influyente: una ascendencia espiritual que ha influido no solo en mí, sino en casi mil millones de personas durante los últimos setenta años.

Muchos de ustedes conocerán a Demos Shakarian, que en el siglo pasado fundó la Fraternidad Internacional de Hombres de Negocios del Evangelio Completo (FGBMFI). Podrías suponer que esta historia comienza con él, pero no es así; comienza con su abuelo, también llamado Demos Shakarian.

Esta historia relata cómo mis antepasados armenios acabaron en América, todo gracias a la experiencia que cambió la vida de mi tatarabuelo con nuestro Dios, que salvó su vida y la de sus descendientes. En aquel momento, él no lo sabía, pero Dios les libraría a él y a su familia de un genocidio inminente que mataría a 1,5 millones de armenios. Gracias a su obediencia, miles de sus descendientes viven hoy.

Al igual que mi tatarabuelo, debemos comprender que nuestras decisiones importan. Afectan a las personas que nos rodean y a las que vendrán después de nosotros.

Cuando era pequeña, me contaron cómo mi bisabuelo Isaac y mi tatarabuelo Demos huyeron de su tierra natal de Karakala, Armenia, obedeciendo a una profecía que les advertía que debían marcharse o perecerían. Esta advertencia apareció por primera vez en una carta de 1855 escrita por un joven cristiano ruso llamado Efim Klubnikin, que visitaba con frecuencia la comunidad armenia con su familia durante la cosecha.

Esta comunidad rusa experimentó un avivamiento espiritual en 1832. De vez en cuando visitaban a mis antepasados armenios para ayudarles con la cosecha y compartir su recién descubierta relación con Dios. Cuando mi tatarabuelo conoció a los rusos, el joven profeta Efim ya había adquirido una gran reputación en la comunidad rusa. Era analfabeto, pero Dios le permitió escribir dos profecías junto con instrucciones específicas y mapas. Selló las profecías en dos sobres con instrucciones de que las cartas solo se abrieran bajo inspiración divina.

En aquella época, mi tatarabuelo formaba parte de una iglesia formal en Armenia. No tenía tiempo para lo que percibía como tonterías proféticas y carismáticas pronunciadas por este profeta ruso. Al menos, eran tonterías para él hasta el momento de su experiencia con Dios.

Goolisar, mi tatarabuela, había tenido cinco hijas, pero ningún hijo. En la cultura armenia de la época, era una desgracia no tener un heredero varón, pero eso estaba a punto de cambiar. El 25 de mayo de 1891, el hermano de Goolisar, Magardich Mushegan, dijo que Dios le había ordenado que le dijera: "Exactamente dentro de un año, darás a luz un hijo".

Para mi tatarabuelo era fácil ignorar a un cristiano ruso, pero éste era su cuñado. Magardich profetizaba con audacia, y sus profecías eran difíciles de ignorar para la familia Shakarian. Mi tatarabuelo no se convenció del todo hasta el 25 de mayo de 1892, cuando Goolisar dio a luz a un hijo. Lo llamaron Isaac, "el hijo de la promesa". Al igual que Dios prometió a Abraham y Sara que tendrían un hijo, al que llamaron Isaac, mis tatarabuelos también tuvieron un hijo de la promesa.

Yo estaba en el vientre de mi madre cuando Isaac falleció repentinamente. Muchas personas han dicho, a través de la profecía, que soy portadora de la unción de mi abuelo Demos. Desde esa perspectiva, puede decirse que recibí este legado espiritual como hija de la promesa.

Esto por sí solo no convenció a mi tatarabuelo de la autenticidad de la profecía, ni cambió su vida. La transformación se produjo ocho años después, cuando los cristianos rusos llegaron para su visita anual. Mi tatarabuelo se ofreció a organizar un banquete tradicional para las familias rusas y armenias. Tuvo que sacrificar al novillo más gordo de su rebaño para dar cabida a tanta gente. Estaba orgulloso de sus vacas, como lo estarían su hijo Isaac, su nieto Demos y mi padre, Richard.

Había un problema, uno importante. Al novillo más grande y gordo del rebaño le faltaba un ojo. Hoy en día, ningún carnicero dudaría en sacrificar una vaca de tan buen aspecto. Pero los cristianos de las comunidades rusa y armenia se tomaban en serio el mandato del Antiguo Testamento de no sacrificar nunca una vaca manchada. No había otro buey lo bastante grande para alimentar a todas las familias, así que mi tatarabuelo sacrificó al buey, metió la cabeza del novillo tuerto en una bolsa y la escondió en un gran montón de heno en su granero.

El buey se asó sobre un gran montón de carbón. Se hicieron los últimos preparativos para la fiesta. Las familias armenias dieron la bienvenida a sus invitados rusos. Al reunirse, los cristianos rusos continuaron una práctica que habían observado durante generaciones: esperaban y oraban hasta sentir la presencia del Espíritu Santo antes de empezar a comer.

Uno a uno, empezaron a danzar ante Dios hasta que el patriarca de la comunidad rusa levantó bruscamente la mano para detener el procedimiento. Todos observaron atentamente cómo el patriarca abandonaba la mesa y se dirigía directamente al rincón más alejado del granero, donde Demos había escondido la cabeza de la vaca tuerta.

Mientras mi tatarabuelo Demos miraba horrorizado, el patriarca ruso destapó la bolsa escondida en el heno. Sostuvo la bolsa en alto y dejó que la cabeza manchada del buey saliera volando delante de la comunidad.

"¿Tienes algo que confesar?", preguntó a mi asombrado antepasado.

En aquel momento, se desvanecieron todas las excusas, la resistencia y el escepticismo que mi tatarabuelo tenía hacia el Espíritu Santo y la comunidad cristiana rusa. Con lágrimas en los ojos, suplicó perdón y preguntó cómo podía recibir él también el Espíritu de Dios. Aquella noche, Goolisar y él lloraron de alegría cuando fueron bautizados en el Espíritu Santo y empezaron a hablar en lenguas. Ambos experimentaron un encuentro transformador con Dios que cambiaría el curso de sus vidas.

Poco después, el Espíritu Santo ordenó a Efim Klubnikin, ya adulto, que abriera la primera carta que había escrito casi cincuenta años antes. A través de esta carta, los líderes de la comunidad recibieron instrucciones específicas para huir de Armenia, viajar en un barco de vapor a América y continuar hacia el oeste. Informaron a la comunidad de que había llegado el momento de partir.

No fue una decisión fácil para la familia Shakarian. Tuvieron que abandonar su granja y marcharse solo con la ropa que llevaban y las pocas pertenencias personales que podían transportar. Pero en 1904, por obediencia a la profecía, huyeron de Karakala, cogiendo un tren que cruzó Europa y un barco de vapor que cruzó el Atlántico hasta la ciudad de Nueva York.

Tomaron otro tren hacia el oeste para cruzar Estados Unidos, hasta que llegaron a Los Ángeles en 1905. En los años siguientes, otras familias, entre ellas nuestros parientes, los Kardashian, abandonaron Armenia para establecerse en California.

Los miembros de la comunidad rusa también se marcharon. Efim Klubnikin conservó ambas cartas, pero la segunda carta de la profecía permaneció sin abrir mientras viajaban por Estados Unidos y echaban raíces en el sur de California. Efim y su familia se establecieron en Los Ángeles. Esa segunda carta de la profecía ha permanecido en posesión de sus descendientes en Los Ángeles hasta el día de hoy.

Hace unos cuarenta años, mi abuelo Demos tuvo la oportunidad de abrir la segunda carta profética de Efim, escrita décadas antes. Demos oró al respecto, pero no creyó que hubiera llegado el momento de abrirla; todos podríamos aprender de su sensibilidad a los tiempos de Dios. Esa segunda carta profética sigue sin abrirse hoy en día. Varios armenios habían pedido a mi padre que abriera la carta porque nuestra familia lleva el manto espiritual de muchos armenios.

Los que ignoraron la primera profecía y decidieron quedarse en Karakala perecieron una década después, junto con otro millón y medio de armenios, a manos del Imperio Otomano.

Poco después de que mi familia se estableciera en Los Ángeles, ayudaron a fundar la Primera Iglesia Pentecostal Armenia, a la que asistía con mi familia en ocasiones especiales. Cuando yo era joven, la congregación aún cantaba canciones armenias de culto y mantenía las tradiciones de nuestros antepasados, como que los hombres se sentaran a un lado de la sala y las mujeres al otro. Los ancianos continuaron con la tradición de arrodillarse sobre un tapiz armenio en la entrada de la iglesia para orar y esperar hasta sentir la presencia del Espíritu Santo, como habían hecho sus antepasados. Lo más importante era que recordaban la historia del joven profeta que advirtió a la comunidad que huyera de Armenia. Esta historia me la repetían a menudo porque esta profecía, y la obediencia de nuestros antepasados, significaban para nosotros la diferencia entre la vida y la muerte.

A lo largo de mis viajes, siempre que nos cruzábamos con alguien que fuera armenio, mi padre le preguntaba inmediatamente si había perdido a alguien en el genocidio. Todos los armenios con los que hablamos habían perdido al menos a un familiar en el genocidio; nuestra familia no perdió a ninguno. Hasta la muerte de mi padre, nunca se encontró con otra familia armenia que no hubiera perdido a un solo familiar en el genocidio. Y yo tampoco. Esto pesaba mucho sobre mi padre, que se emocionaba cada vez que hablaba de ello. A menudo se preguntaba por qué nuestra familia se había salvado mientras que todas las demás familias que conocía habían perdido a alguien. Esta historia ha arraigado en nuestras almas lo importante que es la profecía. Fue decisiva para nuestra supervivencia espiritual y física.

Poco después de que mi tatarabuelo llegara a Los Ángeles, él y su cuñado, Magardich, estaban dando un paseo y pasaron junto a una casa donde oyeron que la gente adoraba de la misma manera que ellos. Las poderosas reuniones que descubrieron en aquella casa dieron origen al Avivamiento de la calle Azusa. Fue un acontecimiento histórico y espiritual que duró de 1906 a 1915.

Un boletín publicado por la Misión de la Calle Azusa, *Fe Apostólica*, mencionaba que varias familias armenias habían visitado la iglesia aquel año. La comunidad cristiana armenia reconoció rápidamente que la Misión de la Calle Azusa rendía culto a Dios de forma similar a la suya. Su culto estaba frecuentemente impregnado de una variedad de dones espirituales, incluida la profecía. Esto confirmó a Demos que el Espíritu Santo estaba transformando a la gente de California, ¡igual que había transformado a la familia de Demos cuando estaban en Armenia!

Pronto, la Misión de la Calle Azusa se hizo popularmente conocida como el lugar de nacimiento del Avivamiento de la Calle Azusa, y el comienzo del movimiento Pentecostal en Norteamérica. Miles de personas de muchas nacionalidades y grupos étnicos se reunieron en este avivamiento sin precedentes.

Estos primeros pioneros del avivamiento de la calle Azusa empezaron a difundir su mensaje por todo el mundo. Para mi tatarabuelo, fue la confirmación de lo que Dios había inculcado en su corazón en Armenia.

No es casualidad que otros conocidos predicadores y pastores, como John G. Lake y Aimee Semple McPherson, estuvieran radicados en el sur de California. En Los Ángeles, Billy Graham adquirió la fama que puso en marcha su ministerio internacional, en parte gracias al magnate de los medios de comunicación, William Randolph Hearst. Este asistió a su reunión y él mismo tuvo un encuentro. Este acontecimiento debió impactarle significativamente. Dirigió sus periódicos norteamericanos por telegrama a "Impulsar a Graham".

Mi tatarabuelo Demos se desplomó y murió antes de cumplir los cincuenta años mientras tendía vías de ferrocarril en Nevada en 1906. Su vida se truncó, pero había hecho lo que debía hacer. Creía que Dios podía hacer cualquier cosa. Fue su fe la que abrió el camino para que su familia siguiera a Dios durante generaciones y generaciones. Estoy muy agradecida por su obediencia.

Cuando murió, su hijo Isaac de catorce años, se convirtió en el único sostén de su madre y sus seis hermanas. Eran tiempos difíciles económicamente para la familia Shakarian. Isaac ganaba diez dólares al mes vendiendo periódicos, lo que contribuía enormemente a los ingresos familiares cuando su padre vivía. Sin embargo, ahora esos diez dólares tenían que alimentar a una familia de ocho miembros. Pero sus padres habían enseñado bien a Isaac. Un día, cuando un hombre de negocios le compró un periódico a Isaac, el chico se dio cuenta de que el hombre le había dado una moneda de oro de cinco dólares en vez de cinco centavos. El hombre se había marchado a toda prisa, así que Isaac se apresuró a alcanzarle y se subió a un tranvía, pagando el billete con sus escasos ingresos. Cuando por fin alcanzó al hombre, Isaac le devolvió la moneda. El hombre no reconoció en modo alguno el acto de honradez de Isaac.

Pero mi tatarabuelo había educado a su familia para hacer lo correcto, incluso cuando duele. Puede que aquel hombre no se diera cuenta de la integridad de Isaac, pero Dios sí.

Isaac consiguió un trabajo mejor en una fábrica de arneses y pudo casarse. Ahorró lo suficiente para comprar catorce acres de tierra de labranza y tres vacas lecheras. En 1913, Isaac y Zarouhi tuvieron su primer hijo, un varón llamado Demos, en honor al abuelo del niño. Su visión era crear la mayor granja lechera. En una década, la pequeña granja lechera de Isaac creció rápidamente hasta convertirse en una de las mayores lecherías del sur de California. Con el tiempo cumplió su sueño, y creó la granja lechera más grande del mundo en ese momento.

Mi familia prosperó en la tierra a la que Dios les envió. Sin embargo, mucho antes de que pudieran hacerlo, antes de que mi tatarabuelo reconociera la importancia de la profecía y antes de que mis antepasados sobrevivieran a un genocidio, el patriarca de la familia tuvo un encuentro transformador con el Espíritu Santo que lo cambió todo, con la ayuda de un buey tuerto sacrificado.

El llamado de Dios resuena en lo más profundo de mi ser. Cuando tu raza se ve amenazada, tienes un vínculo con otros cuyas familias sobrevivieron. "¡Nunca olvides!" Esa frase resuena profundamente en mi corazón. Mi familia fue salvada con un propósito, y nuestra obediencia es la clave.

En el libro del Génesis, Dios perdonó la vida a José, uno de los doce hijos de Jacob y Raquel, con un propósito concreto. José se

había enfrentado al mal y a la adversidad, pero había sido coloca-
do en una posición de gran poder, lo que le permitió proporcionar
alimentos a su pueblo durante una hambruna. Décadas antes, sus
hermanos le habían vendido a la esclavitud. Sin embargo, cuando se
encontró con ellos más tarde, dijo: "Vosotros pensasteis mal contra
mí, mas Dios lo encaminó a bien, para hacer lo que vemos hoy, para
mantener en vida a mucho pueblo".

A pesar de la maldad y la adversidad a las que se enfrentaron mis
antepasados y otros armenios a manos de los turcos otomanos, mi
tatarabuelo se salvó con un propósito. El llamado que Dios puso en
mi vida, en la de mi padre Richard y en la de mi abuelo Demos, se
ha fundido con ese propósito.

CAPÍTULO 2:
LA VISIÓN

Vi a millones de personas de todos los continentes levantando sus manos en adoración a Dios.

Quizá algunos de ustedes conocen el trabajo de mi abuelo, Demos Shakarian. Es conocido por haber fundado la que se ha convertido en la mayor organización cristiana de hombres de negocios del mundo, la Fraternidad Internacional de Hombres de Negocios del Evangelio Completo. Como fundador de la organización, Dios le utilizó para ayudar a lanzar lo que ahora se conoce como el movimiento carismático. A medida que el movimiento ha ido creciendo, se calcula que casi mil millones de personas de todo el mundo han sido transformadas por Dios a través de esta obra.

Desde el principio, la idea de Demos de conectar a la gente a través de la FGBMFI estuvo a punto de fracasar, hasta que una noche Dios le dio a Demos una visión que lo cambió todo.

Para mí, mi abuelo Demos era simplemente Bobby, el nombre que le daba nuestra familia. A mi abuela Rose la llamábamos mamá. Influyeron y moldearon significativamente mi joven vida. Observarlos me ayudó a comprender que Dios podía utilizar a cualquiera, ya fuera una persona corriente o influyente. Mi abuelo estaba acostumbrado a tener éxito en casi todas sus empresas; él y su padre, Isaac, habían convertido su negocio de productos lácteos en una de las mayores granjas lecheras de propiedad privada de Estados Unidos, e incluso del mundo en su momento.

Un año después de que Demos pusiera en marcha la FGBMFI, uno de sus buenos amigos, Miner Arganbright, le dijo a Demos lo que ya sabía: que la organización no tenía éxito.

"Francamente, no te daría ni cinco céntimos por todo el conjunto", le dijo Arganbright a mi abuelo.

El 27 de diciembre de 1952, Demos planeaba anunciar que la FGBMFI celebraría su última reunión en la cafetería Clifton de Los Ángeles, donde había empezado un año antes.

El reto para mi abuelo, como para muchos de nosotros, es que no aceptaba fácilmente el fracaso. En la primera reunión, invitó a Oral Roberts, uno de los evangelistas más populares del mundo en aquella época, para que hablara. La expectación y la emoción se dispararon cuando Demos y Oral Roberts entraron en la cafetería Clifton. La noche anterior, más de 12.000 personas en Los Ángeles habían asistido a una asamblea organizada y pagada por Demos y dirigido por Oral Roberts. La sala de banquetes de la cafetería Clifton podría haber acogido fácilmente a cientos de personas, pero a la mañana siguiente solo se presentaron dieciocho personas. La organización intentó expandirse a otras ciudades, pero fracasó en todas las ocasiones.

La idea original de Demos para esta empresa era conectar a los empresarios entre sí y con Dios. La noche anterior al anuncio previsto, un año después de aquella gran asamblea, Demos y Rose habían invitado a un amigo llamado Tommy Hicks a cenar con ellos en su casa. Su conversación se extendió a lo largo de la velada, y pronto llegó la medianoche. Tommy se retiró a dormir.

Lo que ocurrió después se considera legendario.

Mi abuelo se ponía de rodillas para orar sobre la alfombra de tapiz del salón, como habían hecho los hombres de su iglesia y sus antepasados. Esperaban la presencia del Espíritu Santo. Esperaba que Dios le guiara antes de tomar una decisión definitiva sobre la organización. Cuando Demos empezó a orar, sintió la presencia del Espíritu Santo de un modo profundo.

Demos, ¿dudarás alguna vez de mi poder? Sintió que Dios le hacía esa pregunta.

Mi abuelo se dio cuenta de repente de que había estado confiando en su propio poder. No confiaba en el poder de Dios. Sabía que necesitaba confiar en el poder del Espíritu Santo. Mientras él seguía orando, mi abuela Rose tocaba suavemente el órgano Hammond en un rincón de la habitación. Al cabo de un rato, Rose dejó de tocar y le dijo a Demos que Dios "iba a mostrarle ahora el propósito de su vida". Una declaración así se conoce entre los cristianos como una *palabra profética*, un pronunciamiento directo de Dios.

Inmediatamente después de esto, mi abuelo experimentó una visión que marcó el destino de su vida e influyó en el destino de innumerables personas. Se vio a sí mismo contemplando América del Norte. Vio a millones de personas de pie, hombro con hombro. Cuando miró más de cerca, se dio cuenta de que miraban fijamente hacia delante, sin pensar, sin ver; estaban todos muertos. Entonces, se percibió girando alrededor de la Tierra moviéndose junto a millones de sudamericanos, europeos, africanos y asiáticos, y todos estaban muertos. Se estremeció de horror y lloró por ellos mientras oraba. Demos, se quedó atónito ante lo que veía, pero Rose seguía sin ver nada.

"Hijo mío, lo que vas a ver a continuación va a ocurrir muy pronto", le dijo a Demos.

De repente, el sueño cambió mientras el mundo seguía girando. Demos vio a millones de personas que levantaban las manos hacia Dios en señal de adoración y culto. Habían pasado de la muerte a la vida. Dios había cambiado profundamente la vida de millones de personas en todo el mundo. Mi abuelo solía decir que las diferencias políticas y de raza no importaban. Esto se reflejaba en la diversidad étnica de la organización que fundó mi abuelo.

En ese momento, el sueño terminó, y tanto Rose como Demos pasaron el resto de la noche hablando de lo que Dios les había dicho. Aquella noche no durmieron. Cuando llegaron a la cafetería Clifton a la mañana siguiente, Miner Arganbright les saludó en la puerta y le entregó a Demos un cheque por 1.000 dólares. Mi abuelo se quedó estupefacto porque Miner había dicho que no le daría ni un céntimo para la organización apenas una semana antes. Al parecer, Dios también le había confirmado algo a Miner. Recuerda que estábamos en 1952, y 1.000 dólares valdrían diez veces más en 2023.

Además, se presentó Thomas Nickel, editor y escritor.

En medio de su conversación de aquella mañana, Nickel acordó iniciar una publicación para la organización que se llamaría *Voz*. Aquella mañana del 27 de diciembre de 1952 aún era una pequeña reunión, pero la organización creció exponencialmente a partir de entonces.

En pocas semanas, se crearon nuevas secciones en todo Estados Unidos. En junio de 1954, se celebró en Washington la segunda Convención Nacional de la organización, y el vicepresidente Richard Nixon fue el orador principal. Nixon fue solo una de las docenas de figuras históricas emblemáticas con las que mi abuelo entabló amistad e influyó a lo largo de su vida. Algunas personas que me vienen a la mente son el primer ministro cubano Fidel Castro, el presidente de Estados Unidos, Ronald Reagan, el presidente egipcio, Anwar Sadat, el revolucionario argentino, Che Guevara, el Papa Juan Pablo II, el primer ministro israelí, Menachem Begin y Sir Lionel Luckhoo, político y abogado guyanés.

Mi abuelo conoció a Fidel Castro en 1959 mientras establecía una sección de la organización en La Habana. Demos se alojó en el antiguo Hotel Habana Hilton, ahora llamado Hotel Cuba Libre. Este hotel se había convertido en la sede temporal de Castro y su séquito. Sin embargo, mientras estuvieron allí, Demos y los empresarios que le acompañaban no vieron a Castro. Una noche, a las dos de la madrugada, Demos intuyó que, si bajaba, se encontraría con Castro.

"¿Qué haces?" preguntó Rose, mientras se vestía.

"Voy abajo a reunirme con Castro", dijo él.

Rose volvió a dormirse, y Demos bajó las escaleras y ordenó un poco de helado. Eso siempre me hace reír, porque mi padre y mi abuelo nunca podían resistirse a un poco de helado sin importar la hora. Cuando miró a su alrededor, solo vio a unos cuantos soldados somnolientos en el restaurante. Empezó a hablar con el camarero y le preguntó si podía reunirse con Castro cuando entrara en el restaurante aquella noche.

"Castro no ha venido esta noche, y nunca viene tan tarde", dijo el camarero.

"Esta noche vendrá", se limitó a responder mi abuelo.

Pasaron unos minutos y los soldados cansados empezaron a abandonar la sala. Mientras mi abuelo pagaba la cuenta de su helado, oyó el ruido de hombres con botas que marchaban hacia el restaurante. Demos se volvió y vio a Castro en medio de aquel grupo.

El camarero mencionó al personal de seguridad que a Demos le gustaría hablar con Castro. Demos se presentó y explicó que era un granjero lechero de California y que no estaba metido en la política. Luego le contó a Castro lo que intentaba hacer por el pueblo cubano.

"Me gusta lo que estás haciendo", dijo Castro.

Los dos hombres siguieron hablando durante más de treinta minutos. Castro confió a mi abuelo que le gustaba escuchar los programas de radio de Oral Roberts y Billy Graham.

La conversación se interrumpió cuando un borracho propietario de un casino de Estados Unidos entró en la sala y preguntó por qué el gobierno cubano no había respondido a sus llamadas telefónicas y cartas. El colega político de Castro, el Che Guevara, interrumpió la reunión y le dijo a Castro que no debía fiarse de esos empresarios de Estados Unidos.

"Son todos unos cerdos capitalistas", dijo el Che y, sin embargo, siguió participando en la conversación.

Demos nunca fue una persona que dejara que la política o la raza le obstaculizaran. Su visión no lo permitiría. Dio las gracias a Castro por su tiempo. A pesar de la interrupción de este borracho y de los comentarios del Che, Castro quedó tan impresionado con mi abuelo que le envió como regalo un preciado novillo cubano. Demos tenía ese tipo de impacto en la gente.

Otra figura emblemática en la que influyó mi abuelo fue el ex presidente de Estados Unidos, Ronald Reagan. Cuando Reagan era gobernador de California en 1970, Demos le invitó a dar un discurso. A su vez, Reagan invitó a Demos a participar en un almuerzo de gobernadores. Más tarde, ese mismo año, un dirigente de la FGBM-FI profetizó que Reagan llegaría a ser presidente de los Estados Unidos.

Unos años más tarde, varios líderes de la confraternidad fueron invitados para reunirse con el gobernador Reagan y oraron para que se curara de unas úlceras de estómago que le causaban bastantes molestias. Cuando Reagan se presentó a la presidencia en 1976, algunos de sus oponentes políticos intentaron ridiculizarle por este incidente, pero Reagan simplemente admitió que las úlceras de estómago habían desaparecido después de que oraran por él.

Otra figura emblemática que recibió la influencia de mi abuelo fue el presidente egipcio, Anwar Sadat. Demos fue invitado a formar parte de una delegación del gobierno estadounidense tras la firma de un tratado de paz entre Egipto e Israel en 1979. La delegación voló a Oriente Medio en el Air Force Two. Demos llevaba su tradicional sombrero Stetson con un elegante traje. Cuando empezó a hablar amablemente con la gente del avión, muchos de los invitados especiales del presidente Carter empezaron a preguntar quién era aquel hombre del sombrero Stetson.

Mi abuelo conversó con generales, embajadores y dignatarios y, con su amable personalidad, consiguió atraer más atención que nadie en esta ocasión. Sadat quedó tan impresionado con mi abuelo que envió a su representante, Kamal Badir, a hablar en la gran recepción de inauguración de la nueva sede de la FGBMFI a principios de 1980. Yo era una jovencita en la gran inauguración en Costa Mesa, California. Estaba de pie cerca de mi abuelo y recuerdo sentirme tan orgullosa en ese momento. Más de un año después, las noticias internacionales informaron del horrible asesinato de Anwar Sadat, informando que los terroristas habían matado a Sadat por firmar un tratado de paz con Israel. Lo que no se publicó fueron los rumores sobre la decisión privada de Anwar Sadat de convertirse al cristianismo, debido en parte a la influencia de mi abuelo. Sadat se convirtió en mártir de la paz y posiblemente de su nueva fe.

Con figuras emblemáticas como éstas interactuando con la organización, el crecimiento parecía inevitable. Pronto, algunas sedes celebraron reuniones periódicas con la asistencia de cientos de empresarios. En 1955, se creó la primera sección internacional en Johannesburgo, Sudáfrica, y pronto se crearon otras secciones en Hong Kong, Londres y Calcuta. Cientos de líderes internacionales, presidentes y personalidades se convirtieron en oradores invitados y miembros de la FGBMFI en las siguientes décadas.

Si mi abuelo no hubiera tenido aquella visión en diciembre de 1952, habría renunciado a la organización que había fundado. Pero aquella noche, Dios dio a Demos la claridad y la pasión que necesitaba para completar lo que Él le había llamado a hacer. Mi abuelo, su visión, nuestra familia y la FGBMFI nunca volverían a ser los mismos.

Shakarian, 1975

CAPÍTULO 3:
LA RENOVACIÓN

¿Me das de beber?
La mujer samaritana vino a sacar agua

No nos convertimos en parte de una renovación, sino que la renovación se convierte en parte de nosotros cuando aceptamos la gracia que nos ofrece.

Diecinueve siglos antes de que mi familia partiera hacia América, una joven escuchó a alguien a quien consideraba un profeta. Él le reveló la verdad, y ella le escuchó a Él, un forastero. Respondió a su mensaje de salvación y presentó a Jesús a su comunidad. Gracias a que esta mujer samaritana creyó en las palabras de un profeta judío llamado Jesús, ella y su pueblo se salvaron y tuvieron la oportunidad de entablar una relación con Dios.

Esta historia de un encuentro transformador con Dios comenzó con una pregunta.

"¿Quieres darme de beber?" (Juan 4:7), preguntó Jesús a la mujer.

Fue una pregunta retórica que Jesús nos sigue haciendo hoy, no porque Él necesite beber, sino porque nosotros también la necesitamos, aunque no nos demos cuenta de que tenemos sed.

Soy corredora desde hace mucho tiempo. No soy rápida, pero

soy una corredora de fondo constante. Corriendo aprendes mucho sobre ti mismo, porque te esfuerzas más allá de lo que crees que es tu fuerza física. En ese momento, sientes lo que se denomina el subidón del corredor, una sensación de euforia que te hace sentir como si pudieras correr eternamente.

Uno de los mayores peligros físicos a estas alturas de la carrera es la deshidratación. Algunos corredores de maratón terminan hospitalizados porque no se dan cuenta de la cantidad de agua que necesitan para terminar la carrera. Algunos incluso mueren de deshidratación. Al igual que un maratoniano que no bebe suficiente agua, muchos de nosotros estamos muriendo lentamente de deshidratación, deshidratación espiritual, sin darnos cuenta.

Quizá la pregunta que todos deberíamos hacer hoy a Jesús es: "¿Me darás de beber agua?".

Igual que Jesús ofreció agua a la mujer samaritana, ahora nos ofrece agua viva a nosotros. La mayoría de nosotros tenemos sed espiritual, pero no se nos ha ocurrido hacernos esa pregunta porque no somos conscientes de nuestra sequedad espiritual. Quizá has estado anhelando algo más, pero no puedes describir qué es.

Cuando Jesús continuó su conversación con la mujer, ella parecía sorprendida de que Él estuviera dispuesto a hablar con ella; ella era samaritana, Él judío, y los dos grupos eran enemigos desde hacía mucho tiempo. La mayoría de nosotros podemos identificarnos con esto en un mundo que se ha dividido y polarizado. Jesús no solo nos pidió que amáramos a nuestros enemigos, sino que demostró ese amor con Sus acciones.

Jesús le explicó que no hablaba del agua del pozo junto al que estaba sentada, sino del agua viva de Dios que podía reabastecer su alma y darle la vida eterna. Esta agua de la que hablaba Jesús se utiliza a menudo como metáfora a lo largo de la Biblia para describir la presencia del Espíritu Santo de Dios. Más adelante en esta conversación, Jesús habló con la mujer samaritana sobre adorar a Dios en el Espíritu. Esto es lo que finalmente comprendió mi tatarabuelo en 1892. Estaba familiarizado con el cristianismo, pero nunca había tenido un encuentro transformador con Dios.

Al igual que mi tatarabuelo, esta mujer samaritana conocía a Dios, pero nunca había bebido agua viva hasta que conoció a Jesús. Y entonces, Dios la utilizó para llegar a su comunidad con el mensaje de esperanza y salvación, y su comunidad empezó a seguir a Jesús.

La samaritana era la última persona que alguien habría elegido para tener un impacto tan positivo en tanta gente. Según los criterios humanos, tenía tres defectos. En primer lugar, era samaritana, un grupo de personas históricamente despreciado por el pueblo judío. En segundo lugar, era mujer, lo que en su contexto significaba que se la consideraba una ciudadana de segunda clase sin derechos humanos básicos. En tercer lugar, era una pecadora. Había fracasado en cinco matrimonios. El hombre con el que vivía no era su marido. No era la candidata de nadie para ayudar a una comunidad a cambiar para ser mejor.

Jesús le reveló con amor y sinceridad que conocía sus decisiones, que la habían desmoralizado espiritual y emocionalmente. A pesar de sus fracasos, Dios decidió utilizarla de un modo poderoso. Éste fue un ejemplo temprano de cómo Dios utilizó a personas corrientes para hacer cosas extraordinarias por Él. Él quiere utilizarte de esa manera. Dios te eligió y te designó para que dieras fruto, para que fueras espiritualmente productivo y reproductivo.

Mientras Jesús seguía hablando con la mujer samaritana, dirigió su conversación hacia la adoración. En el Evangelio de Juan, Jesús declaró que los que quieren adorar a Dios "deben adorar en Espíritu y en verdad" (Juan 4:24). Dios nos creó para que tuviéramos una relación con Él, pero a menudo esa relación se fractura o se rompe a causa de nuestras elecciones y percepciones. A través de Jesús, se nos ha ofrecido la oportunidad de reparar esa ruptura, experimentar la salvación y beber esa agua viva. A través del culto, se nos ofrece una conexión con Dios. A través del culto, podemos iniciar una conversación con Dios que abra nuestros corazones al poder transformador del Espíritu Santo, que puede cambiar nuestras perspectivas, nuestra visión y nuestra comprensión del mundo que nos rodea.

Jesús dijo que necesitamos adorar en el Espíritu porque necesitamos que el Espíritu Santo nos guíe hacia una relación con Él. El Espíritu Santo nos guía y nos atrae hacia Dios desde el día en que nacemos. El Espíritu Santo guio a la mujer samaritana a encontrarse con Jesús junto al pozo para tener un encuentro con Él que cambió la vida de muchas personas. Este tipo de encuentro y sus resultados son lo que Dios quiere que tú experimentes.

Cuando tenía dieciséis años, me moría de ganas de obtener mi licencia de conducción. Mis amigos no veían la hora de tener la libertad de ir donde quisieran. Yo sentía lo mismo, pero donde quería ir era al refugio de mujeres maltratadas. Anhelaba ayudar a las madres y a sus hijos pequeños de cualquier forma posible. Sentía una gran compasión por aquellas mujeres heridas y asustadas. Me encantaba ser voluntaria allí siempre que podía y enseñarles el amor de Dios.

Cuando llegó Acción de Gracias, estuve en el refugio desde temprano, sirviendo comida y ayudando con los niños. Cuando por fin llegué a casa por la tarde a tiempo para nuestra celebración familiar, mi padre me preguntó dónde había estado toda la mañana. Le dije que estaba sirviendo en el refugio.

A menudo se reía y decía: "¿Quién te crees que eres, Juana de Arco?". En aquella época, no creo que mi padre ni nadie de mi familia comprendiera lo mucho que me importaba tener el privilegio de ayudar a otras personas.

CAPÍTULO 4:
"¡MICKEY MOUSE ESTÁ EN TODAS PARTES!"

"Ten mucho cuidado con lo que dices.
Hay oídos por todas partes."
Empleado de hotel ruso

Brianna se sentó frente a mí en mi regazo durante el largo vuelo a Moscú. Cuando las azafatas terminaron de servirnos la comida, me di cuenta de que Brianna estaba untando pudin de chocolate por todas partes. No entendía de dónde lo sacaba. Entonces la señora que estaba sentada detrás de mí se echó a reír.

"Lo único que vi fueron esas manitas metiéndose entre los asientos para coger un puñado de mi postre", dijo cuando me di la vuelta.

Brianna tomó un postre extra en el largo viaje en avión a Rusia.

Demos había mediado en un acuerdo con una persona de alto rango del gobierno ruso; la parte de Demos consistía en traer empresarios para ayudar a los empresarios rusos. A cambio, el gobierno ruso accedió a imprimir miles de ejemplares del Evangelio de Juan en ruso para que los distribuyéramos sin restricciones. Irónicamente impresas en antiguas oprimas comunistas, muchas cajas de estas Biblias nos esperaban en el aeropuerto cuando llegamos a Moscú.

También nos permitieron utilizar gratuitamente algunos de sus auditorios más grandes para celebrar reuniones.

El gobierno ruso nos alojó en uno de los mejores hoteles de Moscú. Todos los días nos llevaban en una limusina que era propiedad de Leonid Brézhnev, dirigente de la Unión Soviética desde 1964 hasta 1982. El hotel era uno de los más opulentos en los que nos habíamos alojado. La arquitectura era impresionante, y el mobiliario ornamentado y exquisito.

Compartía una pequeña cama individual con Brianna. En mitad de la noche, algo me recorrió el pecho. Al principio no me di cuenta de lo que había pasado, pero entonces oí el chirrido de un ratón y lo sentí correr de nuevo sobre mi cama. Cogí a mi bebé con un brazo y salí corriendo de la habitación al pasillo.

Mientras sujetaba a Brianna con un brazo como si fuera un balón de fútbol, yo corría agachada como un ratón, tratando frenéticamente de representar lo que ocurría en mi habitación ante el monitor de la planta. Cada planta tenía una asistente sentada en un escritorio junto al ascensor. Al principio, esta mujer no entendía lo que estaba haciendo, pero al final dio una palmada, levantó los brazos y dijo en su inglés entrecortado: "Oh, sí. Mickey Mouse está en todas partes". Las dos nos reímos a carcajadas. En ese momento, solo éramos dos mujeres que conectaron por un ratón. Me hizo sonreír y me recordó que todos somos iguales, aunque no hablemos el mismo idioma.

Subí al ascensor y fui a la habitación de mis padres. Brianna y yo dormimos entre mi madre y mi padre. Aquella noche me sentí como si volviera a tener cinco años. En aquel momento, todo estaba bien en el mundo, y me dormí abrazada a mi hija con una sonrisa en la cara, sintiéndome segura y cálida. Después de aquel incidente, mi padre y yo bromeábamos a menudo: "¡Mickey Mouse está en todas partes!".

Como la Unión Soviética se había disuelto hacía poco, la escasez de alimentos y suministros era habitual. Sabiendo lo incierto que era conseguir comida suficiente en este viaje, casi todos los miembros de nuestro equipo trajeron algunos aperitivos. Un hombre de negocios italiano trajo un salami enorme en su maleta. Todos nos reímos mucho de su ambiciosa planificación de los aperitivos.

Un día, después de terminar nuestras reuniones, este hombre de negocios nos llamó a mi padre y a mí a su habitación de hotel. Unos ratones habían mordisqueado su maleta para llegar a ese gordo salami. Lo único que quedó fue un gran agujero que destrozó su maleta. ¡Mickey Mouse estaba realmente en todas partes!

En medio de nuestros frecuentes encuentros con roedores y nuestras apretadas agendas, de vez en cuando sacábamos tiempo para comer en algunos de los mejores restaurantes de Moscú. El amoblado y la arquitectura de estos restaurantes eran tan elaborados y bellos como los de nuestro hotel. Examinábamos menús magníficos con una gran variedad de platos, como filetes, pescado, caviar y pollo. Todos pedíamos y luego los camareros seguían el ritual de decirnos que no había filete, ni pescado, ni caviar, pero que sí, que siempre tenían pollo. Todo el mundo se acostumbró a pedir pollo porque era lo único que tenían en todos los restaurantes. Cuando el pollo llegó a la mesa, no tenía carne en los huesos, pero estábamos muy agradecidos de estar allí, sin importar cuales fueran las circunstancias.

Rusia y los demás países de la antigua Unión Soviética estaban aún en fase de transición económica, por lo que la oferta en los mercados era muy limitada. Incluso los pollos de Rusia se morían de hambre, aunque hicimos un buen trabajo alimentando a los ratones mientras estuvimos allí.

Rápidamente me hice amiga de la jefe de seguridad del hotel. Se sentaba en un elegante escritorio cerca de la entrada. La recuerdo con cariño. Hablaba con ella todos los días y le hacía muchas preguntas. Era naturalmente reservada, pero empezó a responder a algunas de mis preguntas aquí y allá, discretamente, por supuesto.

Una vez le pregunté si nuestras habitaciones tenían micrófonos ocultos.

"Ten mucho cuidado con lo que dices. Hay oídos por todas partes" susurró, poniéndose un dedo sobre la boca.

Al salir del hotel aquel día, me miró y me dijo en voz baja: "Sí". Sabía que estaba respondiendo a mi pregunta de ese mismo día. Más tarde, le pregunté si el vehículo que utilizábamos tenía micrófonos ocultos. Dejó pasar un rato antes de asentir con cuidado. Era un sí a mi pregunta. Aunque el país empezaba a abrirse a los negocios y al turismo occidentales, muchos ojos nos miraban con curiosidad o recelo.

Llevé mi Biblia favorita de mi adolescencia a este viaje. Mis pasajes favoritos estaban todos marcados. Un día, cuando salí a comer tarde, antes de nuestra reunión en uno de los estadios más grandes de Moscú, una criada me robó mi preciada Biblia mientras limpiaba mi habitación. Rápidamente descubrimos que la gente de Rusia tenía tanto hambre física como espiritual.

La gente llenó el estadio de Moscú hasta los topes esa primera noche y todas las demás, y cientos más esperaban fuera, en el frío, con la esperanza de poder entrar. La gente incluso se sentaba en los pasillos y en las escaleras, llenando las salidas. Sin embargo, la gente seguía viniendo; miles de personas. Tenían tanta hambre de Dios. Podíamos oír los gritos de la gente fuera del estadio, y nuestros intérpretes nos dijeron que decían: "¡Por favor, déjennos entrar!".

Mi padre era el orador principal, pero invitó a hablar a nuestro grupo de empresarios. Hacia el final de la "reunión", repartimos miles de ejemplares del Evangelio de Juan que el gobierno ruso había impreso para nosotros en sus impresoras comunistas. Este fue el trato que mi abuelo hizo con el gobierno ruso antes de que aceptara venir al viaje. Rusia quería que viniera gente de negocios con la esperanza de revitalizar el país tras la desintegración de la Unión Soviética.

Después de cada reunión, dedicábamos tiempo a orar por la gente. La primera noche, oramos por la gente desde el escenario, pero cuando la gente empezó a gritar que se estaban curando, cada vez vino más gente hacia el escenario. Las multitudes se precipitaron hacia el escenario al ver los milagros que allí tenían lugar.

El peso de la multitud hizo que el gran escenario empezara a derrumbarse, pero la gente seguía viniendo y saltando sobre el escenario que se derrumbaba. Los de seguridad gritaron a todos los que oraban en el escenario que corrieran hacia atrás y salieran de allí. Nuestro intérprete nos dijo más tarde que la gente había visto los dramáticos milagros que se estaban produciendo y querían un toque de Dios. Cogí a Brianna y a mi madre, y corrimos por el laberinto de túneles que había detrás del escenario. Corrimos por nuestras vidas mientras la gente nos perseguía. De algún modo, nos separamos de mi padre y del resto del grupo.

Finalmente, los de seguridad nos encontraron en una sala de la parte trasera del estadio y nos llevaron rápidamente a un coche que nos esperaba. Nuestro grupo viajó en varios coches, cuyos conductores se movían lentamente entre la multitud que nos oprimía. Mientras nos alejábamos del estadio, una multitud de personas corrían junto a nuestro coche, suplicando que orásemos por ellas. Algunos hombres se subieron al capó del coche, pero los conductores continuaron hasta que la gente finalmente soltó los vehículos. Estaba muy preocupada por Brianna. Hacía todo lo que podía para protegerla en aquella situación.

Cualquiera que haya estado en una revuelta puede decirte que la gente pierde la cabeza, y la situación se convierte en un sálvese quien pueda. Pero llegamos sanos y salvos al hotel. Cuando esa noche apoyé la cabeza en la almohada con mi bebé en brazos, me sentí muy honrada de formar parte de algo tan especial que Dios estaba haciendo. Mientras cerraba los ojos y me dormía, podía ver las caras de la gente que gritaba, y oía a mi traductor decir: "¡Puede ver!" o "¡Puede andar!". Vi cómo cientos, posiblemente miles, de personas recibían el milagro que habían venido a buscar aquella noche. Fue un espectáculo tan profundo y hermoso de ver.

Durante el pánico por salir del estadio, se perdió la manta que mantenía caliente a mi bebé durante las noches amargamente frías de Moscú. Pregunté a mi nueva amiga del hotel dónde podía encontrar una manta para mi bebé. Me dijo dónde ir, pero me explicó que las mantas estaban racionadas. Solo se distribuían en determinados días; no todo el mundo conseguía lo que buscaba. Por suerte, ese día estaban repartiendo mantas. Mi madre y yo fuimos a la tienda donde nos permitieron comprar una manta. Sostuve a mi bebé dentro de mi abrigo de invierno para que no pasara frío, y esperamos en la cola durante horas y horas en un clima gélido, pero estaba agradecida. Verdaderamente agradecida.

Nos hicimos una idea de la vida cotidiana de los moscovitas mientras esperábamos en la cola. Yo no era la única mamá de la cola que intentaba proteger a su bebé del frío. Para todos los demás, ésta era su realidad cotidiana: esperar durante horas con la esperanza de cubrir las necesidades básicas de la vida, y utilizar cualquier cosa que pudieran para pasar cada día.

Me sentí muy agradecida de experimentar esta vida cotidiana de primera mano y de sentir una conexión más profunda con el pueblo ruso.

CAPÍTULO 5:
SOLO DIOS

"La gente está siendo curada en el espacio del caminar de un hombre. Jesús camina entre ellos." El intérprete de armenio

La bomba estalló al final de la calle. La explosión sacudió nuestro coche y nos dejó aturdidos, pero nuestro conductor dio la vuelta en medio de la carretera en dirección contraria al tráfico que se aproximaba, y zigzagueó hábilmente por las calles de Erevánコ como en la atracción Mr. Toad's Wild Ride de Disneylandia. Condujo en sentido contrario por varias calles estrechas de sentido único y también por las aceras. Agradecí que el bebé de diez meses que llevaba en el regazo pareciera estar bien, sobre todo porque íbamos sentadas en el asiento delantero del coche. También dimos gracias cuando nuestro conductor se dio la vuelta y empezó a ir en la dirección correcta por una calle muy transitada.

Mientras explotaban dos bombas, corrimos por las calles hasta llegar sanos y salvos al hotel. Era 1990, y nos vimos atrapados en medio de un tiroteo mientras el recién independizado país de Azerbaiyán lanzaba bombas sobre Erevánコ, la capital de Armenia. Cuando la Unión Soviética se derrumbó, Armenia y otra docena de países encontraron una nueva independencia, pero Rusia decidió estratégicamente armar tanto a Armenia como a Azerbaiyán en una táctica para desestabilizar a ambos países.

Era mi primera visita a Armenia. Vine con mi hija, mis padres y unos diez hombres de negocios. Mi padre y mi abuelo habían sido invitados a llevar hombres de negocios a Rusia y Armenia, ambas estaban pasando por una caída libre económica y necesitan desesperadamente capital, comercio y empresarios que les proporcionaran formación y experiencia para revitalizar sus economías. Demos se había enfermado demasiado para recorrer esa distancia, así que viajé en su lugar y llevé a Brianna conmigo.

Cuando llegamos a Ereván, procedentes de Moscú, me encontré en la capital del país de mis antepasados. Fue un momento muy profundo, pues pensé en el momento en que hicieron caso a una advertencia profética y huyeron. No era la ubicación exacta debido al genocidio y a las disputas territoriales, pero ahora era nuestra capital. Era una época volátil en Armenia y otros antiguos territorios soviéticos. Al día siguiente de nuestra llegada, paseaba por la plaza de la ciudad con mi hija en brazos. Por alguna razón, aquel día tuve una sensación de inquietud, pero la ciudad parecía tranquila, así que pensé que todo iría bien. Disfruté abrazando a mi hija y contemplando la hermosa arquitectura. Estar en un país que significaba tanto para mí era maravilloso. Había oído historias sobre Armenia toda mi vida, pero pasear por las hermosas calles arboladas y respirar el aire era magnífico. Me sorprendió que la ciudad se pareciera mucho a otras ciudades europeas en las que había estado.

Había oído hablar de la gran estatua de Lenin en la plaza de la ciudad. Fui a verla, pero no podía deshacerme de la inquietud que sentía. Cuando estaba al pie de la estatua, de repente estalló un motín de la nada. Supe que tenía que llevar a mi bebé al hotel inmediatamente. Intenté salir de la plaza, pero un mar de gente se abalanzó sobre mí. Era evidente que estábamos en peligro. Sujeté a Brianna con fuerza y me escondí en un estrecho hueco. Protegí a Brianna con mi abrigo mientras decenas de jóvenes gritaban y trepaban a la estatua de Lenin, símbolo de la opresión soviética, y empezaban a derribarla pieza a pieza con mazos. No esperé a ver cómo caía realmente la estatua de Lenin. En lugar de eso, decidí escapar y dirigirme al hotel. Mientras avanzábamos hacia el hotel, un mar de jóvenes con martillos y otras armas improvisadas pasaron corriendo junto a nosotras, en dirección contraria. Podía oír los gritos de la turba enfurecida detrás de mí. Cuando irrumpí frenética en el vestíbulo del hotel, miré a mi alrededor y vi una imagen muy distinta. Gente bien vestida tomaba su café despreocupadamente y charlaba tranquilamente o leía un periódico.

Esa misma noche, mi padre habló en un gran anfiteatro donde miles de armenios se reunieron para escucharle. Aquella noche hacía un clima precioso, muy parecido al del sur de California. Soplaba una suave brisa en el anfiteatro. Mientras mi padre hablaba, la gente del público empezó a gritar.

Mi padre pensó que estaban molestando y preguntó al intérprete qué decían. El intérprete armenio se inclinó hacia mi padre y le dijo que gritaban: "¡Estoy curado!".

"¿Ve lo que está pasando?", preguntó el intérprete mientras más personas gritaban que estaban curadas.

Mi padre dijo que no lo sabía.

"Mire, Sr. Shakarian, la gente se está curando en el espacio por el que camina un hombre. Jesús camina entre ellos", dijo el intérprete.

Cuando miramos al público, vimos que surgía un patrón. Fila tras fila, la gente gritaba que estaba curada, mientras Jesús caminaba aparentemente entre ellos.

Una de las mujeres allí presentes era una destacada dirigente política de Armenia. No esperaba que Dios la curara; nunca había experimentado nada parecido, pero mientras Jesús caminaba entre la gente, Dios la curó milagrosamente a ella también. Después del servicio, caminó con mi padre alrededor de todo el anfiteatro mientras seguía intentando comprender lo que Jesús acababa de hacer.

Solo Dios puede hacerlo.

Al día siguiente, invitaron a mi padre y a los empresarios de nuestro grupo a reunirse con algunos políticos. Mi madre y yo, junto con otras personas de nuestro grupo, fuimos invitadas a comer a una casa en el campo. En cuanto entramos en la casa, las señoras armenias me quitaron a Brianna de los brazos. Inmediatamente le pusieron un pañuelo rojo en la cabeza y un trozo de shish kabob en la boca. Intenté explicarles que Brianna solo tenía dos dientes y que nunca había comido comida sólida, pero aquellas señoras se rieron y siguieron adelante. Brianna masticó y chupó aquel trozo de carne todo el tiempo que estuvimos allí. Incluso con dos dientes, nada la frenaba. Era la golosina más sabrosa que había probado en su vida, y nadie podía quitarle esa carne de su manita.

Las familias armenias nos trataron con mucho amor. A causa de un terremoto reciente, vivían con raciones mientras construían su nación, ahora independiente. Las mujeres hicieron los pasteles más adornados y elaborados que jamás habíamos visto. Habían gastado las raciones de todo un mes en aquella comida para nosotros. Nunca olvidaré el amor y la generosidad que nos demostraron.

Aquel memorable almuerzo se vio interrumpido por otro momento sorprendentemente memorable, cuando nuestro conductor entró corriendo en la casa y empezó a susurrar frenéticamente con los pocos hombres. Algo iba mal; nuestro chófer nos dijo que teníamos que marcharnos inmediatamente. Estábamos en el campo, lejos de nuestro hotel. Salté al asiento delantero y abracé a Brianna. Mi madre estaba en el asiento trasero del pequeño coche. Condujimos durante un rato, y me di cuenta de que el conductor estaba nervioso todo el tiempo, pero como no hablaba inglés, no pude sacarle ninguna información, y entonces no teníamos teléfonos móviles. Al acercarnos a la ciudad, oímos explosiones a lo lejos.

Un poco más tarde, una pequeña pero ruidosa bomba estalló al otro lado de la calle, a la derecha del coche donde yo estaba sentada. Nuestro conductor giró para conducir en sentido contrario por una calle de sentido único. Todos los ocupantes del coche guardaron un extraño silencio. Sujeté a Brianna lo más fuerte que pude, y observé los coches que se dirigían hacia nosotros. Nuestro conductor estaba decidido a llevarnos de vuelta al hotel, pasara lo que pasara. Oímos otra explosión a lo lejos. Más tarde nos enteramos de que Azerbaiyán estaba bombardeando Armenia para debilitarla. Por fin llegamos al hotel. Mi padre estaba paseándose fuera y esperándonos.

Mientras estábamos en Armenia, mi padre me contó la historia de Gregorio el Iluminador, y cómo se convirtió en el apóstol de Armenia, lo que llevó a este país a convertirse en la primera nación cristiana del mundo.

Pregunta a cualquier persona de ascendencia armenia sobre la historia espiritual del país, y te dirá con orgullo que fue el primer país cristiano. La mayoría de los historiadores también hablarán sobre el Jardín del Edén, que se dice estar situado en el lado occidental de Armenia, cerca del valle del Ararat. El monte Ararat se encuentra en la frontera entre Turquía y Armenia, y es probable que los historiadores confirmen que fue allí donde desembarcó el Arca de Noé. Por tanto, puedes deducir que la ubicación es estratégicamente importante para Dios.

Cuando mi padre tenía veintiocho años, unos adventistas del Séptimo Día le invitaron a escalar el monte Ararat en busca del Arca de Noé. Mi padre no era atlético, por lo que éste era un viaje especialmente arduo para él. Voló a Turquía y se reunió con los otros hombres que harían el viaje. Llevaban mucho equipo y burros para transportarlo.

Cuando se pusieron en marcha, mi padre estaba emocionado, pero también se preguntaba en qué se había metido. Uno de los hombres que le acompañaban le dijo: "¡Richard, salta!". Sin pensarlo, obedeció rápidamente. Delante de él había una gran grieta en la que, de lo contrario, habría caído. Este no fue un acontecimiento aislado durante su viaje.

Quería mucho a mi padre. Era fuerte cuando lo necesitaba, pero también tierno de corazón. Todas las noches, en aquella montaña, miraba desde su atalaya en Turquía, las luces de las colinas de Armenia. Cada noche, mi padre lloraba al pensar en cómo habían torturado y sufrido tanto los armenios. Él y el equipo no encontraron pruebas físicas del arca, pero para él, fue el viaje de su vida.

Mi padre debía reunirse con mi madre en Roma tras aquel largo y arduo viaje. Estaba hecho un desastre y fue a Estambul a cortarse el pelo y afeitarse antes de volar a Roma.

Mi padre escuchaba la radio que sonaba en la tienda mientras estaba sentado en la silla del barbero. El barbero empezó a cambiar las estaciones de la radio, y mi padre oyó la emisión de una obra de teatro en lengua armenia. Le preguntó al barbero si podía parar en esa estación.

El barbero tomó la navaja para empezar a afeitar la cara de mi padre. Apretó la navaja contra su garganta y le preguntó si entendía lo que decían en la radio. Inmediatamente, mi padre se calló y no pronunció ni una palabra más. Pedir un programa de radio en armenio mientras estaba sentado en la silla de un barbero en Turquía, aún era un poco peligroso y subrayó la tensión entre Turquía y Armenia, que todavía existe hoy.

Mis padres se reunieron en Roma, en el Hotel Excelsior, que siempre ha sido su hotel favorito. Mi padre estaba tan enfermo por una intoxicación alimentaria que mi madre llamó a recepción para preguntar si había un médico americano que pudiera atender a mi padre; le dijeron que sí. El médico rebosaba con historias del rodaje de *Cleopatra*, para la que le habían contratado para cuidar de los actores. Mientras atendía a mi padre, les contó a mis padres todos los cotilleos del plató sobre Elizabeth Taylor y Richard Burton, cuyo tórrido romance acabó con los matrimonios de ambos.

Mis padres fueron después a la Costa Amalfitana. Viajaron en un autobús repleto por aquellas carreteras sinuosas, empinadas y traicioneras. A mi madre le aterrorizan las alturas y fue un manojo de nervios durante todo el viaje. He viajado por todo el mundo, pero nada es más desalentador que aquellas carreteras estrechas y tortuosas. El autobús casi llenaba la estrecha carretera serpenteante mientras viajaban por lo alto de los acantilados. De repente, el conductor del autobús se apartó todo lo que pudo, que no era mucho en aquella estrecha carretera, y se detuvo. Mi madre estaba segura de que el coche de alguien había caído por el acantilado. Cuando el autobús se detuvo, mis padres se dirigieron directamente al conductor para confirmar sus sospechas. El conductor dijo despreocupadamente: "No, no". Explicó que Jackie Kennedy se alojaba en la Costa Amalfitana y había decidido que quería comprar material de papelería, así que tuvieron que parar el autobús para que ella subiera. Efectivamente, unos minutos después, Jackie Kennedy apareció por la sinuosa carretera en su pequeño Fiat rojo descapotable.

Anteriormente, un renombrado científico había recibido un trozo de madera para estudiarlo en uno de los laboratorios más respetados del mundo, que resultó estar en Suiza. El hombre que le dio la madera no reveló al científico ni un solo dato sobre ella.

Algún tiempo después, el científico llamó al hombre y le preguntó: "¿Esto vino del Arca de Noé?".

No se le había dicho nada al científico que le llevara a formular esa pregunta. El hombre que le había dado la madera dijo: "¡Sí!".

Debido a la estatura de mi familia dentro de la comunidad armenia, aquel hombre entregó a mi padre el preciado trozo de madera con la documentación correspondiente antes de que abandonara Europa. Quién sabe cuál es la verdad, pero dadas las pruebas científicas, no es imposible que la madera procediera del arca.

La historia de Armenia, como primera nación cristiana del mundo, se ve a menudo eclipsada por la conversión del emperador romano Constantino, y el espectacular crecimiento del cristianismo en el imperio después de que su Edicto de Milán declarara el cristianismo como la religión legal en el 313 d.C. Pero Armenia se convirtió en una nación cristiana hacia el año 301 d.C., o un poco más tarde. El Imperio Romano no declaró el cristianismo como religión del estado hasta que lo hizo el emperador romano Teodosio, en el 380 d.C.

Pero el viaje de la herencia espiritual de Armenia siguió una ruta tortuosa. La tradición indica que Armenia fue introducida por primera vez al cristianismo por dos de los doce apóstoles originales, Bartolomé y Tadeo. Otros historiadores del cristianismo antiguo mencionan que las iglesias se establecieron en Armenia en el siglo

II, una generación después del martirio de Bartolomé y Tadeo.

Aunque el cristianismo dio algunos pequeños pasos para establecerse en Armenia en los tres primeros siglos, la nación seguía arraigada sobre todo al zoroastrismo, una religión griega que cobró fuerza por Alejandro Magno y su conquista, y en otras formas de animismo antiguo. Se dice que los reyes magos originales que visitaron a Jesús poco después de su nacimiento eran sacerdotes zoroastrianos que tal vez procedían de Armenia, o quizá de más al sur del Imperio Persa de aquel periodo.

En la segunda mitad del siglo III, Armenia no se había identificado como nación cristiana hasta que un joven llamado Grigor Lusavorich regresó a su lugar de nacimiento para compartir su fe con otros armenios. Grigor nació en el seno de una familia noble, pero su padre, Anak, se convirtió en rival político del rey armenio. A Anak se le asignó la tarea de asesinar al rey.

Tras matar al rey Khosrov II, Anak fue ejecutado, junto con la mayor parte de su familia. Los cuidadores del joven Grigor lo sacaron de este peligro y lo enviaron a ser criado por una familia cristiana en Cesarea. Allí conoció a la que sería su esposa, Miriam, una mujer de la nobleza armenia, y formaron una familia. Algo faltaba en la vida de Grigor, y sintió que Dios le obligaba a volver a Armenia a extender el mensaje de gracia de Dios al pueblo armenio.

Al llegar allí, el mensaje de Grigor no obtuvo el éxito que esperaba. Por el contrario, se enfrentó a la oposición y la persecución, ya que el actual rey de Armenia, Tiridates III, percibía a Grigor como una amenaza política para su reinado. Al fin y al cabo, el padre de Grigor había asesinado al padre del rey actual. Así pues, Grigor fue torturado y enviado a una fosa muy profunda en la cima de una montaña. Según cuentan, Grigor vivió en este pozo durante más de una década, con un amigo que de vez en cuando le llevaba pan para sobrevivir.

Esta fosa fue descrita como un lugar lleno de serpientes y ratas, un pozo negro de infecciones al que Grigor tuvo que sobrevivir mientras se recuperaba de las heridas recibidas durante su tortura.

Grigor sobrevivió a esta terrible experiencia y, mientras se recuperaba, buscó a Dios y siguió orando por el pueblo de Armenia, incluido Tiridates, que le había encarcelado. Mientras Grigor seguía orando en este pozo, Tiridates se encontró con un enemigo político, evitando por poco su muerte.

Al principio, se formó un pacto político entre Armenia y el Imperio Romano, pero el emperador Diocleciano vio la oportunidad de ampliar su imperio y traicionó a Tiridates para adquirir grandes porciones del reino armenio occidental. Esto llevó a Tiridates a un punto de crisis en el que se volvió loco. Algunas fuentes dicen que se comportaba como un cerdo y que llegó a estar endemoniado. Durante esta crisis, un amigo cristiano del rey armenio se acordó de Grigor y pensó que podría ayudar a Tiridates. El rey se sorprendió al saber que Grigor seguía vivo; suponía que había perecido hacía mucho tiempo en la fosa.

Al salir de la cárcel, Grigor insistió en que el rey debía arrepentirse de sus pecados. El rey reconoció sus pecados y su necesidad de arrepentimiento en el 297 d.C. Grigor oró por Tiridates, y el rey se curó milagrosamente de su aflicción. Después de esto, Grigor comenzó a compartir su fe con el pueblo de Armenia. Se dice que muchas personas sanaron milagrosamente bajo el ministerio de Grigor y, en el año 301 d.C., el rey de Armenia pidió a Grigor que lo bautizara a él, a su familia y a la corte real. Dios transformó radicalmente a Tiridates durante este encuentro, y ayudó a Grigor a establecer la Iglesia Apostólica Armenia. Grigor Lusavorich recibió el título de Gregorio el Iluminador.

Tiridates había percibido inicialmente a Gregorio como una amenaza. Pero Gregorio no había venido con malas intenciones; había venido a traer un mensaje de esperanza y libertad que cambiaría el curso de la historia armenia. Con el tiempo, las circunstancias los unieron y los antiguos rivales políticos se convirtieron en aliados mientras Tiridates ayudaba a Gregorio en su misión de introducir al pueblo armenio en el cristianismo. En pocos años, la mayor parte de la población de Armenia había descubierto la fe cristiana, se había bautizado y había hecho declaraciones públicas de fe en Jesucristo.

Cuando recuerdo la historia que me contó mi padre sobre la fosa, solo puedo imaginar lo miserable y agonizante que debió de ser para Grigor sobrevivir allí durante más de una década. Visité esa fosa con mi padre en un viaje a Armenia y Rusia en 1990. Desde esta fosa, podías mirar hacia el norte y posiblemente ver a lo lejos el lugar donde comenzó la humanidad en el Jardín del Edén, y podías mirar hacia el sur y ver el monte Ararat, donde Dios reinició la humanidad mediante un pacto renovado con Noé.

En 2013, volvimos a Armenia y celebramos una Convención Mundial de la FGBMFI. Llevamos a nuestros líderes a la fosa de Gregorio. Las historias de todo lo que Gregorio sufrió en esa fosa eran espantosas. Aun así, Dios utilizó este lugar para preparar y ungir al hombre que introdujo el cristianismo en Armenia y liberó a toda una nación de su esclavitud.

A menudo pienso en la respuesta de la gente en los estadios de Rusia y en el anfiteatro de Armenia, donde Jesús caminó entre la gente. Pienso en el hambre espiritual y la desesperación de estas personas. Estoy segura de que muchos de ellos se habrán sentido como Grigor Lusavorich cuando le arrojaron a aquel foso y la gente se olvidó de él. Pero Dios no se olvidó de Grigor, y Dios tampoco se ha olvidado de esas personas espiritualmente hambrientas. Y Dios no se ha olvidado de ti.

Hasta que conoció a Jesús, la mujer del pozo estaba hambrienta espiritual y emocionalmente. Pero enseguida se dio cuenta de que había algo diferente en Jesús. Qué trágico habría sido para ella y para su comunidad que hubiera descartado su mensaje debido a su visión limitada o a sus prejuicios. Las divisiones de nuestro mundo actual solo pueden curarse a través de Aquel que nos ofrece esperanza, reconciliación y curación.

Pablo se encontró con esta persona de camino a Damasco, y extendió el mensaje del Evangelio incluso a los gentiles que antes había despreciado. Jesús estuvo en aquel pozo con Grigor y lo preparó para convertirse en mensajero de esperanza para una nación.

Tiridates III de Armenia conoció a Jesús a través del que creía que era su rival político, y juntos, él y Gregorio, fueron transformados.

Mientras estuvimos en Rusia y Armenia, vimos a personas de dos naciones transformadas por el poder de Dios. Pasaron de ser quienes eran a ser quienes Dios les llamaba a ser. Estaba claro que el amor y la gracia nunca habían perdido su poder.

CAPÍTULO 6:
NADA PODÍA DETENERLA

"Mi abuela mantuvo el rumbo."
Brenda Shakarian

Mi abuela noruega, Elizabeth, es una de las mujeres más fuertes que he conocido. Por eso llamé a mi hija Brianna Elizabeth, en su honor. Quería a mi abuela más de lo que se puede expresar con palabras. Ella era mi lugar seguro. Mis padres viajaban mucho cuando yo era pequeña, así que mis abuelos noruegos cuidaban de mi hermana y de mí. Nunca podía esperar a irme a la cama, porque mi abuela me contaba historias sobre China, y yo no podía esperar a oírlas una y otra vez. De niña, veía a ese país como un lugar exótico y diferente al mundo en el que crecía yo. Las costumbres, la ropa y la comida de la gente me fascinaban. Cuando contaba sus historias, veía los colores de la ropa en mi mente y era como si estuviera allí con ella. Si una noche se olvidaba de algún detalle en una de sus historias, la detenía para asegurarme de que los incluyera todos. ¡Siempre quería saber más! La amaba mucho.

Mientras asistía a la Universidad Oral Roberts, recibí una llamada en la que me comunicaron que había muerto. No tengo palabras para expresar la profunda pérdida que sentí. Era desinteresada y valiente de una forma que rara vez se ve en las personas.

¡Era una mujer extraordinaria!

Elizabeth nació y creció en Noruega. La mayor parte de Noruega es luterana y, hasta hace poco, la Iglesia luterana era la Iglesia estatal de Noruega. Incluso en la época de mi abuela, se esperaba que te hicieras miembro de la Iglesia luterana. Cuando era adolescente, un chico la invitó a asistir a una reunión de oración en el granero de sus padres. Allí tuvo un encuentro con Dios que cambió su vida. Se llenó del Espíritu Santo y fue transformada por el poder de Dios.

Tras esta experiencia, sintió que Dios la llamaba a ser misionera en China. En Noruega, en aquella época, no se podía recaudar dinero para las misiones a menos que fueras un misionero luterano. Como ella ya no era luterana, tuvo que recaudar su propio dinero. Su familia no sabía qué pensar. En aquella época, mucha gente iba a América a recaudar dinero para el trabajo misionero. América se había fundado sobre la fe en Dios y los principios bíblicos, y los americanos tenían fama de ser gente generosa. Convenció a una amiga de su edad para que la acompañara a China, lo que dice mucho de su encanto y determinación. ¿No te parece encantadora?

Elizabeth decidió ir a Estados Unidos y reunir el dinero que necesitaba; después, viajaría a China, donde no tenía contactos ni conexiones. No tenía ni idea de lo que le esperaba, pero estaba decidida a hacer frente a cualquier desafío que se le presentara.

Así es como sé que estoy profundamente conectada a ella. Yo habría hecho lo mismo. Era una chica con agallas, ¡y la amaba por su corazón valiente! Qué mujer, sobre todo en aquellos días en que los viajes eran tan lentos e inciertos. En honor a sus padres, la dejaron emprender este viaje hacia lo desconocido.

Hace muchos años, mientras visitaba a unos parientes en Noruega, visité a la única hermana que le quedaba. Su hermana tenía entonces unos noventa años. Le pregunté sobre el viaje de mi abuela con todos los detalles. Me dijo que sus padres no sabían qué pensar al respecto. Tenían un contacto noruego en Minnesota, así que sabían que ella tenía un lugar donde empezar, pero eso era todo. Luego se fue a China, que en aquella época bien podría haber sido Marte.

El día en que partió Elizabeth, fue un momento muy profundo. Familiares y amigos acudieron al enorme barco para despedirla. Ella los abrazó a todos y subió a bordo de este enorme barco con la esperanza de hacer enormes cosas con Dios. Su familia estaba en el muelle, alineada en fila, despidiéndola frenéticamente como si le hicieran señas para que volviera a casa. Su hermana dijo que la familia estaba segura de que no volverían a verla.

Llegó a América y viajó hasta llegar a Minnesota, donde se establecieron muchos inmigrantes noruegos en aquella época. Incluso hoy en día, muchos noruegos viven en Minnesota, entre ellos algunos de mis familiares. Cuando Elizabeth llegó a Minnesota con su amiga, se alojaron en casa de una familia, y el destino se encargó de ello. Elizabeth conoció a Oscar Klingshiem, el amor de su vida. Oscar trabajaba en la granja de su familia, amaba a Dios y quería servirle de alguna manera. Elizabeth visitó familias e iglesias y compartió con la gente lo que Dios había puesto en su corazón.

Elizabeth recibió suficiente ayuda económica y por fin estaba preparada para partir hacia China, una tierra desconocida llena de misterios. En el último momento, su novio decidió que quería quedarse en América. Aunque estaba decepcionada, Elizabeth mantuvo el rumbo. Nada podía detenerla. Se llevó sus pocas pertenencias y emprendió el viaje, dejando atrás a su novio y a su nuevo amigo, Oscar.

No puedo imaginar el vacío que debió de sentir y las preguntas que le rondaban por la cabeza cuando emprendió su viaje y se encontró profundamente sola. Sí, fue la mujer más valiente que he conocido. Por aquel entonces, el barco y los botes que tuvo que tomar en su largo viaje debían ser muy inestables y aterradores. También era peligroso para una joven viajar sola.

Solo hablaba noruego y algo de inglés. Eran tiempos inciertos en China; una guerra anterior con Japón ya había debilitado al país, y la amenaza inminente de una insurgencia comunista estaba siempre presente. Por ello, el gobierno de China desconfiaba a menudo de los forasteros.

En todas las historias que mi abuela me contó de su estancia en China, ni una sola vez mencionó el peligro o el miedo que debieron rodearla. Compartió su amor por la gente y su corazón por los niños y los ancianos. Contó cómo luchó y finalmente aprendió el idioma.

Pero nunca la oí hablar del costo, y no me refiero al dinero.

Me refiero a la soledad y al miedo. Nunca mencionó lo que era estar tan lejos y aislada de todo y de todos los que le eran familiares. Recordaba China con gran alegría en su corazón. Empezó a aprender a leer la Biblia en chino y se enamoró del pueblo chino.

Para poner en perspectiva los profundos cambios culturales a los que se enfrentaba cuando vivía allí, los chinos seguían vendando los pies de las niñas porque consideraban que los pies pequeños eran bonitos, y el vendaje atrofiaba el crecimiento de los pies. Esta práctica continuó en algunas regiones hasta 1949. Yo estaba fascinada con eso, y le hacía un sinfín de preguntas sobre la cultura y la gente, y siempre le preguntaba: ¿qué ropa llevaban? Su trabajo allí la llenaba de alegría. Al final empezó a quedarse sin dinero. Sabía que tendría que volver a Estados Unidos para conseguir ayuda económica, como hacían tantos misioneros en aquella época. Estaba decidida a volver a China lo antes posible para continuar el trabajo que tanto amaba. No deseaba vivir en ningún otro lugar. China se había convertido en su hogar.

Cuando regresó a Minnesota, Oscar la estaba esperando. Su amor había crecido mientras ella estaba fuera, y ambos querían servir a Dios juntos. Se casaron en Minnesota y reunieron los donativos que necesitaban para volver a China. Cuando se preparaban para partir, empezaron a oír que se avecinaban algunos problemas, y entonces les llegó la noticia que tanto temían recibir, y no pudieron volver a China. En 1927, la posibilidad de una guerra civil entre los comunistas y el gobierno chino hizo que el país no fuera seguro para los extranjeros, especialmente para los misioneros. Aunque los misioneros querían ayudar a construir la nación china, toda la idea de la labor misionera extranjera fue atacada. Las escuelas cristianas estaban ahora sujetas a las normas del gobierno, que exigía que todas las organizaciones tuvieran dirigentes chinos. Esto hizo que muchos misioneros abandonaran China al disiparse el apoyo de sus naciones de origen. Como resultado, mis abuelos permanecieron en América el resto de sus vidas.

Oscar llegó a ser un pastor muy querido durante muchos años. Mi abuela llevaba vestido y medias todos los días y siempre se cuidaba mucho. Nunca estaba desaliñada. No recuerdo que llevara nunca pantalones. Siempre que había una celebración de cualquier tipo, mi abuela sacaba la misma estola de piel para la ocasión. Era una dama, y mi abuelo la trataba como tal.

Ella aprovechó al máximo lo que tenía, y yo he hecho lo mismo en mi vida. Es la mujer a la que más emulo porque era desinteresada y buena. Recuerdo muy bien cómo Óscar se arrodillaba en el suelo junto a Elizabeth y le abrochaba los zapatos cada vez que salían de casa. Siguió haciéndolo cuando se hicieron mayores, aunque arrodillarse y volver a levantarse debía resultarle difícil.

¡Qué historia de amor y qué mujer! Isabel nunca regresó a su amada China. Sin embargo, China formaba parte de su alma y la acompañó hasta su muerte.

CAPÍTULO 7:
LA VISIÓN CONTINÚA

"Sea cual sea la condición del mundo que nos rodea, seremos las personas más felices de la tierra."
Demos Shakarian

Cuando yo nací, la FGBMFI, fundada por mi abuelo, se había convertido en la mayor organización cristiana de hombres de negocios del mundo. Se había extendido a docenas de países de todo el mundo y pronto sería una organización activa y vibrante en más de la mitad de las naciones del mundo. Sin embargo, mi abuelo nunca quiso que fuera una organización más.

Demos simplemente quería un lugar de encuentro donde la gente pudiera buscar de Dios. Líderes empresariales de todo el mundo encontraron un lugar seguro donde conectar con Dios. Las transformaciones que se produjeron en sus vidas fueron milagrosas.

Mientras las sedes de esta organización seguían extendiéndose por todo el mundo, mi abuelo escribió un libro titulado *La visión intensificada*, en el que recordaba a los lectores que Dios nunca tocaría a dos personas o dos lugares de la misma manera. Dios, en Su infinita variedad, siguió haciendo cosas únicas en cada conferencia que celebrábamos y en cada país al que llegaba esta organización. Cada sede y cada reunión eran diferentes. Dios le recordaba con frecuencia a mi abuelo que permitiera que el Espíritu Santo controlara cada reunión y cada conferencia.

Surgió un patrón divino a medida que Dios seguía utilizando a mi abuelo para hacer crecer la organización. A donde fuera, Demos recordaba que no necesitaba grandes multitudes. Solo necesitaba unos pocos fieles en cada ubicación para hacer algo significativo para Dios. Pronto, la organización que fundó mi abuelo llegó a miles, millones y, finalmente, cientos de millones de personas directa o indirectamente.

Algunos de mis primeros recuerdos de niña son estar sentada con mi padre y mi abuelo en la suite de un hotel a altas horas de la noche, después de una reunión nocturna en una convención mundial. Los empresarios compartían sus historias personales y los oradores invitados hablaban de lo que Dios estaba haciendo en todo el mundo. Otros niños de mi familia acudían a veces a aquellas suites para quedarse un rato o tomar un bocadillo, pero yo nunca salía de la habitación.

A lo largo de los años, recuerdo haber sentido a Dios allí y sentir lágrimas cálidas rodando por mis mejillas al darme cuenta de que Dios quería utilizarme. Seguí viajando con mi padre, y ocasionalmente con mi abuelo Demos por todas partes, mientras Dios se movía en los corazones de la gente. Me gustaba tanto que iba a todas las reuniones que podía. No solo líderes empresariales, sino líderes mundiales como Jimmy Carter y su hermana, Ruth Carter Stapleton, hablaron en nuestras reuniones.

Otros líderes que hablaron en las conferencias para mi abuelo fueron la mayoría de los presidentes en ejercicio durante los años de la FGBMFI, incluido el presidente de los Estados Unidos, Ronald Reagan, junto con famosos como Pat Boone, Roy Rogers y Dale Evans. Junto con mi padre, entre los oradores figuraban el católico de Armenia, figuras deportivas como George Foreman, Evander Holyfield y el actor Mel Gibson. Además, numerosos representantes del Congreso, senadores y gobernadores participaban y hablaban con frecuencia en nuestras reuniones. Los líderes cristianos que hablaron en nuestras reuniones son demasiados para mencionarlos, pero entre ellos figuran Billy Graham, Reinhard Bonnke, Fred Price, la evangelista Kathryn Kuhlman y Andrae Crouch, quien me apoyó en mi primer evento de Amor en Acción, por nombrar solo a algunos.

Muchos líderes mundiales y cantantes famosos vinieron a nuestras reuniones.

Pronto el mundo se dio cuenta, ya que millones de personas empezaron a ser transformadas a través de los miles de cultos de la FGBMFI y los cientos de convenciones regionales, nacionales y mundiales en todo el mundo.

Durante esta época de enorme popularidad e influencia, mi abuelo publicó su autobiografía, *El pueblo más feliz de la Tierra*, que vendió millones de ejemplares en los años siguientes. Millones de personas más se sintieron conmovidas por su historia y por la de mis antepasados, que procedían de Armenia. Cada año esperaba con impaciencia ir a la Convención Mundial de la FGBMFI. De hecho, las únicas veces que falté a la Convención Mundial fue cuando di a luz a mis hijos.

De niña, tenía una oración constante en cada convención. Quería ser llena del Espíritu Santo. Cada año, en nuestras reuniones de niños, nuestra maravillosa líder de jóvenes explicaba el bautismo del Espíritu Santo. Ella oraba con cada uno de los que levantaran la mano. Yo esperaba ese momento y mi mano se alzaba. Oré y oré para recibir este don tan especial. Todos los años, cada vez que oraba, no ocurría nada. Durante dos años, oraba la misma oración: "Señor, lléname de Tu Espíritu Santo". Al cabo de un tiempo, empecé a pensar que nunca recibiría este don especial.

A los diez años, fui a nuestra siguiente Convención Mundial, y seguí orando: "¡Jesús, por favor, permíteme recibir este don especial!". Finalmente, la última noche de la convención, recibí el don del Espíritu Santo y sentí que me corrían lágrimas incontrolables por la cara. Incluso mientras escribo esto, décadas después, esas lágrimas siguen brotando. Sigo asombrada por el amor, la gracia y el cuidado constantes de Dios por ti y por mí. Qué Dios tan maravilloso al que servimos.

Siempre que viajaba con mis padres, me gustaba ir a la suite del hotel de mis abuelos y tumbarme en la cama junto a mi abuela para ver la televisión mientras descansábamos entre reunión y reunión. Mi abuela siempre compartía conmigo una caja de caramelos *See's*. Incluso en casa, siempre había una caja abierta de caramelos *See's* sobre la mesa. Creo que nunca las visité cuando no tenían estos caramelos para compartir. Algunos de los recuerdos más entrañables que tengo de mi abuela Rose era cuando nos sentábamos en la cama con ella y comíamos una interminable ración de caramelos *See's* mientras veíamos la televisión. Me sentía cálida, querida y especial. He continuado esa tradición. Siempre que visito a amigos o familiares, suelo llevar una caja de caramelos *See's* para compartir.

Demos era divertido y le gustaba hacer reír a la gente. Él realmente disfrutaba una buena broma. Siempre recordaba los nombres y las profesiones de la gente. Yo siempre pensaba: "¿Cómo lo hace?" No solo a mí me asombraba su don de memoria para recordar los nombres de las personas y los negocios a los que se dedicaban, sino que a todos los demás también les asombraba. Incluso cuando mi marido Terence conoció a mi abuelo con mi padre, mi abuelo dijo: "¡Eres un evangelista!".

Terence dijo: "No, soy un hombre de negocios", pero mi abuelo despreció su don. Incluso después de su derrame cerebral, su mente seguía siendo aguda. Vivió su vida al máximo. Nunca pensé en su edad, y ciertamente nunca considere la idea de que no estuviera con nosotros.

Quería y respetaba entrañablemente a mi abuelo Demos, pero de repente me acordé de la realidad de esta vida y de sus limitaciones. Pablo escribió a los corintios: "Pero tenemos este tesoro en vasos de barro, para que la excelencia del poder sea de Dios, y no de nosotros" (2 Corintios 4:7). Mi increíble abuelo se había vuelto frágil y vulnerable. Era como ese vaso de barro de la que hablaba Pablo. Era un recipiente humano que Dios había utilizado de forma extraordinaria. En este ordinario vaso de barro, Dios eligió el tesoro más valioso del mundo, Su presencia, para demostrar Su poder. A pesar de su recién descubierta fragilidad y humanidad, Demos siguió adelante y Dios continuó utilizándole. Esto me impresionó y me motivó a orar por las personas más que nunca.

Demos escribió un nuevo libro titulado *Venid, exaltémosle*. Dios había empezado a recordarle a Demos que su propósito en la tierra, y el propósito de todo ser humano, no era simplemente ser utilizado por Dios de forma milagrosa. Nuestro propósito era también exaltar a Dios y glorificarle con nuestras palabras, acciones y corazones.

Mientras muchas otras organizaciones hacían hincapié en la importancia del avivamiento en aquella época, mi abuelo recordaba a la gente que Dios no quería un avivamiento, sino una morada. Dios quería personas que permitieran Que el Espíritu Santo habitara en ellos y les llenara. Dios le recordaba con frecuencia a Demos que la organización que había fundado estaba llamada a llevar a personas de todo el mundo a Jesucristo.

Tras la apoplejía de mi abuelo, la gente de la organización empezó a preguntarse sobre la sucesión y la dirección de la organización. Demos pensó que mi padre, Richard, debía dirigir la siguiente generación, pero algunos miembros cercanos de la familia se resistieron a esa idea. Por aquel entonces, la confraternidad tenía una gran sede internacional en el sur de California. Demos presentaba un programa de televisión y era autor de varios libros. Pero su salud y su vigor ya no eran lo que habían sido. Había sacrificado millones de dólares de su propio dinero para apoyar la expansión de la organización.

A veces mi padre nos daba a sus nietos o a mí la oportunidad de compartir en reuniones y convenciones. Cuando nos pedía que pasáramos al frente, mis hermanas mayores siempre me empujaban para que hablara. Por alguna razón, me sentía cómoda, desde los trece años, hablando en un escenario delante de cientos o miles de personas. Nunca tenía nada preparado porque siempre era espontáneo cuando querían oír a la familia Shakarian. Incluso a los catorce años, me sentía a gusto en el escenario, pero era más que eso. En aquellos momentos, sentía que estaba haciendo aquello para lo que había sido creada. Aprendí rápidamente que Dios quería utilizarme para ayudar a la gente. Los adultos empezaron a reconocer la mano de Dios en mi vida y que tenía una vocación única que cumplir. Desde entonces, muchas personas me han dicho que llevo la misma unción que mi abuelo Demos.

Durante las dos décadas siguientes, no menos de diez importantes líderes, profetas y oradores invitados profetizaron que yo llevaba la unción de Demos Shakarian. Los líderes dijeron que yo iba a ser la sucesora de mi padre. Mirando hacia atrás, me doy cuenta de que había tres obstáculos que se interponían en el cumplimiento de mi destino espiritual: Era mujer, trabajaba con otros seres humanos con sus propias limitaciones y me encontré con la política del ministerio.

La primera constatación puede resultar obvia, porque mi abuelo fundó la FGBMFI para llegar a los empresarios. Pero en el proceso de alcanzar a millones de hombres, la organización también llegó a millones de mujeres y niños. Desde el primer día en la cafetería Clifton hasta ahora, la FGBMFI ha transformado no solo a los hombres, sino también a las familias. Debido a mi vocación y a mi capacidad de liderazgo, me interesé rápidamente en llegar a los jóvenes a través de esta hermandad. Sin embargo, nuestra realidad humana se estrelló rápidamente contra mi mundo cuando mi abuelo sufrió un derrame cerebral que devastó su salud.

Con el tiempo, las necesidades y la expansión de la confraternidad superaron rápidamente la financiación del FGBMFI. Además, la política interna y las acusaciones condujeron a un intento de golpe de estado de la dirección de Demos. En realidad, unos cuantos hombres políticos de la organización se aprovecharon de la mala salud de mi abuelo, y estos pocos hombres intentaron tomar el control de la organización. Empezaron a hacer circular cartas por todo el mundo intentando desacreditar a mi abuelo y a mi padre y, como consecuencia, algunas personas abandonaron la confraternidad.

A pesar de estos contratiempos, mi abuelo perseveró. En los años siguientes, adquirió una nueva urgencia por difundir su mensaje de transformación y esperanza a millones de empresarios, pero el cuerpo de mi abuelo empezó a debilitarse. En 1992, su salud empeoró. Pidió que la dirección ejecutiva nombrara como sucesor a Richard, su hijo y mi padre. Algunos dirigentes de la FGBMFI y miembros de la familia expresaron su desacuerdo con esta decisión, pero la organización permaneció unida hasta que mi abuelo falleció el 23 de julio de 1993.

CAPÍTULO 8:
EL CAMINO HACIA EL CAMBIO

"Algo parecido a escamas cayó de [sus] ojos, y pudo volver a ver."

¿Alguna vez te has equivocado completamente en algo y te has dado cuenta de tu error? Quizá eras joven y tus padres se enfrentaron a ti por algo que hiciste, y tuviste que afrontar las consecuencias de tu mala decisión. Cuando nos enfrentamos a nuestros errores o malas decisiones más adelante en la vida, a menudo somos lentos a la hora de afrontar nuestras faltas. A menudo, no vemos el daño que nos causamos a nosotros mismos y a los que nos rodean. Tal fue el caso de Saulo de Tarso en su camino a Damasco.

Saulo se identificaba como un fariseo que conocía la Biblia a fondo y defendía lo que creía mientras se oponía enérgicamente, arrestaba, encarcelaba y condenaba a muerte a quienes amenazaban sus creencias. Los que estaban en el poder apoyaban sus esfuerzos, de modo que, mientras intentaba aniquilar a un grupo de personas que amenazaban aquello en lo que creía, se le permitió continuar su campaña e ir a la ciudad de Damasco. Pero en el camino se encontró con algo, o más bien con alguien, que cambiaría la trayectoria de toda su vida. Se encontró con Jesús.

Cuando Saulo, que se convirtió en Pablo, se encontró por primera vez con Jesús en el camino de Damasco, no le reconoció ni supo quién era. Pero Jesús conocía a Pablo y le preguntó por qué se oponía a Él. Pablo pensaba que estaba ayudando a Dios, pero descubrió a través de este encuentro que estaba actuando en contra a Dios y a Sus propósitos.

Tuve mi primer encuentro personal con Jesús cuando solo tenía ocho años. Una noche, mientras veía la televisión, vi a un amigo de la familia cantando en un programa. Se llamaba Andrae Crouch. Me corrieron lágrimas por la cara mientras lo veía en mi habitación aquella noche, y acepté a Jesús en mi corazón. A partir de ese momento, percibí el mundo que me rodeaba de forma diferente.

Después de que Pablo se encontrara con Jesús, sus percepciones, objetivos, ambiciones, planes y todo lo relacionado con su vida cambió radicalmente. Esta persona que antes dedicaba su vida a perseguir a los cristianos, ahora se identificaba como cristiano. Su acogida entre los cristianos fue lenta, y muchos de los primeros cristianos desconfiaron de él durante bastante tiempo, quizá temiendo por su seguridad. Sin embargo, la reacción entre los que antes trabajaban con él y lo apoyaban fue rápida y enérgica; intentaron silenciarle y destruirle. Sus primeros seguidores cristianos le ayudaron a evitar el encarcelamiento o la muerte, permitiéndole escapar de Damasco.

Huyó a la ciudad de Jerusalén y allí se familiarizó con su nueva familia de creyentes. No fue la acogida ni el cambio que Pablo había imaginado tras encontrarse con Jesús. A veces, nuestra visión está limitada por percepciones miopes que solo pueden ver hasta cierto punto, pero la visión de Dios es ilimitada. Mi tatarabuelo tenía una percepción limitada de Dios. Sus ojos espirituales estaban cegados a la verdad, y fue necesario el don milagroso de un hijo llamado Isaac, y una confrontación profética con un cristiano ruso, para quitarle las escamas espirituales de los ojos. A veces hace falta un encuentro en el camino de Damasco para que empecemos a ver con más claridad lo que Dios quiere que hagamos.

Aunque su encuentro con Jesús cambió su vida, la de Pablo no se hizo más fácil, sino más difícil. Su anterior patrón le proporcionaba protección y el poder de las autoridades provinciales para ayudar-le. Ahora estaba solo.

Pablo escribió a los cristianos de Corinto que había sido azotado, golpeado con varas y naufragado mientras predicaba su nueva fe.

También escribió que le arrojaron piedras y le dieron por muerto, pero siguió presentando con más valor su fe a todo el que quisiera escucharle, a pesar de los peligros. Sacrificó su prestigio, reputación, trabajo y seguridad por algo, o por alguien, que encontró en el camino a Damasco.

Debido a su dedicación a su recién descubierta fe, se convirtió en apóstol y en un prolífico escritor de las cartas que se convirtieron en libros del Nuevo Testamento. Esta nueva fe empezó a extenderse a otras regiones del Imperio romano. Preparó el camino para que esta floreciente experiencia cristiana se convirtiera en un fenómeno global. Para lograrlo, los antiguos enemigos de Pablo tuvieron que convertirse en sus aliados. Pablo no solo tuvo que aceptar que las personas a las que antes perseguía tenían razón y él estaba equivocado, sino que también tuvo que cambiar toda su percepción de la humanidad.

Pablo nació en la familia de Israel, elegida por Dios, que declaró que un día Su pueblo tendría un mesías. Abraham, el patriarca de Israel, fue bendecido por Dios, pero la finalidad principal de esa bendición era que Abraham y sus descendientes se convirtieran en una bendición para todos los demás habitantes del mundo. Cuando siento la presencia de Dios en mi vida, puedo olvidar fácilmente el propósito de esa bendición. A lo largo de los siglos, mientras Dios seguía bendiciendo a Israel y declarándolo Su pueblo elegido, a veces olvidaba que esta bendición tenía un propósito que, en última instancia, bendeciría a todas las demás naciones y grupos étnicos de la faz de la tierra.

Pablo nació judío. Era un fariseo devoto y seguidor de esa rama concreta del judaísmo. Sin embargo, como la mayoría de sus compañeros judíos, Pablo empezó a creer que la bendición de Dios era un derecho exclusivo de ellos y que la relación con Dios solo estaba al alcance de los creyentes de ascendencia judía. Los profetas de Israel advirtieron al pueblo judío de los peligros de la arrogancia y el privilegio espirituales. Jesús desafió con frecuencia esa percepción cenando con pecadores y recaudadores de impuestos y hablando con marginados, como la mujer samaritana del pozo.

El encuentro de Pablo con Jesús transformó radicalmente la trayectoria de su vida, y llegó a ser conocido como "el apóstol de los gentiles" (Romanos 11:13). Su educación judía le enseñó que los gentiles eran perros, menos que humanos e indignos de la bendición de Dios o de la oportunidad de tener una relación con Él. Todo eso cambió en el camino de Damasco. Jesús cambió la percepción que Pablo tenía de la humanidad. Antes, Pablo no tenía ni idea de lo lejos que se había desviado de los propósitos de Dios para su vida. Aun así, empezó a comprender la visión que Dios tenía de las personas, al declarar con confianza que " Ya no hay judío ni griego; no hay esclavo ni libre; no hay varón ni mujer; porque todos vosotros sois uno en Cristo Jesús. " (Gálatas 3:28).

CAPÍTULO 9:
EL AMOR EN ACCIÓN

"¡Vas a hacer que te maten!"
Curtis, "el Terremoto" Kelley

En 2000, fundé una organización humanitaria sin ánimo de lucro llamada Amor en Acción, destinada a ayudar a las personas necesitadas y a conectar los servicios locales. Por todo Los Ángeles y el condado de Orange, las personas que conocí tenían tantas necesidades y experimentaban tanta desesperanza, y yo quería hacer más por ellas. Decidí ir a la comunidad más violenta del sur de California: la tristemente célebre South Central en Los Ángeles.

Veinte años antes, South Central fue el centro de los disturbios de Watts, en los cuales incendiaron gran parte del centro de Los Ángeles, que se convirtió en una zona de combate durante casi una semana entera. Fui a la parte más violenta de South Central, Ted Watkins Park, para celebrar el primer evento de Amor en Acción. En aquella época, era un hervidero de conflictos, donde las dos mayores bandas callejeras de la zona, los Bloods y los Crips, libraban una guerra constante y sangrienta por el territorio. El derramamiento de sangre era la moneda de la época.

No tenía ni un solo conocido en ese barrio cuando llegué por primera vez. Mis hijos no sabían que su madre se adentraba sola en el territorio de las pandillas después de dejarlos en la escuela primaria, arriesgando su vida dos veces por semana durante diez horas al día para ayudar a gente que no conocía.

Pero esos niños podrían ser mis hijos, pensaba.

South Central está a una hora de donde vivo. Nunca olvidaré el primer día que salí de la autopista allí. Había vivido en el sur de California toda mi vida, pero nunca había salido de la autopista en esa zona. Parecía otro país. Una cantidad apropiada de miedo se apoderó de mi cuerpo. Empecé a bajar por la calle y sentí que todo el mundo me miraba fijamente, tanto los conductores como los peatones.

South Central es un poco más seguro ahora, pero cuando yo pasaba tiempo allí, era muy peligroso. A los pocos minutos de salir de la autopista, me paró un coche de policía. La policía supuso que me había perdido y se ofreció a acompañarme de vuelta a la autopista. Les dije que estaba allí intencionadamente y les expliqué brevemente lo que intentaba hacer.

"¡Esa idea podría hacer que te mataran! ¡Tienes que irte a casa!", dijo uno de ellos.

Les dije que iba a las escuelas locales para conocer a algunos educadores de la zona. Se dieron cuenta de que no me iría y me acompañaron de mala gana a una escuela, donde me reuní con el director.

Empecé a ir sola a South Central dos veces a la semana para reunirme con empresas locales, educadores, socorristas, miembros de bandas y gente corriente que hacía grandes cosas para alimentar o ayudar a su comunidad. Les dije que pensaba realizar un evento e invitar a los Bloods y los Crips. Todos dijeron: "¡No lo hagas!". Pero nada podía detenerme.

Centré la mayor parte de mi tiempo en los niños y los jóvenes. El día antes de Acción de Gracias, fijé una fecha para el evento, sería dentro de tres meses. Empecé a correr la voz de que la comunidad estaba invitada a venir. Quería marcar la diferencia allí, principalmente con las familias. Mi preocupación inmediata era reunir a la comunidad, proporcionar ayuda práctica a las familias y a los jóvenes, y amar básicamente a todo el mundo, pasara lo que pasara. Trabajaba a jornada completa, iba a South Central dos veces por semana en mis días libres y cuidaba de mis propios hijos, que estaban en la escuela primaria. No sabía si iba o venía durante esos tres meses.

Cada vez que iba a South Central, pasaba medio día en los proyectos con los niños, que estaban hambrientos de amor y atención. En una ocasión, un par de pandilleros utilizaron su coche para empujar el mío a una zanja. Justo cuando saltaron de su coche y empezaron a dirigirse hacia mí, apareció de la nada un coche de policía, y los miembros de la banda se marcharon rápidamente. Era un entorno amenazador para mí, y la experiencia fue aterradora. No había nada en mis antecedentes ni en mis experiencias que pudiera prepararme para aquello.

Persistí por los niños. Todas las semanas tocaba puertas de apartamentos al azar de los barrios conocidos de South Central y preguntaba a cualquier adulto que abriera la puerta si podía llevar a su hijo pequeño al parque por la tarde. Nadie me preguntó nunca quién era ni qué haría con su hijo.

Muchas de las madres o hermanos eran adictos a las drogas y alcohol. Nunca olvidaré la primera puerta a la que llamé. Un tipo sospechoso me había seguido hasta el apartamento. Una mujer abrió la puerta, y estaba claramente fuera de sí. La acompañaba en la puerta un hombre corpulento y de aspecto rudo, digamos que abiertamente cariñoso. Aquella madre me hizo señas con la mano para que me acercara a su hijita sin hacerme ni una sola pregunta. En la primera oportunidad que tuve a solas con aquella niña, le pregunté cuántos años tenía. Tenía seis años y era preciosa. Llamaba a una puerta tras otra, coleccionando niños pequeños en edad escolar hasta que llegué a tener diez o más niños. Siempre estaba aterrorizada porque había drogas y Dios sabe qué más. Allí pasaba de todo. El terror que sentía por mí misma siempre se disipaba una vez que me hacía cargo de todos esos niños cada semana. Mi principal preocupación eran esos preciosos niños nacidos en un mundo imperfecto. En cuanto llegábamos al arenero cada semana, lo primero que hacía era limpiar el arenero en busca de hojas de afeitar y agujas antes de dejar que se sentaran. Acunaba a los niños a mi alrededor lo mejor que podía para protegerlos de la tormenta. Aquellos niños se hicieron míos en mi corazón y en mi alma. Solo pensar en ellos ahora me enternece el corazón.

Estos niños eran preciosos. Querían lo que todo el mundo quiere. Amar y ser amados. Les conté historias de la Biblia. Les enseñé canciones sobre Jesús, y cada semana tenía más y más niños que querían venir conmigo. Pedí a la gente que donara Biblias para los niños; con el tiempo, muchos adultos también quisieron una. Intenté conseguir todas las Biblias infantiles que pude, pero algunos niños pequeños recibieron Biblias gruesas de estudio que pesaban casi tanto como las de los niños. A cada niño que recibía una Biblia, le decía que era un libro muy especial y que lo mantuviera cerca. Les dije que colocaran su Biblia debajo de la cama y que la sacaran para sostenerla siempre que sintieran miedo o soledad. Muchos de los niños más pequeños no sabían leer el libro que les di, pero la Biblia se convirtió en un símbolo de seguridad y refugio.

Mientras hablaba con ellos, a menudo empezaban los disparos y tiroteos al otro lado de la calle o cerca de allí. Yo juntaba a los niños y empezábamos a cantar tan alto como podíamos, como si no ocurriera nada raro. Pensaba que era una locura, pero seguía cantando cada vez más alto. No se me escapaba la dicotomía del momento. Los niños habían aprendido a vivir así, y yo también. Me hace llorar solo de pensarlo. Pero los disparos no hacían más que fortalecerme. Llevaba a los niños a cantar más alto mientras cantábamos sobre la bondad de Dios. Y me sentía fuerte y desafiante.

Pandilleros de apenas trece años me hacían propuestas con frecuencia, blandiendo abiertamente armas y enormes fajos de billetes de cien dólares. Algunos chicos incluso llevaban grandes relojes Rolex de oro. Durante los tres meses siguientes, los adolescentes y algunos adultos siguieron coqueteando conmigo hasta que empezaron a respetarme. Una vez me respetaron, se convirtieron en mis mejores protectores. Ahora estaba logrando algo allí.

Unos ex boxeadores de pesos pesados llamados Terremoto Kelley y Ben Rodríguez oyeron lo que estaba haciendo. Vinieron a buscarme.

"Niña, ¿qué estás haciendo? ¡Vas a hacer que te maten!" dijo Terremoto.

A partir de entonces se convirtieron en mis guardaespaldas cuando podían.

Empecé a hacer planes para el Día de la Familia de Amor en Acción en el parque más violento de la zona más violenta de South Central. Reuní comida, juguetes, bicicletas y ropa nueva para regalar. Nunca tuve dinero para organizar ninguno de mis eventos de Amor en Acción; solo creía que podía hacerlo. Soñaba cómo podía ayudar a la gente y luego les vendía a todos y cada uno ese sueño. La gente se subió a bordo. Lo que conseguía, lo regalaba y lo hacía siempre. Establecí una pauta de divulgación que he visto reproducirse durante años en muchas ciudades.

Empecé a llamar a las empresas locales y les dije que estaba organizando un día familiar en el parque, con una zona para deportes extremos, otra para que los niños pequeños jugaran y escucharan historias sobre Dios, pintura de caras y un sorteo de juguetes y bicicletas nuevas. Convencí a las empresas para que donaran tiempo y dinero para los deportes juveniles. Convencí a las universidades para que ayudaran a los jóvenes a solicitar subvenciones, becas y admisiones universitarias para obtener una educación. En el escenario principal, amigos míos que eran famosos compartían sus testimonios de cómo Dios había cambiado sus vidas.

Varias semanas antes del acontecimiento, quise orar por Ted Watkins Park, el parque más grande de South Central. Pedí a unos amigos que caminaran conmigo por el parque para orar por la seguridad de todos. Mis amigos estaban aterrorizados, pero algunos aceptaron acompañarme. Sentí que era necesario estar espiritualmente preparada para este acontecimiento. Hicimos esos paseos de oración durante los tres días anteriores al festival.

Informé al jefe de policía de South Central sobre nuestro día de la familia solo una semana antes del evento. Estaba ansiosa por contarle los programas que habíamos organizado, la comida y los juguetes que regalaríamos y el entretenimiento. Me emocioné tanto que no le entendí.

"Vale, ¿has terminado ya? No puedes realizar este evento, no es seguro. No puedo enviar a nadie para protegerte", dijo.

Le dije que estaríamos allí con o sin la policía y que esperaba verlos allí. Lo que no mencioné fue que había invitado a los Bloods y a los Crips a estar allí. Esperaba que vinieran.

No había tenido noticias del jefe de policía. Cuando llegó el día, llegué a las 5.30 de la mañana para prepararlo todo con los cien voluntarios que había reclutado. Los coches patrulla de la policía ya estaban en el parque listos para prestar servicio.

La policía y muchas otras personas de la comunidad temían que la violencia estallaría entre las dos bandas. Pero meses antes me reuní con un mediador de bandas designado por la ciudad, que me ayudó a comunicar mi intención y a pactar una tregua entre las dos bandas rivales para el festival. Resultó que mi propio trabajo en el arenero con los niños pequeños me ganó el respeto de ambas bandas. Esperaba que mi relación con ellos fuera suficiente.

En el evento, teníamos dos programas en marcha simultáneamente: uno para llegar a los niños y otro para llegar a todos los demás. El cantante y compositor Andrae Crouch, ganador de un Grammy y amigo muy querido, cantó con Sandra Crouch y su banda. Fred Price Jr. Y su banda se unieron a muchos otros cantantes, deportistas y actores, incluido uno de los principales miembros del reparto de la famosa serie de éxito ER. Rosie Grier, la jugadora de fútbol americano, trajo a otros futbolistas famosos para que hablaran con los niños y jugaran al fútbol con ellos. Cuando oscurecía en la ciudad y yo estaba dando por concluido el evento, me di cuenta de que Andrae Crouch aún permanecía en el parque, y le dije que podía marcharse si quería. Sin embargo, se quedó hasta el final y dijo: "Si estabas dispuesta a hacer esto por mi gente, no me iré hasta que tú lo hagas".

In-N-Out Burger ofreció hamburguesas con queso, patatas fritas y una bebida gratis a todos los asistentes. Cada familia recibió una bolsa de comida, y la cola daba la vuelta a la manzana. En el escenario principal, cada invitado especial compartió su fe y lo que significaba en su vida a su manera. Tuvimos un gran escenario para los niños en el otro extremo del parque. Les pintamos la cara y ganaron bicicletas y juguetes. Hicieron carreras y escucharon hermosas historias sobre lo mucho que Dios les amaba.

Junto con miles de personas de la comunidad, se presentaron ambas bandas. Los Bloods se situaron en un extremo del parque, y los Crips en el otro. Mientras miraban y escuchaban, no ocurrió ni un solo incidente en todo aquel día, aparte de que miles de personas tuvieron la oportunidad de escuchar la bondad de Dios.

Algunos miembros de los Aviadores de Tuskegee, los famosos héroes afroamericanos de la Segunda Guerra Mundial aparecieron en uniforme para apoyar.

Habían oído hablar de nuestro evento y querían apoyarnos. Célebres amigos míos se presentaron para darme su apoyo. Invité a muchos de ellos al escenario para que compartieran sus historias personales de cambio de vida. Fue tal el éxito que el sargento de policía que supervisaba el parque se acercó a Phil Aguilar, mi jefe de seguridad. Tenía algo que decir.

"Dile a esa señorita de ahí que esto es lo más increíble que he visto en mi vida", dijo. "Dile que, si vuelve a hacer esto, estaremos más que dispuestos a proporcionarle seguridad en cualquier evento que quiera hacer en esta comunidad".

Terremoto Kelley se me acercó después del acto con cara de felicidad. Su hijo había escuchado a todos los oradores, permaneció cerca del escenario todo el día y bajó la cabeza cuando llegó el momento de orar. Los Kelley vivían en esa comunidad y eran testigos de la drogadicción y la violencia que los rodeaba. Sabía que Terremoto había estado orando por su hijo, un buen chico, no implicado en drogas ni delitos, pero que luchaba con su fe. Dios captó su atención aquel día.

Dos días después, su hijo y una chica fueron en coche al mismo parque en el que acabábamos de estar. Cuando aparcaron el coche, un miembro de una banda se le acercó y le ordenó que saliera del coche. Se detuvo un momento, y el miembro de la banda le disparó y le mató. Un Terremoto desconsolado y angustiado me llamó más tarde ese mismo día. Estaba destruido, pero se sentía reconfortado porque Dios le había hablado a su hijo unos días antes. Esta tragedia me recordó lo importante que era el trabajo de alcanzar y ayudar a jóvenes como el hijo de Terremoto Kelley.

Una semana después, me invitaron a ser oradora en el funeral del hijo de Kelley. El líder motero, Phil Aguilar, se ofreció a proporcionarme seguridad en el funeral y en cualquier evento futuro que quisiera celebrar en el sur de California. Phil era un exconvicto que había fundado una iglesia para moteros llamada Liberados por Cristo y había creado una banda de moteros llamada Hijos de Cristo. Eran un grupo de hombres intimidantes.

Phil me llamó y me dijo que a sus chicos les gustaría acompañarme al funeral. Cuando vino a mi casa, había quedado en llevar a un contingente completo de motoristas al funeral en South Central para que siguieran mi coche. Unas dos docenas de motoristas de aspecto rudo se presentaron en mi puerta aquella mañana y me escoltaron hasta el funeral. Formamos una cabalgata que iba a ochenta por hora. Me siguieron por la autopista. La gente se paraba y tomaban fotos. Con toda esa seguridad a mi alrededor, me sentía como el presidente de los Estados Unidos.

Durante los diez años siguientes, seguí organizando actos como éste en otras comunidades a través de Amor en Acción. Siempre que lo hacía, podía estar segura de tres cosas: Una, que nunca tendría dinero suficiente para celebrar el evento; Dos, que nunca encontraría gente suficiente para ayudar; Tres, que no tendría motivos para pensar que podría llevarlo a cabo. A pesar de todo, Dios apareció y se lució cada vez.

En cada ciudad a la que fui, me centré en la transformación a través de la divulgación. Me reuní con funcionarios municipales, administradores escolares, socorristas y líderes comunitarios para pedirles su cooperación y participación. Empecé a visitar pequeñas empresas y hogares para medir el latido de cada ciudad e implicarles a nivel de base.

Organicé eventos por todas partes, pero mi corazón tiene un apego especial con South Central por mi amor a los preciosos niños que vivían allí y que se convirtieron en mis queridos amigos. También conocí a muchos ángeles no reconocidos, como una señora que preparaba comida para cualquiera que la necesitara. Desde su propia cocina, daba un plato de comida a cualquiera que llamara a su puerta. Muchos otros desempeñaron papeles importantes en estas actividades. Yo era probablemente la persona menos indicada para intentar hacer algo así y la última persona que esta comunidad esperaba que fuera a ayudarles.

Dios me permitió ayudar a cambiar una comunidad, persona a persona.

Espero que esto te anime a escuchar al Espíritu Santo, a dejarte guiar por Sus impulsos y a empezar a ver las cosas extraordinarias que Dios puede hacer a través de ti. Si Dios pudo utilizarme a mí, una madre soltera en apuros, para ayudar a cambiar South Central, puede utilizarte a ti. Con tenacidad y fe, puedes hacer mucho más de lo que crees. ¡Quiero que veas que puedes ir más allá de tus circunstancias y hacer, mediante Su poder, lo que solo Dios puede hacer!

Jesús ha hecho una obra poderosa en mi vida. Hizo lo mismo en la vida de la mujer samaritana junto al pozo. Si estás dispuesto a adorar a Dios, empezarás a ver a Dios obrar en tu vida y a través de ella de formas asombrosas. Todo empieza con la adoración porque, en primer lugar y lo más importante, Dios quiere tener una relación real contigo. Eso se consigue a través de la adoración.

La historia de la samaritana ejemplifica la increíble oportunidad y el sueño en el que Jesús nos invita a participar. Después de su encuentro con la mujer, sus discípulos se reunieron con Él, preocupados por su salud física. Querían que Jesús comiera algo. Jesús decidió utilizar una metáfora alimentaria como respuesta.

" Alzad vuestros ojos y mirad los campos, porque ya están blancos para la siega. (Juan 4:35). Jesús no se refiere a las cosechas literales, sino a los campos de la humanidad, rebosantes de personas que buscan y tienen sed.

Declaró una visión profética según la cual, el mundo, incluidos los samaritanos, estaba preparado para recoger una cosecha. Cada vez que leo esta historia, pienso en los niños de los proyectos de South Central, que ya estaban maduros para la cosecha. Más adelante, leerás sobre Pablo el Apóstol, Gregorio el Iluminador y más sobre Demos Shakarian, yo y otras personas corrientes a las que Dios utilizó para cambiar el mundo que les rodeaba. Entre estas historias hay una visión general: Dios quiere preservar la humanidad y llevarnos a una relación con Él. Los campos de la humanidad claman por alguien que traiga esperanza a un mundo fracturado y fragmentado. Dios ofrece agua viva a un mundo sediento. Empecemos a permitir que el poder transformador de Dios cambie nuestras vidas y las de los demás.

CAPÍTULO 10:
COLECCIÓN SHAKARIAN

Mi madre me contó que, desde los seis años, yo solía rogarle que me llevara a comer a los grandes almacenes de lujo de Los Ángeles, Bullocks Wilshire. Tenía que ir allí a la hora del almuerzo porque las bellas modelos llevaban los últimos diseños con exquisitos sombreros y bolsos. Se paseaban por las mesas mientras la gente almorzaba. Estoy segura de que mi obsesión por las cosas glamurosas nació en la tienda Bullocks Wilshire.

Mi madre mandó a que me hicieran mucha ropa cuando era joven. Mi ropa estaba a la última moda, como la que llevarían ahora los adolescentes, pero en aquella época ningún niño de primaria vestía así. Empecé mi carrera de modelo a los once años. La dueña de una tienda local me pidió que modelara para ella en sus desfiles de moda y en su tienda, Jaborwoky. Modelé para esa tienda hasta que crecí demasiado para ponerme la ropa.

Mi abuela, Rose Shakarian, siempre estaba bien vestida. Su estilo característico era un vestido, grandes gafas de Chanel con brillantes y tacones de cinco centímetros. No podía evitar mi amor por todo lo elegante y bello. Siempre llevaba joyas fabulosas que le regalaban de todo el mundo.

De jovencita, solía dibujar ropa femenina de alta costura. Me pasaba horas en casa diseñando los vestidos, abrigos y trajes más elaborados para mujeres elegantes, con detalles preciosos como plumas, pieles o cristales en las prendas. Nunca diseñaba nada corriente; ¡lo que creaba tenía que ser fabuloso! En mi mente, mis diseños tenían que ser dignos de debutar en una pasarela durante la Semana de la Moda de París. "Brenda, tus diseños son muy bonitos, pero ¿a dónde podría alguien llevar puestos unos vestidos tan elaborados?", preguntaba mi madre.

Cada vez que mis padres viajaban fuera del país, yo insistía en que mi madre me trajera montones de revistas de alta costura. Me producía un placer ridículo devorar cada detalle de aquellas revistas. Leía cada página como si fuera un regalo precioso. Todavía conservo una colección de Vogue y otras revistas de moda de distintos países. Me encanta sentarme en un café de cualquier país y ver pasar a las mujeres para ver qué llevan puesto. Creo que la forma de vestir y de comportarse dice mucho de una persona. Me encanta ver que las mujeres se sienten seguras de lo que son. Creo que la forma de vestir de las mujeres expresa quiénes son y de dónde vienen. Me encantan los colores de África. Cuando estoy en África, las joyas y los colores brillantes hacen que mi corazón cante. Los africanos bailan y son tan expresivos que su forma de vestir va a la par. Viven su vida en voz alta y es hermoso. Cuando estoy en muchos países europeos, el aspecto es más sutil, y así es como se expresan los europeos: de forma más discreta. Sin embargo, no es menos bello, y la calidad del tejido en Europa es exquisita. En Asia, me encantan los diseños de la ropa. El tejido es impecable, y las mujeres tienen un verdadero sentido del estilo.

No me canso de hacerlo porque es creativo y forma parte de lo que soy. Me encanta ir a los mercados locales para echar un vistazo a la escena de la moda. Me sumerjo en los tejidos y los estilos de los distintos países en los que estoy. Me emociono tanto al ver ropa de todo el mundo como cuando era niña. Lo llevo en la sangre.

Años más tarde, me contrataron varias agencias de modelos. Veía a los diseñadores preocuparse por la ropa entre bastidores en los desfiles, y pensaba: ¡yo puedo hacer eso! Así que empecé mi propia línea de ropa llamada Shakarian. Estaba divorciada y ocupada criando sola a dos niños pequeños. Ahora tenía un negocio que dirigir. Si alguna vez has tenido un negocio, sabes que estás casada con él. Eres la primera persona que entra en la oficina cada día y la última que se va. Mi hermosa colección era el único aspecto elegante de tener mi propio negocio.

El dinero que ganaba modelando lo invertía en el negocio. Dejaba a Brianna en la escuela primaria y luego conducía una hora y media en cada sentido, en medio del horrible tráfico de Los Ángeles. Cuando llegaba, ponía a Blakeland en un cochecito y nos íbamos. Recorrí las calles del centro de Los Ángeles y aprendí el negocio a la antigua usanza. Trabajé hasta la extenuación. Entré a todas las tiendas de telas al por mayor y hacía todas las preguntas que se me ocurrían. El centro de Los Ángeles era terriblemente inseguro por aquel entonces, y tenía miedo casi todos los días, sobre todo porque llevaba a mi bebé conmigo. Pero estaba decidida a triunfar. Encontré patronistas y costureras asequibles y lo hice todo de la forma más difícil.

Un día me di cuenta de la providencia de Dios porque, sin darme cuenta, estaba trabajando en mi empresa de ropa a solo cinco minutos, en una dirección, de la cafetería Clifton y a cinco minutos, en la otra dirección, de la antigua oficina de mi abuelo Demos. ¿no era una locura?

Nunca acepté un céntimo de nadie que quisiera invertir o ayudarme económicamente. Varios empresarios me ofrecieron dinero para poner en marcha mi negocio, pero no acepté dinero de nadie. Me protegí y me mantuve centrada. Confiaba en la ayuda de Dios, que era más que suficiente para mí. Todo esto significaba conducir y trabajar sin parar, pero tenía hambre de éxito. Hacía ropa bonita. Yo era la cara de la marca, la diseñadora y la propietaria. También me encargaba de la fabricación y las ventas.

A veces es bueno empujarte más allá de tu zona de confort y descubrir de qué estás hecho, para luego clamar a Dios por misericordia. Me estoy riendo mientras escribo esto porque ¡esa era yo! Fue una locura, ¡pero lo hice!

Mis diseños estaban en muchas tiendas, incluida una de las mejores boutiques del famoso hotel Hilton de Las Vegas, donde Elvis Presley solía actuar. El gerente compró toda mi primera colección. Cuando esa colección llegó a la tienda, el gerente me envió una foto de una ocasión sin precedentes. En ellas aparecía el Shakirian Collection en todos los escaparates de la tienda.

Un día, el director me llamó para decirme que era el diseñador que más rápido se había vendido en su tienda en treinta años. La colección se agotó tan rápido que estaba listo para encargar la temporada siguiente antes incluso de que mi siguiente colección estuviera disponible. Muchas tiendas, incluida Nordstrom, también vendieron muy bien mi ropa. Hice un gran desfile de moda cada temporada, en los hoteles Westin, Marriott, y otros lugares. Seguía desfilando de vez en cuando para mantener el flujo de dinero. Y al azar conseguí un papel como extra en la película de Whoopi Goldberg, Sister Act 2: De vuelta a la rutina, de 1993.

Hice todo esto mientras criaba a dos niños pequeños y amaba cada minuto de ello. Pero, sin duda, ser madre fue mi mayor alegría. Brianna Elizabeth estaba llena de vida desde el principio, y todavía me mantiene alerta. Lleva años cantando en nuestras reuniones de jóvenes y en las convenciones mundiales. En la escuela, Blakeland Richard era un atleta de élite que siempre mantenía la calma bajo presión. Cuando era un joven jugador de hockey, un entrenador lo apodó "Animal". Durante el tiempo de descuento, la gente de las gradas de sus partidos empezaba a corear "Animal, Animal", y Blakeland anotaba el tiro ganador. Este apodo le acompañó durante toda su vida deportiva. Incluso hoy sigue teniendo gracia bajo presión.

Pero antes de esos años de éxito, pasé apuros económicos poco después de que terminara mi primer matrimonio. Trabajé horas extras para sacar adelante a mi pequeña familia. A pesar del dolor que sentía, sabía que no estaba sola porque Dios estaba conmigo cada día.

Sigo sintiendo una carga abrumadora por los demás. Cuando los niños eran pequeños, enseñé a mis hijos que sus vidas eran algo más que ellos mismos. Uno de los resultados fue que los niños y yo solíamos llevarles juguetes a los niños necesitados en Navidad. Un año llamé al refugio en el que trabajaba como voluntaria y pregunté si sabían de alguna familia en situación de riesgo que se alojara en moteles de la zona.

Me remitieron a una familia, pero lo único que sabía de ellos era el número de su habitación de motel. Los niños y yo habíamos recogido con antelación algo de comida, artículos de papelería y juguetes. Una noche antes de Navidad, llamamos a la puerta del motel sin avisar. El padre abrió la puerta con desconfianza.

"El refugio me dio tu nombre y tu dirección, y mi familia te trajo algunas cosas", le dije. "Si te sientes cómodo [con esto], nos gustaría llevarte a Toys R Us a comprar algunos juguetes e ir al supermercado por tu cena de Navidad".

La familia subió a nuestro coche, e hice todo lo que pude para hacerles sentir que también eran nuestra familia. Poco a poco se disolvió la incomodidad y empezó la diversión. Los niños fueron muy educados cuando les invité a elegir algunos juguetes para ellos. Fuimos a un mercado y compramos un pavo precocinado, tartas y todos los adornos que hacen que la Navidad sea deliciosa y emocionante. Los padres parecían no creerse lo que estaba pasando, y los niños nos miraban como si fuéramos Papá Noel.

Cuando entramos en el aparcamiento del motel, uno de los padres dijo que no habían tenido nada que comer en Navidad ni regalos para sus hijos. Quiso darme las gracias, pero le detuve inmediatamente porque quería darle las gracias por celebrarlo con nosotros. Éste es el amor de Dios en acción. Así es como Él ama a la gente a través de nosotros. Jesús vino a servir y no a ser servido; esto es lo que espera que hagamos con Su amor.

Hubo otra luz especialmente brillante durante aquella época: mi amistad con la antigua estrella de la NFL, Rosey Grier, el mismo Rosey Grier que custodiaba a Robert y Ethel Kennedy en el momento en que Robert Kennedy fue asesinado en 1968. Rosey fue quien le arrebató el arma al tirador Sirhan Sirhan y lo sometió. Amigo desde hacía mucho tiempo de los Kennedy, Rosey pasó bastante tiempo con John F. Kennedy Jr. a petición de Jackey Kennedy. Rosey fue su mentor y protector cuando John-John era un niño y pronto se convirtió en uno de sus amigos más íntimos. Esto te dice todo lo que necesitas saber sobre la feroz lealtad de Rosey a su círculo íntimo.

Rosey Grier es muy amigo mío y a menudo me invitaba como su invitada a actos de famosos. Rosey solía venir a mi casa y enseñar a mi hijo pequeño Blakeland a lanzar un balón de fútbol. Llevaba a los niños y a mí a eventos deportivos para conocer a atletas emblemáticos y a echar un balón con ellos. Otro amigo íntimo con el que pasé mucho tiempo fue Vince Evans, que fue mariscal de los Chicago Bears y de los Raiders. Vince fue quien me invitó a su Torneo de Golf de Celebridades de los Raiders en 1994. Todos los Raiders se emparejaron y se subieron a sus carros de golf. Yo fui la única persona que no era un jugador de fútbol americano famoso invitada a participar en el torneo de golf. Todos los jugadores de fútbol famosos actuales de los Raiders estaban allí. Rosey es un tipo grande; tomé el volante de nuestro carro y conduje temerariamente. En un momento dado, ¡casi vuelco el carro en una curva cerrada! Nos reímos histéricamente todo el día. Después de nuestro día juntos, de alguna manera gané el premio del torneo y casi gano un segundo premio, totalmente inesperado, relacionado con John F. Kennedy, Jr.

Durante un descanso del día, aún juntos en el carro, Rosey llamó a su amigo John Kennedy, Jr. a George Magazine. Rosey sabía qué tipo de mujer buscaba John, pero aún no la había encontrado. Rosey empezó a hablarle a John de mí, una mujer con todas las cualidades que John admiraba. Pero no fue así. En la misma llamada, John le dijo a Rosey que acababa de empezar a salir con una chica llamada Carolyn que le gustaba mucho. Esa chica era Carolyn Bessette, con quien se casó al año siguiente.

Rosey ha sido mi amigo durante casi toda mi vida adulta. Hablo de una amistad a la que puedes llamar a cualquier hora para hablar o si necesitas algo. Rosey ama a la gente y le tengo mucho respeto. Haría cualquier cosa por sus mejores amigos. Como puedes imaginar, tengo un sinfín de historias de Rosey, pero debo contarte una más. Rosey me llamó un día para ver qué estaba haciendo, como hacía a menudo. Por alguna razón que ahora ni siquiera recuerdo, estaba disgustada por algo. A Rosey no le gustó nada que yo estuviera enfadada. Me dijo: "¿Dónde estás?". Le dije que estaba en Macy's, en South Coast Plaza, que es un centro comercial de California.

Colgamos el teléfono y no volví a pensar en ello. Al cabo de una hora, de repente, oí gritos y vi turbas de gente que agitaban papeles y se agolpaban sobre dos personas. La turba se dirigía rápidamente hacia donde yo estaba y de repente me di cuenta de que toda la conmoción procedía de mis queridos amigos Rosey Grier y Vince Evans. En pocos minutos había un mar de gente, tanta que desembocaba en el centro comercial. Todo el mundo gritaba e intentaba conseguir autógrafos y fotos de estos famosos jugadores de fútbol.

Vince Evans y Rosey Grier, con su guitarra, empezaron a cantarme tan maravillosamente justo en medio de Macy's. Me agarraron y me colocaron entre los dos mirándome como lo hacen los amigos queridos. Yo miraba a mis amigos y disfrutaba tanto con ellos. No fue hasta que empecé a mirar a mi alrededor que no pude creer el revuelo que estaban armando mis amigos. Eran tan queridos por muchos, pero no dejaban de mirarme y cantarme como si yo fuera la única en aquel lugar. De verdad, no podían haber sido más cariñosos y les estoy agradecida a los dos.

Firmaron algunos autógrafos y fueron amables con los fans, pero la policía nos metió rápidamente en un restaurante anexo llamado Wolfgang Puck, y se quedó para observar y proteger a estos famosos jugadores de fútbol americano para que pudiéramos disfrutar del almuerzo. Recuerdo que insistí en que nos dieran puré de patatas con ajo. Aunque ambos estaban en el punto de mira de la opinión pública, ninguno de los dos necesitaba ser el centro de atención. Estoy agradecida por las amistades que son reales, amables y cariñosas. La recompensa más hermosa de la vida es un gran amigo.

CAPÍTULO 11:
ATACADOS POR HAMÁS

"Sentí un fuerte puñetazo en el pecho."
Brenda Shakarian

Al principio de mi participación más frecuente en la FGBMFI, empecé a coordinar los transportes aéreos a Israel. En febrero de 2004, me invitaron a un banquete especial en honor del primer ministro Ariel Sharon. Mis padres también fueron invitados a asistir al acto. Un autobús fue bombardeado muy cerca de nuestro hotel la mañana siguiente a nuestra llegada. Éramos plenamente conscientes de que se trataba de una forma de terrorismo no poco frecuente en aquella época.

Asistimos a un acto de etiqueta al que solo se invitaba a dirigentes. Esa misma semana, mi padre también fue invitado a dirigirse a la Knesset, el parlamento israelí. Mencionó la trágica conexión del genocidio entre nuestros antepasados y los suyos. Los dirigentes israelíes se acercaron a mi padre y a mí después de su discurso y nos dijeron que creían que, si hubieran defendido al pueblo armenio en la Primera Guerra Mundial, nunca se habrían cometido las atrocidades posteriores contra los judíos.

"El mundo se quedó mirando cómo se apoderaban y masacraban al pueblo armenio y no hizo nada. Por eso, Hitler ideo un plan para destruirnos también a nosotros", dijo un dirigente.

Al año siguiente, en 2005, organicé la primera gira de la FGBM-FI a Israel. Nos lo habíamos pasado muy bien en Jerusalén y en muchas de las zonas circundantes. Mi amigo, el embajador israelí, Rami Levi, me advirtió que tuviera cuidado en ciertas zonas debido al aumento del conflicto entre Israel y los palestinos. Una de esas zonas era Belén. También me dijo que habían secuestrado a algunos periodistas.

Sin saberlo, el día que teníamos programado para visitar la Iglesia de la Natividad de Belén, era el primer aniversario de la muerte del jeque Ahmed Yassin, dirigente clave de Hamás. Fue asesinado en marzo de 2004 por una bomba israelí.

El nuestro era un grupo numeroso, pero yo disfrutaba explorar y tendía a encontrar mi propio camino por los distintos lugares. Aquel día había mucha tensión en Belén, ya que los palestinos organizaron una protesta frente a la Iglesia de la Natividad. Oíamos constantemente disparos; muchos disparaban sus armas al aire sin parar. Había hombres con uniformes de Hamás por todas partes. Todos los miembros de nuestro grupo estaban en alerta máxima.

La mayoría del grupo se había adelantado hasta la Iglesia de la Natividad, en lo alto de la colina. Dos valientes amigos y yo éramos los últimos de nuestro grupo que aún andábamos por la zona.

Ya me había visto envuelta en disturbios antes. Podía sentir los problemas en el aire y, por primera vez aquel día, sentí una verdadera urgencia. Todo en mi interior me decía que iba a ocurrir algo inesperado. Mientras subíamos la colina para alcanzar al resto del grupo, vi que algo alarmante venía desde la otra dirección. Detrás de nosotros había varios grupos de militantes de Hamás alineados con armas y marchando hacia la plaza donde se celebraba la reunión. Llevaban la cara completamente cubierta, salvo los ojos.

Todavía estaban lejos, pero algunos grupos marchaban en fila india hacia nosotros. También se reunieron grupos armados de Hamás en la plaza del pueblo, al otro lado de la calle de la iglesia a la que nos dirigíamos. Llevaba la cámara en la cadera, con la esperanza de tomar buenas fotos de los hombres de Hamás sin ser detectada. Mi sentido de la aventura se imponía ante la razón.

Finalmente, una de las personas que me acompañaba dijo: "¡Tenemos que irnos ya!". Ya casi no quedaba nadie en la calle, y aunque era el media día, todas las tiendas habían cerrado sus puertas.

Empecé a subir la cuesta, pero miraba hacia abajo a mi cámara. Al bajar del bordillo y salir a la calle, sentí un fuerte puñetazo en el pecho que me dejó sin aliento; más tarde, descubrí un gran hematoma en medio del pecho debido al impacto. Alguien me agarró, e inmediatamente sentí un frío glacial, con miedo de mirar al hombre a los ojos. Estaba aterrorizada, sin saber quién me había agarrado ni qué estaba pasando. Lo único que sabía era que alguien me tenía cogida por el cuello, y su mano me agarraba la ropa para que no pudiera moverme. El único movimiento que pude hacer fue levantar la barbilla lentamente. Al levantar la cabeza, vi que estaba cara a cara con un grupo de Hamás. El hombre que me tenía agarrada tenía unos ojos oscuros y penetrantes y eso era todo lo que podía ver. Mientras me agarraba con fuerza, ocurrió algo inusual cuando me miró. Me miró fijamente a los ojos, cautivado, pero me mantuvo agarrada y no pude moverme. Me di cuenta de que estaba cara a cara con Hamás.

Esos ojos eran escalofriantes, ¡te lo aseguro! Me tomó tan estrechamente que nuestros cuerpos se tocaron, y como soy alta, ¡estábamos ojo con ojo! Incluso hoy, mientras escribo esto, pensar en ese momento me produce escalofríos. Me agarró un grupo de Hamás, uno de los mismos grupos de hombres a los que les había tomado fotos desde la distancia. Con una mano, el militante me sujetaba por el cuello. Con la otra mano, me sujetó la ropa me la retorció, acercando mi cara a escasos centímetros de la suya. Mi mente iba a toda velocidad, pero él me miró fijamente a los ojos durante lo que me pareció mucho tiempo, aunque no pudo ser tanto. Mientras me sujetaba, tuve tiempo suficiente para preguntarme qué me haría a continuación. Durante ese instante, fue como si el tiempo se detuviera. Este grupo de militantes de Hamás tenía armas, y solo había una persona desarmada: yo.

Mis dos amigos, Rhonda y Jim Priddy, hijo, se detuvieron,

oprimidos y congelados contra el escaparate cerrado de una tienda, observando cómo ocurría todo aquello. Ellos también estaban aterrorizados y probablemente no podían respirar.

Recordé lo que Rami me había contado sobre los periodistas secuestrados recientemente. Pensar en ello no me ayudó. Uno de los periodistas era el técnico de cámara argelino de France TV y el otro un fotógrafo peruano de la prensa francesa. Ambos fueron liberados tras el pago de sus rescates, pero el incidente elevó el nivel de preocupación. Durante el año anterior, los secuestros se habían convertido en un grave problema internacional.

El militante de Hamás no dejaba de mirarme fijamente, me miraba a los ojos como si estuviera viendo algo insólito. Me sujetaba cerca de su cara y yo no podía mirar en ninguna otra dirección. Uno de los hombres me apartó del hombre que me sujetaba. No recuerdo cuánto tiempo estuvimos allí parados, pero finalmente otro militante me quitó de encima al hombre de Hamás. Uno de los hombres gritó algo en árabe y me soltaron. Marcharon colina arriba hacia donde se celebraba la manifestación a favor de Hamás, y me quedé congelada en la calle durante varios minutos, con miedo a moverme. Finalmente, me volví lentamente para mirar a mis amigos; estaban pegados a una pared, todavía aterrorizados por lo que acababa de ocurrir.

Cuando empezamos a subir la colina hacia la iglesia, solo podía pensar en lo disgustado que estaría mi padre conmigo por haberme quedado atrás con respecto al resto del grupo. Les dije a los que estaban conmigo que no le mencionaran el incidente hasta que saliéramos de Belén. Cuando por fin regresé a la habitación del hotel aquella noche, vi que tenía un gran moratón en el pecho. Dadas las muchas posibilidades que podían haber ocurrido, me sentí agradecida.

Llegamos rápidamente a la Iglesia de la Natividad. Justo enfrente de la plaza del pueblo donde se celebraba la protesta de Hamás. Decenas y decenas de miembros de Hamás disparaban continuamente al aire, gritando en la plaza del pueblo en protesta por el asesinato de su líder, exactamente un año después. Daba la sensación de que podía ocurrir cualquier cosa, en cualquier momento. Si alguna vez has estado en o cerca de disturbios o de un peligro extremo, no tienes que verlo físicamente; sabes intrínsecamente que está ahí. Sé exactamente lo que se siente. Puede que no sepas lo que es, pero lo sientes. Todavía estaba conmocionada por mi experiencia con Hamás, y solo quería salir de Belén lo antes posible. La gente seguía queriendo hablarme de todo lo que vieron en la iglesia, pero yo mentalmente no estaba allí. Se había planeado un servicio especial en la iglesia, pero por razones obvias, gracias a Dios, la iglesia decidió que el servicio fuera breve.

Después de la misa, un productor con un equipo de cámaras de France TV me eligió entre la multitud y me preguntó si aceptaría ser entrevistada para un programa que se emitiría en toda Europa, compartiendo mis pensamientos sobre el reciente fallecimiento del Papa Juan Pablo II. La cadena estaba filmando en este lugar sagrado, junto con otras ubicaciones especiales de todo el mundo, entrevistando a gente sobre el Papa. Querían saber qué pensaba de él, de su legado y del impacto que había tenido en vida.

Tras haber sufrido un trauma a manos de Hamás menos de una hora antes, no recuerdo nada de lo que dije. Por suerte, creo sinceramente que era un Papa maravilloso y, al parecer, compartí eso y más ante la cámara. El productor y el equipo de filmación recibieron mis datos y me dijeron que la entrevista había sido excelente. Más tarde, se pusieron en contacto conmigo y me dijeron que habían utilizado toda mi entrevista, junto con otras entrevistas y filmaciones de varios países, como parte de su emisión. Cuando terminó mi entrevista, evacuaron rápidamente la Iglesia de la Natividad y cerraron las puertas debido a la creciente amenaza de la manifestación de Hamás.

Salimos de la iglesia a toda prisa mientras se intensificaban los disturbios. Empezamos a bajar la larga y empinada cuesta de vuelta a nuestro autobús, corriendo por la misma calle donde me habían abordado antes, pero esta vez me quedé cerca de mi padre, que aún no tenía ni idea de lo que me había pasado. Curiosamente, para entonces, muchas de las tiendas habían vuelto a abrir.

Un hombre salió corriendo de una tienda y empezó a gritar a mi padre en un inglés entrecortado. "¿Cien camellos por tu hija?". El hombre siguió exigiendo a mi padre que aceptara su oferta. Se quedó a nuestro lado.

Pensé: ¿Puede este día volverse más extraño? Mi padre empezó a empujarme colina abajo hacia nuestro autobús turístico.

El hombre se apresuró a acompañarnos a cada paso. "¡Cien camellos por tu hija!", seguía gritando.

Su persistencia ponía a mi padre más nervioso cada vez que gritaba. Mi padre seguía empujándome los hombros con más fuerza para que bajara la colina. "¡No, no, no!", seguía diciéndole al hombre.

"¡Deja de empujarme!" le dije a mi padre.

Los tres, el hombre ofreciendo 100 camellos por mi mano en matrimonio, mi padre gritando "¡No!" y yo caminando nerviosamente, casi tropezando por la larguísima colina diciéndole a mi padre "deja de empujarme". Cada uno de nosotros repetía lo mismo, repitiendo nuestras partes en este diálogo sin darnos cuenta. Los tres estábamos igual de frustrados. Era como una telenovela muy mala de Medio Oriente.

Duramos un buen rato bajando la larga colina, pero mi padre seguía diciendo: "¡No, no, no!".

Por fin llegamos al autobús turístico y nuestro grupo subió a bordo. El hombre que intentaba comprarme por cien camellos tuvo que volver con las manos vacías.

Poco después de subir al largo autobús, nuestro guía turístico, de pie junto al conductor, empezó a hablar de Abraham y de todos los camellos que poseía. Terminó la historia lanzando un desafío.

"Apuesto a que no sabes cuántos camellos vales".

El guía turístico sonrió y se cruzó de brazos, como probablemente había hecho docenas de veces al final de aquella historia. Nunca esperó que nadie tuviera una respuesta.

Desde el último asiento del autobús turístico, grité: "¡Por suerte, sé la respuesta a esa pregunta! Valgo cien camellos".

En ese momento, todo el mundo en el autobús empezó a reírse; todos habían oído o visto lo que había pasado. La mayor y mejor carcajada fue la de mi padre, que estaba sentado en la parte delantera del autobús. Era su risa profunda, y aún podía oírle reír mucho después de que la historia hubiera terminado.

El guía nos llevó a una gran tienda en un entorno precioso donde íbamos a terminar el día comiendo y relajándonos. Había camellos allí y no pude resistirme. Me subí al camello y disfruté dando vueltas en él. El olor de la deliciosa comida que nos preparaban y contemplar la hermosa puesta de sol, sentada en mi camello, me hizo reflexionar sobre el día más aventurero que probablemente jamás tendré.

De vuelta al hotel, mi padre se enteró de que Hamás estuvo a punto de secuestrarme. No le hizo ninguna gracia. Pero, ¿cómo podía enfadarse? Él habría hecho exactamente lo mismo. Al fin y al cabo, mi sentido de la aventura lo heredé de él.

CAPÍTULO 12:
¡ROMPE EL MOLDE!

"El empresario con más éxito es el que se aferra a lo viejo mientras sea bueno y se apodera de lo nuevo en cuanto es mejor."
Robert Vanderpoel (Metropolitano 1952, 53)

¿Cuál es el coste de la innovación y el cambio? Esa no fue necesariamente mi primera pregunta cuando mi padre me contrató. Pronto me di cuenta de lo rápido que la política y nuestra humanidad se interponen en el camino del deseo de Dios por transformarnos.

El cambio es inevitable. El problema es que, en general, la gente se resiste a él. El cambio ayuda a una empresa u organización a crecer y sobrevivir. Lee Iacocca era un querido amigo de la familia que fue uno de los directivos más exitosos de Ford Motors. Participó en el diseño de varios automóviles Ford, como el Ford Mustang, el Continental Mark III y el Ford Escort. También supervisó el renacimiento de la marca Mercury a finales de los 60 e introdujo el Mercury Cougar y el Mercury Marquis. Convenció a Henry Ford II para que volviera a las carreras. Ford consiguió varias victorias, como las 500 Millas de Indianápolis, la NASCAR y la victoria en las 24 Horas de Le Mans, recientemente retratada en la película Ford contra Ferrari. Estas victorias contribuyeron a hacer enormemente popular el nombre de Ford y, finalmente, Lee Iacocca fue nombrado presidente de Ford Motors.

Más tarde, Iacocca se enfrentó a Henry Ford II y fue despedido en 1978, a pesar de los beneficios de 2.000 millones de dólares que la empresa obtuvo ese año. Lee encontró un nuevo hogar en la Chrysler Corporation. Cuando asumió el cargo de presidente y director general, la empresa estaba a punto de quebrar, pero en los catorce años siguientes reconstruyó la empresa para convertirla en una corporación rentable, y supervisó la introducción del K-car, la minivan y el Jeep Grand Cherokee.

Lee Iacocca se convirtió en una leyenda porque entendía el cambio.

A veces es difícil desprenderse de lo viejo. Al enfrentarse a la resistencia, la gente suele perder las oportunidades que tiene por delante. El autor H. Jackson Brown dijo una vez: "Nada es más caro que una oportunidad perdida" (DeFord 2004, 140). Hay innumerables ejemplos de este axioma, pero uno de mis favoritos es cuando Netflix se dirigió a Blockbuster en 2000 para vender su empresa por 50 millones de dólares. Blockbuster rechazó la oferta porque consideraba que Netflix era "un nicho de negocio muy pequeño" (Graser 2013). Ahora Netflix tiene más de 222 millones de abonados y unos ingresos operativos anuales que superan los 20.000 millones de dólares. A Blockbuster solo le queda una tienda en el mundo, situada en Bend, Oregón, con unos ingresos operativos anuales de menos de 1 millón de dólares.

En 2008, nuestra Convención Mundial se celebró en Panamá. Llevé a mis hijos conmigo, como siempre hacía. Teníamos una habitación contigua a la suite de mi padre. Una tarde estaba orando en mi habitación cuando tuve un sueño que supe que venía de Dios. En ese sueño, vi a una multitud de adultos orando. Era un sueño precioso en el que cientos de personas eran sanadas en esta gran reunión.

Cuando levanté la vista para ver quién oraba por aquella gente, me di cuenta de que eran los niños los que oraban por los adultos.

Nunca había visto algo así en ninguna parte. Cuando me desperté, fui a la habitación de mi padre y le conté lo que Dios me había mostrado. Le dije que en la próxima Convención Mundial, orarían solo los niños por los adultos. Iba a llamarlo un servicio milagroso. Mi padre había llegado a confiar en mis visiones y sueños, y para su crédito, dijo: "¡Hagámoslo!". Sabía que, si yo sentía que algo venía de Dios, podía contar con ello, así que dijo: "¡Sí!".

Mi amigo Jimmy Hughes y su hijo Joshua estaban con nosotros en la Convención Mundial de Panamá cuando tuve este sueño. Nuestros hijos crecieron juntos. Jimmy fue uno de los oradores principales ese año en Panamá. Junto con su esposa, Jessica, dirigen un increíble orfanato para niños maltratados y abandonados en Honduras.

Un mes después de aquella Convención Mundial, recibí una llamada frenética de Jimmy a medianoche. Joshua había tenido un terrible accidente de camino al aeropuerto. Su vehículo se salió de la carretera y rodó colina abajo. Joshua estaba gravemente herido; uno de sus ojos colgaba del cráneo. Tenía toda la cara destrozada, había perdido mucha sangre y era un milagro que estuviera vivo. Jimmy me pidió que orara porque los médicos no esperaban que sobreviviera a la noche.

Cuando Jimmy colgó el teléfono, llamé a mi padre. Mi padre dijo: "Hola".

Todo lo que dije fue: "Bueno, ya tenemos a nuestro orador para el servicio milagroso de la convención del año que viene".

"¿De qué estás hablando?", preguntó mi padre.

Le dije que Joshua había tenido un accidente, que luchaba por su vida y que no se esperaba que sobreviviera a la noche. Le dije: Joshua vivirá y no morirá, y anunciará las obras del Señor.

Le dije a mi padre: "Joshua será nuestro orador principal en la próxima convención mundial". Sabía que era una afirmación atrevida, teniendo en cuenta que acababa de sufrir un accidente y los médicos habían dicho que no pasaría de esa noche.

Cuando Jimmy llamó, acababa de terminar de hablar en una gran iglesia de Dallas. Su mujer estaba en Honduras, en el hospital, con Joshua. Jimmy tomó el primer avión de vuelta a Honduras a la mañana siguiente, sin saber si su hijo estaría vivo o muerto. Gracias a una serie de acontecimientos milagrosos, Jimmy y su mujer consiguieron que Joshua fuera trasladado en avión a Miami. Los médicos de Miami consiguieron estabilizar a Joshua, pero dijeron a Jimmy y Jessica que Joshua sufriría lesiones cerebrales graves y permanentes. Dijeron que no podría aprender ni retener la memoria a corto plazo. Luchó durante meses en el hospital. Muchas personas, incluidos los médicos y las enfermeras, no podían creer lo que presenciaban. Recibió un milagro tras otro, tras otro.

A pesar de sus funestas predicciones, Joshua terminó el último curso del instituto y se graduó a tiempo con excelentes notas, honores y distinciones. Mientras escribo esto, me siento humilde ante la gracia y el poder del Dios vivo. Nada es demasiado difícil para Él. ¡Nada!

En la Convención Mundial del año siguiente, hice los preparativos para que Joshua Hughes fuera el orador principal en lo que llamé el Servicio Milagroso. No le contamos a nadie lo del servicio especial. Lo que Dios me había mostrado en aquella visión era que los niños debían orar por los adultos. Era una maniobra arriesgada porque nunca habíamos hecho nada parecido. Ninguno de los niños había orado antes por la gente, pero yo tenía tanta fe en que Jimmy y Jessica Hughes podían preparar a los niños para lo que estaba a punto de llegar. A veces es absolutamente necesario arriesgarse. Dios desea que estemos preparados para todo, porque es Él quien hace el trabajo. El problema siempre somos nosotros, porque la gente tiene miedo al cambio y a lo desconocido. Pero sin fe es imposible agradar a Dios. Me reuní con unos veinte jóvenes la primera noche de la convención.

Jimmy y Jessica Hughes dirigían las reuniones de jóvenes ese año en la convención. Compartí mi visión con los niños al principio de la semana, y ellos siguieron a partir de ahí. Al principio, los chicos eran reacios a orar por otros. Durante toda la semana, Jimmy y Jessica les enseñaron a orar por la gente, aunque no lo hubieran hecho antes. Cuando llegó la noche, los niños estaban dispuestos a que Dios les utilizara a ellos también y a orar por la gente.

Este concepto nunca se había probado antes, y mi padre, aunque confiaba en mí, estaba nervioso por si no funcionaba. Sin que yo lo supiera, contrató a un invitado para que fuera el orador principal antes del Servicio Milagroso; básicamente, tuvimos toda una reunión vespertina antes de la reunión. Estaba nervioso, y con razón, pero yo le decía que confiara en Dios porque ya lo había visto en mi visión.

Después de que el orador principal concluyera su mensaje, mi hijo, Blakeland, subió al escenario y cantó una gran canción titulada "Como salvar una vida" (The Fray 2005). Esa canción se convirtió en el himno de la noche. Luego puse el vídeo del accidente de Joshua. Las imágenes mostraban el coche destrozado y, lo que era peor, su cuerpo destrozado tras el accidente. Joshua se levantó para hablar y dio un testimonio tan convincente que muchas personas del público empezaron a llorar. Todos estaban fascinados por la historia de lo que le había ocurrido. Cuando Joshua empezó a hablar, se podía oír caer un alfiler. Mucha gente conocía a Joshua, pero éste era un chico diferente. Tenía discapacidades evidentes a causa del accidente y, sin embargo, sonreía. Estaba compartiendo los muchos milagros que Dios hizo por él para que llegara a este punto.

Al final del servicio, dijimos a la gente que era hora de orar por los milagros que buscaban. Sorprendentemente, veinte jóvenes de diez años en adelante se colocaron delante del escenario, con camisetas iguales. Estaban dispuestos a orar por los adultos. Cuando los puse en pie, se invitó a todos los que necesitaran un milagro de Dios en su vida a que pasaran al frente. A mi padre le preocupaba que nadie respondiera, pero Dios me había mostrado este momento un año antes, y yo confiaba en que sería una noche poderosa.

El público estaba confuso. Al principio no entendieron que los niños orarían por los adultos. Cuando se hizo la invitación, fue como una estampida. El salón estaba abarrotado, pero fue como si todo el público se hubiera acercado para que oraran por ellos. Cientos de personas fueron sanadas aquella noche. Nunca había visto nada igual. La gente salía corriendo del salón y llamaba a sus familiares para contarles lo que estaba ocurriendo. Lloraban al ser curados, justo después de que un joven orara por ellos.

Ahora teníamos un pequeño núcleo de líderes juveniles bien formados y apasionados de todo el mundo que me ayudaron a lanzar una de mis primeras grandes iniciativas para llegar a la próxima generación de líderes.

Pronto, organicé y desarrollé secciones juveniles en distintos países. Esto fue vital para el futuro crecimiento de la organización.

Algunos consideraban que la división Internacional de Damas de la organización y los grupos juveniles eran menos importantes que la misión principal de conectar a los hombres de negocios con Dios. Sin embargo, las mujeres eran el segmento de mayor crecimiento de la organización. Yo solo oraba y hacía lo que sentía que debía hacer. La oración es un arma poderosa.

Mi abuelo Demos expresaba muy claramente su preocupación por esta necesidad de cambio, y por eso, cuando Demos vivía, no dejaba de recordarle a todo el mundo que había que "Romper el molde".

Cuando mi abuelo acudió a la junta con esas preocupaciones, votó que sí, pero la junta dijo que no. En consecuencia, este grupo de mujeres creó otra organización que ahora se conoce como Aglow International. La presidenta de Aglow es mi querida amiga Jane Hansen Hoyt.

En la Convención Mundial de Florida de 2002, se dieron varias profecías, exhortando a los miembros de la organización a abrir la puerta a las mujeres. Un presidente nacional tras otro profetizó diciendo: "¡Richard, es la hora de las mujeres!".

Mi padre me ofreció contratarme al día siguiente, y le dije: "Sí".

Reconociendo la necesidad de un cambio, cambié el nombre del alcance a Damas Internacionales y empecé a ampliar este aspecto del ministerio. Miles de mujeres de todo el mundo acudieron a las reuniones como nunca antes. Las reuniones de mujeres estaban abarrotadas.

En reconocimiento a mi liderazgo, mi padre me nombró presidenta de Damas de la FGBMFI.

Hace años, algunos de nosotros fuimos a comer con el antiguo Tesorero Internacional de la FGBMFI, Gideon Eusura. Mientras hablábamos, dijo: "Todo el mundo sabe que el petróleo está en Brenda, pero eso nunca ocurrirá porque es una mujer".

Terence respondió: "Todos sabían que el aceite estaba en David, pero era un niño".

Terence no podía creer que reconocieran que el aceite estaba sobre mí, que Dios me había elegido, pero eso no era suficiente. Se han dado más de diez profecías públicas, identificándome como la sucesora de mi padre como presidente internacional de la FGBMFI. Mi padre, Richard Shakarian, nuestro director de Operaciones del FGBMFI, Dan Sanders, y muchos otros reconocieron públicamente que el manto pasó de Demos a Richard y a Brenda. Reconocieron la unción de Dios y el manto está sobre mí de la misma manera.

Por iniciativa propia, puse en marcha una revista de distribución internacional llamada Respuestas. Mi querida amiga, Glorisal Lorenzana, era la editora de la revista y colaboró estrechamente conmigo en ese proyecto. También creé y produje un programa de televisión llamado Sin Fronteras. Mi querido amigo, DeCarol Williamson, me dejó tener una oficina en sus estudios de televisión de Costa Rica y me permitió crear y producir mis programas de televisión en sus estudios. Creé una introducción que llamó la atención de la gente. El programa presentaba las historias personales de personas que habían superado grandes obstáculos en sus vidas. El programa se emitió en Latinoamérica, Estados Unidos y Europa. A pesar del éxito de estos programas y del crecimiento exponencial que se estaba produciendo en diversos alcances, se vislumbraban cambios inquietantes en el horizonte.

Mi abuelo Demos siempre decía que hay muchas formas de llegar a la gente. Como aconsejaba Demos en uno de sus libros,

"¡Rompe el molde!" No podría estar más de acuerdo con mi precioso abuelo Demos.

CAPÍTULO 13:
VIVA LAS VEGAS

Mi revista femenina, Respuestas, tuvo una buena acogida. La revista nunca habría visto la luz si mi querida amiga, Glorisel De Lorenzana, no hubiera trabajado conmigo. Glorisel era la editora, la escritora y publicaba la revista para su distribución en todo el mundo. Yo contribuí aportando algunas de las grandes historias a Glorisel, pero no te equivoques, ella se hizo cargo e hizo todo el trabajo y creó un producto de calidad del que la gente pudiera disfrutar y crecer. Estoy agradecida a mis hermosos amigos que lo dan todo a Dios con su talento sin pedir nada a cambio. Nunca ocurre nada con una sola persona. Mis mejores creaciones creativas siempre han sido colaborativas.

Aquí es donde debo mencionar a mi querida amiga Rosa Ortega, ya que el presidente nacional de EE. UU., Joe Ortega, y su esposa Rosa, trabajaron muy duro para hacer crecer la organización y ver cómo cambiaban vidas. Cuando Rosa y yo vimos la necesidad de que las mujeres fueran utilizadas de una mejor manera, nos lanzamos a trabajar con las mujeres de las naciones. Ahora parece obvio, pero hace muchos años tuvimos que trabajar de verdad para conseguirlo. Yo estaba experimentando un avivamiento espiritual en mi propia vida. Los grupos de mujeres de todo el mundo crecían por miles y la presencia del Espíritu Santo era fuerte. Las mujeres salían de las reuniones curadas, inspiradas y cambiadas para mejor.

En 2016, mi padre nos nombró a Terence y a mí como presidentes nacionales del FGBMFI USA. Esto fue inesperado porque Joe Ortega era el líder de EE. UU. y estaba haciendo un gran trabajo en ese momento. Terence solo aceptó el cargo una vez que habló con Joe porque ellos eran amigos íntimos, y su amistad era más importante que el puesto. Irónicamente, la esposa de Joe, Rosa, había hablado con Terence en Ciudad de Panamá, Panamá, durante una convención allí, diciéndole que se preparara para su papel de líder.

Cuando Terence llamó a Joe y a Rosa para hablar de ello, inmediatamente dijeron que sabían que esto ocurriría porque ambos se sentían atraídos a dedicarse al ministerio familiar. Su preocupación era quién tomaría las riendas del liderazgo en EE. UU. Fue una confirmación increíble. Mi padre nos estaba preparando a Terence y a mí para ser los próximos presidentes internacionales de la FGBMFI. Todo el mundo sabía que mi padre me pondría en la posición de presidente internacional de una forma u otra debido a las muchas profecías que lo afirmaban desde hacía años. Para optar al puesto de presidente internacional, un candidato necesitaba ser el presidente del país de residencia.

Durante este periodo de transición, EE. UU. llevaba veinticinco años sin celebrar una Convención Nacional. Decidí celebrar una Convención Nacional de EE. UU. en Las Vegas, y fijé la fecha para febrero de 2017.

La temática central de la Convención Nacional de EE. UU. fue "Impacta en tu comunidad". Sentí que debíamos hacer que la primera noche fuera sobre los socorristas y los que sirven en Las Vegas. En esta Convención Nacional, sentí que debíamos honrar y orar por los policías locales, los socorristas y sus familias. Nuestra organización nunca había hecho nada parecido, pero sentí que Dios me decía que lo hiciera. También entrevisté al jefe de Policía de Las Vegas.

Es importante mencionar que oramos pidiendo dirección y lo que surgió para mí fue escuchar las historias de estos socorristas y cubrir a sus familias en oración. Fue algo único y especial para nuestra organización.

CNBC declaró: "59 Muertos y 527 heridos" (Kharpal y Sheetz, 2017).

Poco sabíamos que ocho meses después, esos socorristas se enfrentarían a la masacre del Mandalay Bay Resort, en la que un tirador en el piso treinta y dos del complejo, mató a sesenta personas e hirió a 411 más. Los socorristas no estaban preparados y carecían de personal suficiente, porque no había ocurrido nada parecido en la historia de nuestro país. Fue la mayor masacre de la historia de EE. UU.

NBC News dijo: "El tiroteo de Las Vegas es el más mortífero de la historia moderna de EE. UU". (Rosenblatt, 2017).

Trabajamos junto al pastor Troy y Sandra Martínez en una iniciativa para reducir la violencia en todo Estados Unidos, a la que llamé, Creer de nuevo. Se creó un documental con las historias en torno al horrible tiroteo del 1 de octubre y sus secuelas. Por primera vez, se produjo otro acontecimiento sin precedentes. ABC, NBC y CBS acordaron emitir el documental simultáneamente en la franja informativa principal de Nevada, de 18:00 a 18:30. Para nuestra sorpresa, el documental Cree de nuevo fue nominado más tarde para un Emmy. Esto no se puede inventar.

Es un ejemplo perfecto de cómo Dios utiliza a personas corrientes para hacer cosas extraordinarias. En nuestra organización, nunca habíamos invitado a los socorristas a hablar en nuestras convenciones. No teníamos forma de saber que estaba a punto de producirse una masacre a solo unos minutos de donde celebrábamos nuestra convención, pero Dios sí lo sabía.

Si entregas tu vida a Dios, tu propósito puede empezar a revelarse. Si te atreves a saltar del barco y confiar en el Dios que te creó, Él te utilizará. Cuando oraba por nuestra convención, solo esperaba oír o sentir algo. Nunca obtienes la imagen completa; obtienes una instantánea. Si te atreves a creer de nuevo, ¡Dios quiere utilizarte! Todo lo que tenía en mi corazón era que quería honrar a los socorristas, así que seguí adelante con esa idea, y Dios pudo utilizarnos de una forma que nunca imaginé. Te animo a que ores, escuches y no tengas miedo de pasar a la acción. Mucha gente piensa que le gustaría hacer algo por Dios, pero nunca lo hace. Si sientes algo en tu corazón, ve por ello. Dios quiere utilizarte en la ciudad en la que estás para hacer algo extraordinario. Cuando Dios está contigo, nada es imposible.

En nuestra Convención Nacional de Las Vegas ocurrieron muchas cosas que dejaron claro a mucha gente que se avecinaba un cambio.

Sin que yo lo supiera, mi padre había invitado a un orador llamado Peter Gammons para que hablara en el espacio de mi padre. Peter es conocido en todo el mundo como pastor y profeta. No supe que Peter Gammons iba a venir hasta que llegó, antes del servicio. Se rió y dijo: "He venido a entregar la palabra que Dios me dio para ustedes".

Le dije: "¡Es estupendo!". Ése fue el final de la conversación.

Peter Gammons comenzó su mensaje diciendo que Dios le dio un mensaje profético para Brenda Shakarian. Iba a ser la próxima presidenta Internacional de la FGBMFI. Además, en la reunión de la junta dos días más tarde, uno de nuestros respetados directores internacionales desde hace mucho tiempo, el hermano Darko, insistió en que mi padre me anunciara como el próximo presidente internacional en esa reunión de la junta. Mi padre decidió esperar para hacer ese anuncio. Tenía problemas de salud y esperaba recuperarse.

Ese mismo año, fuimos invitados al discurso sobre el "Estado de la ciudad" de la alcaldesa de Las Vegas, Carolyn Goodman, que habló del importante descenso de la delincuencia durante el año anterior. En ciertos ámbitos, como el tráfico sexual y de drogas, la ciudad había experimentado un descenso del cuarenta por ciento en la actividad delictiva. Dios quiere que cambiemos la atmósfera que nos rodea.

A medida que pasaban los meses de 2017, la salud de mi padre seguía empeorando. Sabíamos que había redactado documentos formales, pero no hicimos ninguna pregunta. A principios de julio, mi padre nos llamó a su casa para entregarnos un documento en el que declaraba que no asistiría a nuestra Convención Mundial en Honduras. Declaró en una carta a toda la Junta de directores y al presidente del FGBMFI de Honduras que, "Richard Shakarian había elegido a Terence Rose y Brenda Shakarian para caminar en su lugar y tomar decisiones por las naciones, como él habría hecho en la Convención Mundial de Honduras". Mi padre también nos traspasó a Terence y a mí la mayoría de sus acciones y deberes. Fuimos a la Convención Mundial, y casi todos los miembros de la junta estaban contentos con el anuncio y entusiasmados con que dirigiéramos la FGBMFI hacia una nueva era. También se reveló que mi padre, a través de un documento notarial, bajo pena de perjurio, muestra a Terence Rose como el próximo presidente internacional de la FGBMFI. Mi padre dejó muy claro a todos los que le rodeaban y a nosotros que Terence Rose y Brenda Shakarian servirían juntos como presidentes internacionales.

Llevo más de veinte años trabajando para la FGBMFI. Me ocupé de todos los medios de comunicación, coordiné eventos, creé y produje el programa de televisión Sin Fronteras. De 2017 a 2018, Terence y yo fuimos presidentes internacionales de la FGBMFI y viajamos mucho en el desempeño de nuestras funciones. Teníamos previsto visitar a nuestros líderes europeos a principios de octubre, cuando mi padre empeoró. Terence fue por su cuenta a las reuniones europeas, que resultaron ser un momento de unificación.

El 1 de noviembre de 2017 nos despedimos de mi padre. Falleció en un hospital rodeado de su familia. Yo estaba detrás de mi madre, abrazándola mientras él fallecía. Decir que tenía el corazón roto no es suficiente. Era un dolor profundo que no tenía alivio. Estaba destrozada; sabía que las cosas nunca volverían a ser como antes. El patriarca de nuestra familia armenia se había ido y, con él, terminaba una era. Le amaba mucho. Viajábamos juntos y, en cada ciudad en la que aterrizábamos, buscábamos la comida más deliciosa. Teníamos largas conversaciones sobre su familia. El vínculo que tenía con mi padre era profundo. Había muchos paralelismos entre nosotros. Ambos nos relacionábamos con la historia de José, y tuvimos algunas discusiones profundas sobre esto en largos vuelos.

Es interesante lo vinculantes que pueden ser las experiencias compartidas, e incluso cuando son dolorosas, estos vínculos de alguna manera te hacen sentir mejor.

Atesoro esos recuerdos y llevo nuestras conversaciones cerca del corazón. Teníamos exactamente las mismas luchas dolorosas. Quiero decir, exactamente. Situaciones en nuestra familia que solo nosotros podíamos comprender. No todo el mundo se alegra por ti cuando sirves a Dios. Basta con leer la historia de José. Hay dolores que solo Dios puede curar, y eso me basta. Hablamos de la Palabra de Dios y de muchas otras cosas. ¡Me encantan las galletas blancas y negras! Mi padre conducía hasta mi casa si estaba en un restaurante donde pudiera comprarme una galleta blanca y negra. Cuando íbamos a Nueva York o a otras ciudades donde podía conseguir una buena, se desviaba del camino para comprarme mi golosina favorita. Era nuestra cosa.

Además de hablar seriamente, ¡nos reímos mucho! Hablábamos de dónde comeríamos incluso antes de aterrizar en el país al que fuéramos. La buena comida estaba muy arriba en nuestra lista de cosas que hacer. Mi padre podía comer mucho y seguir buscando helado. En su funeral, tuve que hacer frente a muchas situaciones difíciles y al comportamiento rebelde de los demás. No conseguí decir adecuadamente las cosas de mi padre que quería decir. Había tantas cosas que quería compartir.

Durante nuestros viajes, hablábamos mucho de la Palabra de Dios. Llevaba Biblias de estudio y libros pesados que apenas cabían en el compartimento superior de la cabeza. Cuando mi padre tenía 13 años, empezó un programa de radio. No te dejaba ser invitado en el programa de radio a menos que hubieras ganado a alguien para el Señor esa semana. Algunas personas juzgan a los líderes por diversas razones. A menudo es fácil ver lo que no hacen, pero lo que no se ve son los años de fidelidad y sacrificio.

Desde Demos a Richard, pasando por mí misma, Brenda, puedo decir sinceramente, sin dudarlo, que amamos de verdad a las personas, sea cual sea su condición.

CAPÍTULO 14:
SIN FRONTERAS

"Conoceréis la verdad y la verdad os hará libres."

Tras el milagro que se produjo junto a la piscina en la Convención Mundial de Bali, mi implicación en la organización siguió floreciendo. El programa de televisión que creé y produje, Sin Fronteras, se emitió y siguió creciendo. Pensé que era un título apropiado porque lo creé para que fuera un programa que mostrara las muchas naciones del mundo. Quería mostrar que todos queremos las mismas cosas en la vida. Todos queremos amar y ser amados. Queremos perseguir objetivos y alcanzarlos. Queremos vivir. Quiero decir, vivir de verdad. Exploré la comida, la historia, el modo de vida y, lo que es más importante, las historias de personas corrientes que vivieron acontecimientos extraordinarios.

Siempre me ha fascinado el poder del espíritu humano. Ésa es una de las razones por las que sé que Dios existe. Oyes hablar de alguien que ha pasado por algo tan devastador y desgarrador, y aun así se levanta a la mañana siguiente, quiera o no. ¿Qué es lo que nos impulsa a seguir adelante? Como productora ejecutiva del programa Sin Fronteras, tuve la oportunidad de encontrar la historia más grande que iba más allá de lo que estaba oyendo y viendo. Buscaba el factor Dios y Sus propósitos en acción. Dios siempre estaba ahí para salir a mi encuentro y guiarme en cada país. A veces es difícil aceptar que Dios está implicado en algo que te ocurre, es-

287

pecialmente cuando se trata de un acontecimiento terrible, pero Él siempre lo está. Es extraordinario porque, a veces, ocurre algo que te ciega y te hiere hasta la médula.

Sin embargo, Dios está contigo en todo momento. En esos momentos difíciles, llegamos realmente a conocer a Dios íntimamente, y aunque nadie quiere hacer daño, de los momentos difíciles pueden surgir muchas cosas hermosas. "De cierto, de cierto os digo, que, si el grano de trigo no cae en la tierra y muere, queda solo; pero si muere, lleva mucho fruto ".

En 2013, celebramos nuestra Convención Mundial en Armenia. Llevamos a algunos de nuestros líderes a la fosa donde Dios preparó a Grigor para salvar Armenia 1.700 años antes. Mientras nos preparábamos para esta convención, tuvimos dificultades para conseguir visados para nuestro contingente africano. Nos enteramos de que muchos de nuestros delegados y miembros estaban varados en Dubái. En el último momento, decidimos celebrar una segunda convención en Dubái para los miembros varados. Se convirtió en una de las convenciones más emocionantes y transformadoras que hemos celebrado nunca.

Al principio, los miembros africanos se sintieron decepcionados, y con razón. Estaban comprensiblemente frustrados porque habían esperado venir a la Convención Mundial de Armenia. Llevaban días varados y esperando en Dubái por problemas con los visados. Nos reunimos en un gran salón abierto al que podía acceder cualquiera que pasara por aquel hermoso hotel de cinco estrellas de Dubái. Fue durante el Ramadán, así que los hoteles estaban llenos. Mi padre me pidió que hablara al numeroso grupo de viajeros cansados. Me levanté y pronuncié una palabra profética que cambió el ambiente, pues casi todos los presentes respondieron de forma espectacular a la presencia del Espíritu Santo. Muchos habitantes de Dubái se detuvieron a escuchar, porque nuestra gran sala de reuniones estaba junto a la cafetería. Emocionó mi corazón ver a tantos lugareños detenerse para escuchar la Palabra de Dios de camino al restaurante de al lado. Incluso oí a alguien que traducía para algunas personas en el pasillo. El director del hotel nos había cedido aquel espacio de reunión en el último momento porque no se había preparado nada. Resultó que era el mejor sitio en el que podíamos estar.

Como era el mes sagrado del Ramadán, los empleados y directivos del hotel se mostraron curiosos e interesados al ser testigos de lo que Dios estaba haciendo entre los hombres de negocios. Sin duda, fue la Convención Mundial más espontánea en la que habíamos participado, pero fue algo más que una convención. En aquella sala, con los huéspedes del hotel pasando de camino a comer, no teníamos música, oradores especiales ni programas. Sin embargo, escuchaban atentamente lo que se decía. Empezamos a cantar a capella, luego hablé y oré por la gente. Lo que vino a continuación fue sencillamente maravilloso. La presencia de Dios era innegable en aquella sala, y su fuerte unción tocó a todos los presentes. La presencia de Dios en aquel hotel era tan suave y a la vez tan fuerte. Todo lo que puedo decirte es que el amor de Dios fluía en aquel fabuloso hotel de Dubái ese día. Los lugareños que practicaban otras religiones sentían curiosidad por lo que teníamos que decir. Incluso los trabajadores del hotel se quedaron y quisieron oír más sobre lo que hablamos. Me hizo pensar mucho en la forma en que comunicamos nuestra fe en Dios a quienes no están familiarizados con la terminología que solemos utilizar. Podemos y debemos estar abiertos a comunicar el amor de Dios de diversas maneras. El poder está en la sangre de Jesús. Te invito a explorar nuevas formas de llegar a la gente. Creo que, si practicamos la presencia del Espíritu Santo y nos liberamos de formas y rituales, podríamos empezar a oír a Dios. A veces, cuando quiero pasar tiempo con Dios, me obligo a no decir nada. Es mucho más difícil de lo que parece. Lo que he descubierto es que Dios me espera allí...

CAPÍTULO 15:
FUERA DE LAS AGUAS PROFUNDAS

"El descendió de lo alto y me tomó;
me sacó de aguas profundas."

Los departamentos de los que era responsable prosperaban. Mis viajes internacionales me mantuvieron en movimiento todo el año. Vi a muchas personas curadas y cambiadas para mejor mientras viajaba por el mundo a la India, Malasia, Armenia, Sudáfrica, Hong Kong, Dubái, por toda Latinoamérica y más allá.

Descubrí que el hambre de Dios estaba creciendo claramente en todo el mundo. Gracias al trabajo de muchos, se cambiaban vidas. Mi abuelo hablaba mucho de la variedad infinita. Creía que había muchas formas de llegar a la gente. A este punto, quiero añadir que la diversidad de formas de llegar a la gente es muy importante. Debes ser sensible al Espíritu Santo sobre lo que Él te dice para tu ciudad. Creo de todo corazón que la bondad de Dios lleva al hombre al arrepentimiento. El amor es mucho más fuerte que el odio. He descubierto en mi vida que el amor es una fuerza poderosa que no se puede detener.

Dios está a nuestro alrededor todo el tiempo. De ti depende recibir lo que Él quiere darte.

En 2012, nuestra Convención Mundial se celebró en Bali, Indonesia. La reunión final fue un sábado por la noche, y a la mañana siguiente todo el mundo se dirigió a la playa, incluida yo. Me senté sola en la playa y empecé a leer un capítulo del Libro de los Salmos. Terminé de leer y envié unos versículos a mi hermana para animarla en un momento difícil de su vida. Las palabras me atravesaron el corazón. No recordaba haber leído nunca estos versículos:

"Envió desde lo alto; me tomó, Me sacó de las muchas aguas.

Me libró de mi poderoso enemigo, Y de los que me aborrecían; pues eran más fuertes que yo.

Me asaltaron en el día de mi quebranto, Mas Jehová fue mi apoyo.

Me sacó a lugar espacioso; Me libró, porque se agradó de mí". Salmo 18:16-19

La conferencia de Bali se celebró en el Hotel Westin. La piscina de fondo negro de este hotel era la piscina más grande que ninguno de nosotros había visto nunca. El fondo negro de la piscina impedía la visibilidad en el agua. Mientras muchos de los miembros de la conferencia seguían divirtiéndose en la playa, yo decidí abandonar la playa e ir a la piscina a comer. Instantes después de sentarme en una tumbona junto al borde de la piscina, oí chapoteos justo delante de mí. Una mujer y un hombre luchaban por sacar de la piscina a un niño claramente muerto. Parecía tener unos ocho años. Nunca había visto un cadáver. Pero cuando ves uno, nadie tiene que decirte lo que estás viendo; simplemente lo sabes.

El cuerpo del chico estaba hinchado, como si llevara puesto un traje de neopreno. Nunca había visto nada igual. Cada vez estaba más azul. A causa del agua que tenía en el cuerpo, tuvieron dificultades para sacarlo rodando de la piscina. El padre del niño y un médico que casualmente estaba allí ese día pasaron corriendo a mi lado para administrarle la reanimación cardiopulmonar. Según las estimaciones de los que lo rescataron, el niño llevaba al menos treinta minutos bajo el agua, y tardaron otros cinco minutos en sacarlo de la piscina. Por alguna razón, en vez de sacar su cuerpo por la salida más cercana, optaron por llevarlo a través de la piscina y sacarlo del agua rodando directamente delante de mi tumbona. Esto demuestra que con Dios no hay accidentes.

Era evidente para todos los que podían verlo que el niño estaba muerto. Más de sesenta personas estaban en sus tumbonas observando esta aleccionadora situación. Nadie dijo una palabra, sino que observaron en silencio cómo los dos hombres intentaban reanimar al muchacho. Era como si el tiempo se hubiera detenido. Algunos intentaron conseguir un mejor punto de vista para observar lo que ocurría. En su mayor parte, la gente era respetuosa con el cadáver. Es una sensación espeluznante cuando el miedo se apodera de una multitud. La única ruptura del silencio fue el llanto de algunas personas.

Desde el momento en que el cuerpo salió del agua, me levanté y empecé a orar en voz alta, de pie sobre su cuerpo. Oré para que la vida volviera al cuerpo de este niño. Mientras seguía orando, durante un minuto, empecé a ser consciente del silencio que me rodeaba. Esto duró algún tiempo, y empecé a preguntarme dónde estaba la ambulancia. Al cabo de más de diez minutos, seguía sin haber señales de vida, pero continué de pie junto al niño y orando en voz alta porque su vida era lo más importante que importaba en aquel momento. No me importaba quién me oyera.

Empecé a gritar en voz alta: "¿Dónde está la ambulancia?".

Si alguna vez has conducido por las calles de Bali, lo entenderás. El tráfico de coches y motos es una locura. No hay forma de esquivarlos. Trasladaron al niño a una bombona de oxígeno que alguien había encontrado en un armario sucio. Esta creciente tragedia permaneció extrañamente silenciosa, aparte de mis ruidosas plegarias.

De repente, oí al chico decir: "Ayúdenme", lenta y deliberadamente, en un inglés perfecto. Pero luego no dijo ni una palabra más. Al oírle, seguí pidiendo al Dios que le había creado que le devolviera la vida. El padre del niño y el médico siguieron practicando la reanimación cardiopulmonar, pero no hablaban inglés mientras se comunicaban. Por fin llegó la ambulancia y se llevó al niño con su padre.

Inmediatamente después de que se fuera la ambulancia, empecé a hablar con una señora australiana que había estado a mi lado. Era la mujer que participó en la recuperación del cuerpo del joven. Le dije que me parecía inusual que hablara inglés, aunque su padre no lo hiciera. La señora dijo enfáticamente que sabía que el niño no hablaba inglés porque había estado jugando con sus hijos toda la semana y no podía hablar inglés con ellos. Consiguieron jugar y divertirse de todos modos, como hacen los niños.

No fue un accidente que aquel día me sentara en aquel lugar junto a la piscina. No fue un accidente que me sentara justo donde sacaron el cadáver de la piscina. No fue casualidad que Dios permitiera que aquel joven pronunciara dos palabras en inglés, lo que me animó a orar con más fuerza. No fue un accidente que Dios colocara a la señora australiana a mi lado para mostrarme lo que Dios había hecho realmente.

Me encontré con algunas personas de nuestra organización allí en la piscina y les conté lo que había pasado. La señora australiana estaba a mi lado. Estaba extrañamente serena y en paz durante toda la prueba, y dije emocionada que el niño viviría y no moriría.

Mientras caminaba de vuelta a mi habitación, sin dejar de orar por el niño, recordé de repente la escritura de la playa de ese mismo día. Me eché a llorar. Sabía que el Dios que había prometido sacarnos de las aguas profundas era también el Dios que resucitaría a aquel muchacho.

A última hora de esa noche y hasta bien entrado el día siguiente, recibimos la noticia de que los médicos habían comunicado a su familia que, por algún milagro, había sobrevivido y no tenía daños cerebrales aparentes. A la mañana siguiente, supimos que ya estaba de pie y desayunando. Aquel niño, que llevaba más de treinta minutos sin respirar y con los pulmones llenos de agua, estaba vivo y hablaba.

Dios cuida de nosotros y actúa con tanta precisión en nuestras vidas y en las vidas que nos rodean. Si estás dispuesto a estar quieto, escuchar y creer que Él puede, el Dios de los milagros transformará no solo tu vida, sino la de los demás. He experimentado muchos momentos milagrosos a lo largo de muchos años. La Palabra de Dios ya estaba en mí, y eso es lo que salía de mí cuando surgían los problemas. "He aquí que todas las almas son mías". Dios amaba a ese niño; no comprendemos plenamente la soberanía de Dios. Lo que sé con certeza es que estamos llamados a ser la luz del mundo.

El Dios que da vida a los muertos y llama a la existencia a lo que no era.

Esa historia, en particular, sigue inspirándome. Me da esperanza de que la mano de Dios está sobre mí, incluso en aguas profundas. Poco sabía que unos años después de aquel incidente, me encontraría a mí y a mi familia en aguas profundas, y sabía que solo Dios podía sacarme de la situación y sostenerme.

Caminaba de vuelta a mi habitación de hotel y de repente me detuve. ¡Recordé la escritura que encontré y envié a mi hermana justo antes de ir a la piscina!

Aunque el rey David escribió este salmo hace miles de años, Dios encontró la manera de traer Sus palabras a nuestro tiempo y me hizo llegar ese pasaje mientras estaba sentada en la playa de Bali. Aquella palabra resucitó a aquel muchacho. La Escritura dio vida real a alguien todos estos siglos después. La Palabra está tan viva hoy como lo estaba cuando se escribió. Ahora que has leído esta notable historia real, te animo a que salgas de la barca. Dios quiere utilizarte para ayudar a transformar la vida de los demás.

"Envió desde lo alto; me tomó, Me sacó de las muchas aguas.

Me libró de mi poderoso enemigo, Y de los que me aborrecían; pues eran más fuertes que yo.

Me asaltaron en el día de mi quebranto, Mas Jehová fue mi apoyo.

Me sacó a lugar espacioso; Me libró, porque se agradó de mí" (Salmo 18:16-19).

Nada ocurre porque sí.

CAPÍTULO 16:
CUMPLIR EL SUEÑO

"Richard, tu hija tiene la unción de Katheryn Kuhlman.
tiene un llamado en su vida y sanidad en sus manos."
La profecía dada en la convención mundial de 2002

La iglesia estaba abarrotada de gente, y me llenaron de abrazos y lágrimas amigos de todo el mundo. A veces, estar a la vista del público es una sensación extraña. Compartes tiernos momentos y a veces profundos acontecimientos que cambian la vida con amigos íntimos de otros países a los que no ves a menudo. Pero cuando los ves, es como volver a casa. Cuando veo a mis amigos de diferentes países, tengo una sensación de calidez y ternura, como si no hubiera pasado el tiempo desde la última vez que estuvimos juntos. En el funeral de mi abuelo, estaba destrozada. Me estaba rompiendo en pedazos por dentro, pero solo derramé unas pocas lágrimas silenciosas por fuera. Luchaba contra el llanto feo que ninguna mujer quiere proferir en público, el llanto que sale de lo más profundo de ti. Estaba claro que una era había terminado, y el futuro era desconocido.

Incluso en el funeral de mi abuelo continuaron las disputas políticas de la FGBMFI. Algunos hombres de la organización aprovecharon la ocasión para impulsar sus intentos de desbaratar el nombramiento de mi padre como próximo presidente internacional de la organización. Muchos años después, lo que le ocurrió a mi padre también me ocurrió a mí, por el mismo patrón, a pesar de un documento notarial.

Mi padre no pudo asistir a la Convención Mundial de julio de 2017 en Honduras. Mi padre habló con el Dr. Pinel, presidente nacional de Honduras. Siguió la conversación con una carta en la que confirmaba que Brenda Shakarian y Terence Rose seguirían los pasos de Richard Shakarian y tomarían todas las decisiones para las naciones.

Además, todo el mundo sabía que yo iba a suceder a mi padre debido a las numerosas profecías públicas expresadas por diversas personas a lo largo de muchos años.

Un miembro de la junta muy respetado y elegido por Demos, John Carette, y varios otros miembros de la junta fueron testigos de la lucha política para desautorizar a los sucesores elegidos en los funerales de Demos y Richard. Aquello recordaba a la historia de José: el miembro de la familia elegido por Dios era al que los demás querían eliminar, a pesar de que era ampliamente aceptado como el elegido. Pero Dios siempre tiene un plan, a pesar de los que puedan conspirar contra ti. Puede que tú no veas un plan, pero Dios siempre tiene un plan.

La organización siguió creciendo en Asia, África y Europa, y en Latinoamérica se produjo el mayor aumento de crecimiento e influencia. Mi padre me pedía a menudo que ayudara en muchas áreas de la fraternidad. No quería trabajar para la FGBMFI simplemente porque mi padre me lo hubiera pedido amablemente. Sabía que cualquier responsabilidad que tuviera en la organización no sería simplemente un trabajo para mí; sería un llamado. Tendría que ser algo ordenado por Dios. Necesitaba sentir que Dios estaba en ello. Siempre me mantuve estrechamente vinculada a la organización y a sus numerosas convenciones. Mi padre me pedía a menudo que le ayudara con las Convenciones Mundiales y otros proyectos, como giras o eventos especiales en diversos países.

En la última noche de una gran Convención Mundial del FGBM-FI en Florida en 2002, nuestro orador principal era un hombre de

África. Salió de la sala para hacer las maletas justo después de hablar porque tenía que coger un vuelo de vuelta a África hacia mediano-che. Por alguna razón, los asistentes a la convención permanecieron en sus asientos cuando terminó la reunión de aquella noche. Todos los líderes que estaban en el escenario también se quedaron dónde estaban, en medio de la hermosa presencia del Señor.

Uno a uno, los hombres profetizaron espontáneamente, dicien-do: "Richard, es hora de que las mujeres se conviertan en miembros de la FGBMFI. Es la hora de las mujeres". Además, muchos de los líderes profetizaron diciendo todos el mismo mensaje:

El profeta de Dios había dicho: "Richard, tienes una hija. Esta hija tiene la unción de Kathryn Kuhlman. Tiene un llamado en su vida y la sanidad en sus manos. La estás reteniendo por miedo. La Palabra del Señor dice que la liberes".

Mis tres hermanas estaban sentadas conmigo, pero todos en la sala sabían que los hombres hablaban de mí debido a las numerosas profecías que me habían sido dadas en reuniones anteriores y al tra-bajo ministerial que había realizado durante mucho tiempo. Durante años, después de nuestras reuniones del FGBMFI, la gente hacía cola para que orara por ellos. Algunos ujieres se lo esperaban y me ayudaban amablemente con la gente. Uno de estos ujieres me en-contró en Facebook. Se llama Mike Valant. El Sr. Valant recordaba cómo la gente hacía cola después de las reuniones y esperaba a que yo orara por ellos. Dios bendiga a los que sirven fielmente.

De repente, el orador invitado volvió al salón de baile y subió al escenario.

"Me alegro mucho de que sigáis todos aquí. Olvidé entregar esta palabra profética que recibí durante el culto de esta noche", dijo, sacando un trozo de papel del bolsillo de su pañuelo, abriéndolo y leyendo en voz alta: "Ésta es la hora de las mujeres". El orador se sintió entonces satisfecho de haber pronunciado la palabra de Dios, y partió hacia el aeropuerto para volver a casa, a África.

Hasta entonces, mi padre había permanecido en silencio, pero después de oír esta profecía, habló a todos. Empezó hablándonos de su relación con Kathryn Kuhlman. Mi padre dijo que el poder milagroso de Dios fluía a través de ella con muchos milagros, pero que ser una mujer con un fuerte llamado de Dios en su vida significaba que se veía obligada a tomar decisiones difíciles. Y entonces mi padre se detuvo. Hubo una larga pausa.

"Sé de qué hija hablas", dijo mi padre.

"Tengo que confesarlo: soy yo quien la ha retenido porque quería protegerla", dijo. "Esta noche has estado hablando de Kathryn Kuhlman, pero yo la conocía bien. Kathryn Kuhlman era una mujer solitaria. ¿Qué padre quiere eso para su hija? Por eso he intentado proteger a mi hija".

"Richard, tienes que aceptar el don que se le ha dado a tu hija. Debemos seguir adelante con esta organización", dijo Bruno Camano.

A la mañana siguiente, mi padre me contrató para trabajar en la sede de la FGBMFI. Acepté, considerando el movimiento de Dios de la noche anterior y las muchas otras profecías que confirmaban mi liderazgo a lo largo de los años. Empecé a trabajar con mi padre en la sede la semana siguiente. Trabajé durante más de dos décadas, colaborando con mi padre en la expansión de diversos aspectos de la organización.

Me convertí en presidenta internacional de las damas y en presidenta internacional de la juventud. Empecé a abrir sedes juveniles en distintos países, incluidas muchas en Costa Rica. Un año, mi hermana y yo celebramos reuniones en Costa Rica. Más tarde, trabajé con Ricardo Oreamuno haciendo campamentos juveniles en las montañas de Costa Rica. A los jóvenes de muchas naciones les encantaba ir a estos campamentos. Era poderoso porque los jóvenes disfrutaban haciendo deporte todo el día, y por las noches se reunían en el anfiteatro cubierto.

Mis hijos Blakeland y Brianna dirigían el culto, y había algo tan profundo al oír a los jóvenes adorar de una forma tan entregada. Un año, cuando estaba produciendo un programa de televisión en Costa Rica, me encontré con un adolescente que era un artista de grabación de rap cristiano y le oí por primera vez en un estudio de televisión, y sus palabras fueron tan impactantes. Lo llevé al campamento juvenil un fin de semana, y todos los jóvenes se pusieron en pie de un salto y les encantó la música rap que glorificaba a Dios. Me acostumbré en aquellas reuniones juveniles a llegar al corazón de los jóvenes para que recibieran de verdad el Espíritu de Dios en sus vidas. No solo cambiaron las vidas de mis hijos en aquellos campamentos, sino que también cambió la mía.

Los jóvenes son tan reales, y si llegas a ellos donde están, puedes cambiar una vida. Un año, tras una reunión de la Cumbre Latina, organicé un servicio de sanación adicional. Muchos jóvenes acudieron e invitaron a sus vecinos, familiares y amigos. Cuando pedimos que se acercara quien quisiera orar, muchos se acercaron. Sin embargo, no sabían que una hora antes de que empezara la reunión, había trabajado con los jóvenes de secundaria y universitarios para prepararlos para que oraran por la gente. Oré por ellos y los envié entre la multitud para que oraran por los adultos que esperaban la oración. Cuando los adultos se dieron cuenta de que los jóvenes oraban por ellos, algunos se emocionaron hasta las lágrimas, muchos antes de que se hubiera orado por ellos. Estaban abrumados por el amor que les mostraban los adolescentes. Muchos jóvenes tampoco podían contener sus emociones, y pude ver las lágrimas rodando por sus mejillas mientras oraban. Estos jóvenes estaban tan motivados que continuamos la reunión una noche más, y les animamos a que trajeran a sus padres y vecinos.

Recurrí a muchas personas para abrir Eventos Juveniles y Capítulos Juveniles. Para ayudar a llevar a cabo la visión general, me basé en mi experiencia previa organizando grandes eventos a través de Amor en Acción, como el de South Central, Los Ángeles.

En 1997, poco antes de empezar a trabajar para la confraternidad, me invitaron a una gran convención nacional en Guatemala, donde fui la oradora principal del almuerzo de damas, al que asistieron mil mujeres.

Tras la reunión, tuve que tomar un vuelo de vuelta a Los Ángeles. Lo pasamos muy bien y, después de mi intervención, una antigua atleta olímpica de EE. UU. empezó a cantar la canción de clausura. Yo estaba en el escenario mirando al gran grupo de mujeres que se agolpaba al fondo de este hermoso salón de baile. En el mar de mujeres, me llamó la atención una señora que parecía dispuesta a dar a luz en cualquier momento. No tenía ningún motivo especial para fijarme en ella. No era más que una mujer entre una gran multitud.

Mientras la gente seguía cantando, el Señor me habló y me dijo: "Su bebé ha muerto". Decir que me quedé conmocionada sería quedarse corta. Me sentí obligada a actuar según lo que había oído. Interrumpí a la cantante antes de que terminara su canción y pedí al equipo que parara la música. Pedí a la mujer embarazada que subiera al escenario.

Mientras caminaba hacia el escenario, parecía serena y tranquila. No lloraba. ¿Qué rayos estoy haciendo?, pensé. No tuve tiempo de pensar en lo que le diría a la señora. Cuando se acercó a mí, puse la mano sobre el micrófono para que no se oyera lo que decía.

"¿Va todo bien con tu bebé?" le susurré al oído.

Me dijo que no, y de repente empezó a llorar profusamente y a disolverse en un torrente de lágrimas. Me dijo que su médico le había dicho que el bebé estaba muerto, y le insistió en que interrumpiera el embarazo. Le pregunté si podía contar al público lo que le pasaba al bebé, y me dijo que sí. Me dirigí al otro extremo del gran escenario y empecé a hablar a las mujeres de la sala.

"¡Somos mujeres de fe y vamos a orar ahora mismo por este bebé para que viva y no muera!". les dije.

Nunca en mi vida había oído a un millar de mujeres quedarse tan calladas. Todas se limitaron a mirarme. Por un momento, me sentí alarmada por mi atrevida declaración.

"¿De qué estamos hechos? ¿Es Dios capaz de hacer todas las cosas?" me oí decir. Me puse a construir la fe de todos, incluida la mía, en esta situación imposible. Les recordé a las mujeres en quién confiamos.

El público estaba conmigo y nos dispusimos a orar.

"Este bebé vivirá y no morirá y anunciará las obras del Señor", dije desde el otro lado del gran escenario.

Me volví hacia la mujer embarazada y le tendí el brazo para protegerla, y de repente cayó al suelo, sobrecogida por el Espíritu de Dios. Oré por ella unos minutos más. Se levantó gradualmente.

Tuve que marcharme rápidamente porque tenía que tomar un avión. Volví a casa y no supe nada más de ella hasta dos meses después.

Yo no lo sabía entonces, pero aquella mujer embarazada había ido al médico a hacerse una ecografía el día anterior al almuerzo. Después de que el médico examinó las imágenes, realizó más pruebas y consultó con otros profesionales médicos, le dijo que su bebé tenía exencefalia, una enfermedad en la que el cerebro del bebé crece fuera de la cabeza. Le dijo que su bebé estaba muerto y que tendrían que sacárselo del cuerpo inmediatamente por su seguridad y su salud. Ella no lo permitió.

Le dijo al médico que al día siguiente iría a una reunión en la que iba a hablar Brenda Shakarian. Dijo que no aceptaría nada hasta después de la reunión. El médico la instó a que lo reconsiderara; se trataba de un estado peligroso, y cada día que el bebé permaneciera en su cuerpo, podría provocarle una septicemia o perjudicarla de algún otro modo.

Como el médico insistió, accedió a volver dentro de dos días para que volviera a examinarla. Ese día volvió y el médico empezó a prepararla para abortar. Pero ella insistió en que primero le hicieran otro sonograma. El médico accedió a regañadientes, pensando que era una pérdida de tiempo. Cuando estudió las imágenes de la ecografía, ¡no podía creer lo que veía! Comparó las dos ecografías y tuvo dificultades para comprender lo que veía. Estaba viendo la ecografía de un niño sano. Dijo que era imposible, pero tuvo que reconocer que se trataba de un milagro documentado.

Dos meses después, recibí una llamada de mi madre y mi padre.

Estaban en Guatemala para unas reuniones cuando se encontraron con esta misma mujer, que llevaba en brazos a un niño sano. Mientras mi padre sostenía al bebé en sus brazos, mi madre empezó a contarme el milagro de cómo Dios había devuelto la vida a este bebé nonato. Me senté en el túnel de lavado donde me encontraba a llorar sin pudor por la bondad de Dios. No necesita nuestra ayuda. Necesita nuestra obediencia.

CAPÍTULO 17:
PARA UN MOMENTO COMO ÉSTE

Al recordar todo lo que ha sucedido en los últimos años, me pregunto por los sueños que aún están por cumplir. En 2010, poco después de haber estado en Oriente Medio y en varios países europeos, tuve un sueño abierto en el que me veía en medio de un gran estadio abarrotado de gente que buscaba sus asientos. Sentí emoción mientras la gente entraba ansiosa en el abarrotado edificio. Estoy acostumbrada a organizar eventos y a trabajar con el equipo de cámaras para conseguir las mejores tomas, y ésta me pareció una toma estupenda.

La reunión aún no había empezado. Salí del escenario y subí al equipo que había entre bastidores para ver cómo se veía la toma desde más atrás. Miré hacia donde estaba la gente sentada esperando a que empezara la reunión. Había una gran expectación en el ambiente. Enseguida me llamó la atención el hecho de que solo hubiera mujeres en aquella arena. Estaban sentadas con las manos en posición de oración, todas llenas de expectación. Los detalles de mi sueño me mostraron que no eran americanas.

Mientras miraba, solo veía sus ojos. Oí las palabras: "Te están esperando allí…"

Kim Kardashian es prima; sus tatarabuelos oyeron la misma profecía que oyó mi bisabuelo Isaac. Se marcharon a América po-

305

cos años después de que lo hiciera nuestra familia. La familia Kardashian creció escuchando la misma profecía que rescató a sus antepasados. El padre de Kim, Robert Kardashian, es conocido como uno de los abogados defensores de O.J. Simpson en su juicio de 1994. Su estrecha amistad con O.J. Simpson fue la única razón por la que participó en el juicio. Todo el mundo quería que el juicio terminara. No hubo ganadores en ese caso. Fue una pérdida para todos los implicados. El abuelo de Robert, Tom Kardashian, se casó con mi tía abuela Hamás Shakarian. Así, nos convertimos en una familia: dos familias que sobrevivieron a un genocidio gracias a la obra del Espíritu Santo que les dirigía y guiaba.

Como todos nosotros, Dios ha estado trabajando en la vida de Kim.

Hace varios años, Kim se implicó en causas de justicia penal. Robert era abogado y a ella siempre le había interesado el derecho. Ha ayudado a excarcelar a decenas de personas que habían sido encarceladas injustamente por penas que no se correspondían con sus delitos o por delitos que no habían cometido. Una de esas personas fue Alice Johnson, condenada a cadena perpetua obligatoria en 1996, y que pasó más de dos décadas en prisión hasta que Kim intervino y pidió al presidente Trump que la indultara.

Alice tiene cinco hijos, trabajó en FedEx durante diez años y llegó a ser gerente. Perdió su trabajo y su vida empezó a descontrolarse. Su marido la dejó sin pensión alimenticia.

Alice empezó a jugar, se arruinó y estaba a punto de perder su casa cuando varios miembros de una red de narcotraficantes le pidieron que les ayudara como mula telefónica, una persona que pasa mensajes entre los traficantes. En retrospectiva, ella lo llamó "una oferta del infierno". Todos fueron detenidos y testificaron contra Alice para recibir condenas menores. Su abogado le dijo que, si aceptaba declararse culpable, recibiría una condena de tres a cinco años de prisión. En lugar de ello, optó por ir a juicio.

Alice fue declarada culpable y condenada a cadena perpetua sin posibilidad de libertad condicional. En sus propias palabras, le dieron "una sentencia de muerte no ejecutada" (Ciesemier y Horowitz, 2018). La única forma en que iba a salir de la cárcel era como un cadáver. Mientras estaba en prisión, llegó al punto más bajo de su vida, y el único lugar donde mirar era hacia arriba. Al hacerlo, encontró esperanza en Cristo.

Mientras Alice estaba en la cárcel, conoció a una persona mayor en silla de ruedas que le dio un consejo que nunca olvidó. Le dijo: "Florece donde estás plantado. Dios sabe dónde estás". Alice conoció a Cristo de joven, pero le dio la espalda a Dios a los catorce años. Cuando estuvo en la cárcel, encontró la verdadera libertad y su propósito en la vida con una relación con Jesús.

Alice empezó a leer la Biblia. Leyó sobre la importancia del perdón y acabó perdonando a su exmarido, a las personas que testificaron contra ella y al sistema que la condenó. Tuvo que elegir vivir en la amargura o vivir en el perdón. Eligió el perdón. No solo abrazó el perdón que ofreció Jesucristo, sino que extendió el perdón a todos los que la maltrataron. Esto fue lo que la liberó y le dio velocidad a sus pasos. También empezó a escribir y representar obras basadas en la fe. Con su testimonio y sus obras, llevó a muchos presos a Cristo.

Luchó por su propia clemencia y presentó recurso tras recurso, incluso ante el Tribunal Supremo, pero todos fueron denegados. Sus compañeras de prisión e incluso su directora enviaron cartas de recomendación a funcionarios del gobierno y al presidente Barack Obama, lo que fue en vano. Había agotado todas las vías disponibles para liberarla de la cárcel.

Hasta que tuvo un sueño en el que una hermosa mujer que no conocía luchaba por ella y la ayudaba a liberarse.

Esa mujer resultó ser Kim Kardashian.

Alice ni siquiera sabía quién era Kim Kardashian, pero Dios conocía a Alice e intervino. Alice grabó un vídeo de su situación que se hizo viral, lo que la asustó porque pensó que había introducido un virus en Internet. Un amigo retuiteó el vídeo. Kim vio el vídeo y empezó a abogar por Alice. Hasta entonces, Alice no sabía lo que era un tweet o un re-tweet.

Reflexionando sobre todos los retrasos y negativas que condujeron a dos décadas de encarcelamiento, Alice dice ahora: "No se me retrasó, no se me negó, estaba destinada a un momento como éste". Kim fue a la Casa Blanca y se reunió con Ivanka Trump, que también empezó a abogar por Alice. El día de su cumpleaños, Alice se enteró de que se había presentado una solicitud de clemencia al presidente Trump. Una semana después, Alice se estaba comiendo una hamburguesa en la cafetería de la cárcel cuando recibió una llamada de Kim.

Kim pensaba que Alice ya había recibido la noticia de que le habían concedido clemencia. Allí mismo, por teléfono, Kim le dio a Alice la buena noticia de que su condena había terminado y que quedaría en libertad, tras veintiún años, siete meses y seis días en prisión. Un número escandalosamente elevado de presos han sido puestos en libertad gracias al trabajo de la cruzada de Kim por la justicia. Desde entonces ha ayudado a personas que no tienen dinero para luchar o no tienen voz a llegar a las personas adecuadas para que les ayuden.

El legado espiritual que comenzó con mi tatarabuelo Demos se ha extendido a mí. Fui presidenta internacional de Damas de la FGBMFI durante muchos años, sirviendo directamente bajo el presidente internacional, Richard Shakarian. La siguiente generación de Shakarians, que incluye a Blakeland y Brianna, han participado en las Convenciones Mundiales toda su vida dirigiendo, participando o cantando. Los eventos de la FGBMFI siempre han sido el punto culminante de la vida de mis hijos. Brianna tiene una hermosa voz y un hermoso corazón. Su hijo Dustin es el amor de mi vida, junto con mis hijos. El marido de Brianna, Keli, trabajó en los medios de comunicación conmigo para la beca.

En la Convención Mundial de 2016 en Costa Rica, el orador de una noche fue Cash Luna, pastor de Casa de Dios, la mayor iglesia de Guatemala. Asistieron miles de personas mientras Cash oraba al final de la reunión. Había conocido a Cash antes del servicio, pero nunca mencioné a mis hijos. Él nunca había conocido a mi hijo.

Cientos de personas se acercaron para orar después de que Cash hablara. Terence y Blakeland ayudaban a dirigir a la multitud. De repente, Cash señaló a un mar de gente y dijo: "forman parte de una dinastía cristiana".

La novia de Blakeland, ahora esposa, Allison, me dijo: "Mamá, están hablando de Blakeland". Allison y yo nos abrazamos y lloramos mientras veíamos cómo Blakeland era cubierto por la oración.

Cash no sabía quién era Blakeland, pero muchos de los presentes sí. Al día siguiente, tras descubrir que Blakeland era shakari-ano, Cash lo buscó y oró más por él.

El legado que comenzó en Karakala ha continuado mucho más allá de lo que mi tatarabuelo jamás imaginó. Cientos de familias se salvaron de un horrible genocidio, y millones más se han salvado gracias al ministerio de mi abuelo, mi padre, yo misma, mi hijo y mi hija. Ahora, Kim ha encontrado la forma de ayudar a la gente.

Dios da un legado espiritual. No puedes comprar un legado espiritual, no puedes tomarlo y no puedes ser elegido para él. El legado suele referirse a dones tangibles y propiedades que se transmiten a generaciones futuras, pero también puede referirse a dones intangibles como la ética y los rasgos espirituales.

Lo que tengo es una herencia dada por Dios. Lo que ocurrió en Armenia por el movimiento de Dios a través de Grigor cambió la nación hasta ser en la primera en convertirse al cristianismo. Dios tenía un propósito manifestándose en la vida de mi familia desde el principio. El propósito de Dios fue protegido al liberar a mi familia y a otros en un éxodo desde lo que ahora es Turquía para la salvación de muchas almas. La mano de Dios estaba sobre el primer Demos, Isaac, el segundo Demos, Richard, y Brenda, porque ésta es la herencia que Dios nos ha dado. Esto no era algo que yo quisiera hacer; era algo para lo que había nacido porque amo a la gente. Cada uno de nosotros recibió numerosas confirmaciones proféticas de esto.

CAPÍTULO 18:
¡TODAVÍA QUIERO MÁS!

¡Todavía quiero más!
Brenda Shakarian

Con demasiada frecuencia, la envidia sigue a los dones que Dios nos da. A menudo, en la historia bíblica, cuando la unción de Dios se posaba sobre una persona, provocaba envidia e incluso odio en otros que querían la gloria para sí mismos. Miriam y Aarón tenían celos de Moisés porque el favor de Dios recaía sobre él. Saúl tenía celos de David porque la unción de Dios descansaba sobre él. Adonías intentó apoderarse del trono del rey David por envidia. Incluso Pilato reconoció que entregaron a Jesús a juicio por envidia. La envidia es el miedo a ser sustituido; Dios es un Dios celoso. No quiere ser sustituido en nuestras vidas, pero la envidia dice: "¡Crucifícale!".

Durante muchos años, mi padre y yo nos identificamos con la vida de José, el hijo predilecto del patriarca Jacob. Cuando era adolescente, José tuvo un sueño en el que era el líder de su familia. Fue tan real para él que contó el sueño a su padre y a sus hermanos. Eso no sentó bien a sus hermanos, y en lugar de alegrarse con José, que era lo que él esperaba, se pusieron celosos de él. Tomaron cartas en el asunto e intentaron impedir que José se convirtiera en el líder que Dios le había designado. Los hermanos de José lo vendieron como esclavo.

Pero la unción de Dios seguía sobre él, y el don de profecía seguía activo en su vida. En medio de su agotador trabajo como esclavo y de su prolongado encarcelamiento por cargos falsos, Dios tenía un plan: José sería quien salvara a una nación al borde de una hambruna devastadora.

Aunque no conocía el plan de Dios, José permaneció fiel a Dios, confiando en Él a pesar de la falta de pruebas tangibles de que Dios seguía de su lado. Entonces, cuando ya no tenía motivos para la esperanza, mientras esperaba en una oscura celda de la prisión a que Dios hiciera algo, un compañero de prisión reconoció los dones de José y le dio acceso al Faraón. Tu don te hace sitio y te lleva ante grandes hombres. Como resultado, José fue nombrado para ocupar el segundo puesto más poderoso del gobierno egipcio.

José acabó reuniéndose con sus hermanos. Para asombro de ellos, no mostró malicia ni falta de perdón hacia ellos. Sus hermanos temían que ordenara su ejecución, pero, en cambio, les dijo que lo que ellos pretendían para mal, Dios lo utilizó para bien, para salvar muchas almas. Éste es uno de mis versículos favoritos de la Biblia: "Vosotros pensasteis mal contra mí, mas Dios lo encaminó a bien, para hacer lo que vemos hoy, para mantener en vida a mucho pueblo" (Génesis 50:20).

"Tienes que estar ahí fuera enseñando a la gente", dijo mi padre, con lágrimas en los ojos, la primera vez que me oyó hablar sobre la vida de José.

Como José, me he enfrentado al mal y a graves decepciones. A pesar de las dificultades emocionales de la traición y las falsas acusaciones, he descubierto que mi Dios es fiel a Su palabra en todo momento. Incluso frente a las amenazas de pandilleros y terroristas, puedo decir honestamente que Su palabra es verdadera. El Salmo 23:4, 6 dice

"Aunque ande en valle de sombra de muerte, No temeré mal alguno, porque tú estarás conmigo; Tu vara y tu cayado me infundirán aliento.... Ciertamente el bien y la misericordia me seguirán todos los días de mi vida, Y en la casa de Jehová moraré por largos días"

(Salmo 23:4, 6).

Él me protege. Él me fortalece. Su santidad me protege de un enemigo que no puedo ver. El mismo Dios que redimió a José me está redimiendo a mí.

He viajado a Nigeria durante años, pero el viaje de 2017 fue con Blakeland y mis padres para una serie de reuniones. Hablé con miles de personas en Lagos, Abuja y Owerri. El presidente nigeriano, Goodluck Jonathan, nos invitó a asistir a su pequeña reunión matutina de oración en sus oficinas presidenciales del gobierno. En esa reunión, mi padre compartió una historia sobre la fe. A continuación, el presidente Goodluck Jonathan nos invitó a mis padres, a mi hijo Blakeland y a mí a su residencia privada para desayunar juntos. Me permitió llevar mi cámara, para que pudiera entrevistarle sobre su presidencia y el futuro de Nigeria.

Lo que me resultó especialmente interesante fue que cristianos y musulmanes convivían pacíficamente en aquella época. El presidente Jonathan se alegró de la entrevista y pidió a mi familia que desayunara con él en su residencia privada. Nuestro tiempo juntos fue muy relajante. Nos reímos y compartimos historias como si fuéramos viejos amigos.

A la mañana siguiente, Blakeland y yo embarcamos en un avión hacia Alemania y aterrizamos en Los Ángeles al día siguiente. Tuve un día libre y volé a Chile, donde tenía programadas conferencias por todo el país. Cuando llegué a Santiago, nuestro presidente nacional me invitó a una reunión personal con un alto miembro del gabinete del país. El día de la reunión, se estaban produciendo enormes protestas frente a los edificios gubernamentales, por lo que tuvimos que pasar por un elevado nivel de seguridad para entrar en los edificios donde el presidente y los más altos funcionarios del gobierno tenían sus despachos.

El miembro del gabinete, una mujer, me saludó con respeto, pero fue directamente al grano.

"Lo siento, pero hoy no tengo mucho tiempo; ¿qué es lo que necesitas?", preguntó.

Susurré una oración: "Dios, Tú estás aquí, y eso es lo único que importa".

Y entonces, Dios me reveló detalles de su vida privada. Suena extraño, pero Dios empezó a darme detalles de su vida. No era una voz audible; cuando empecé a hablar, solo leía su situación actual. Es la única forma en que puedo describirlo.

Empecé a contarle cosas sobre su marido y su hijo que le hicieron llorar. Me sentí aliviada porque no sabía si estaba casada o tenía hijos. También le dije que lo que le decían sus asesores no era cierto. Inmediatamente se llevó el dedo a los labios, bajó la voz e indicó en silencio que nos estaban grabando.

En voz baja, continué hablándole.

"Esto es lo que Dios te dice sobre esa situación. Tus consejeros no te están diciendo la verdad. Ésta es la verdad", le susurré. Seguí diciéndole lo que Dios decía, palabras que solo eran para sus oídos. Empezó a llorar. Le pregunté si quería recibir a Jesús, el que más la amaba.

"Sí, me gustaría. Muchísimo", dijo.

¿Por qué habla Dios a las personas? Porque estamos aquí para cumplir Su propósito. Él anhela una relación real con nosotros. Yo no conocía a esta política ni sabía por lo que estaba pasando, pero Dios sí. Dios me informó de detalles de su vida que yo no tenía forma de conocer, detalles sobre los que ella necesitaba tener una orientación clara. Se trataba de su familia y de las duras decisiones a las que se enfrentaría y que afectarían a su país. En la Biblia, José transmitió la palabra de Dios sobre la hambruna que se avecinaba, y esos detalles, esa profecía, le dieron una dirección clara para evitar un desastre que, de otro modo, sería seguro. El político con el que oraba llamó a la presidenta de Chile, Michele Bachelet, y le contó lo que había ocurrido. Me comunicaron que ella también quería reunirse conmigo.

Dios anhela una relación auténtica con cada uno de nosotros, el tipo de relación en la que no solo le oramos, sino que también le escuchamos. Quiere que estemos quietos y escuchemos. Quiere que compartamos con los demás las palabras que Él nos da, del mismo modo que yo compartí con el miembro superior del gabinete el mensaje que necesitaba oír.

Te prometí un libro lleno de historias de personas que tuvieron encuentros transformadores que cambiaron la trayectoria de sus vidas, todo porque tenían una relación con Dios. Él está aquí. Te está ofreciendo un encuentro transformador.

Dios es perfecto y vive en la perfección. Cuando nació Jesús, esa perfección vino a morar con la humanidad y, en última instancia, a redimirla. Trajo el reino de Dios a la tierra para vivir en el corazón de los que creen en Su muerte y resurrección.

Me pregunto, ¿le conoces? Él es mi Rey.

Déjame que te hable de mi Rey. Mi Rey es el gran Sanador.

Mi Rey es el único que puede reparar tu corazón roto. Él es el único que nunca traicionará tu confianza.

Mi Rey es mi consolador. Él es mi libertador.

Nunca te abandonará.

Cuando la gente te defraude, mi Rey te levantará de nuevo y te restaurará para que seas quien Él creó que fueras.

¡Solo mi Rey puede hacerlo!

¡Derramó Su sangre en la cruz para que pudieras ser libre!

A Él le costó todo, así que a ti podría no costarte nada.

He dado la vuelta al mundo y he disfrutado de la compañía de políticos, presidentes, dignatarios, famosos, pecadores y santos. Por notables que hayan sido esas experiencias, palidecen en comparación con ver una vida transformada por el poder del Dios vivo.

No tengo ninguna historia triste que contar. Solo tengo la historia de un Hombre que murió por mí.

Solo a través de Él puedo soportar y superar el dolor que este mundo puede ofrecer. Porque Él vive, puedo afrontar el mañana.

Porque Él murió, puedo vivir de verdad.

¡Solo Dios puede hacerlo!

EPÍLOGO

Justo después de entregar el manuscrito final de este libro, la muerte de Mijail Gorbachov apareció en los titulares de todo el mundo. Esto me recordó una oración de hace mucho tiempo, que pone en tela de juicio lo que creemos saber sobre los demás.

La Convención Mundial de 1998 se celebró en Dallas, Texas, y contó con la presencia de T.D. Jakes y otros oradores. Poco antes de empezar, mientras la gente entraba en el auditorio y se sentaba, yo estaba en un lado del escenario con una fila de personas que me pedían que orara por ellas. Un hombre al que no conocía me pidió que orara por una reunión concreta que esperaba que se celebrara pronto. Le dije que no me dijera nada más porque saber demasiado puede nublar las percepciones. Quería oír lo que Dios decía, sin ideas preconcebidas. Me tranquilicé y escuché. Esto es lo que oí: "Te reunirás con Gorbachov, y debes decirle que la razón por la que estás realmente allí es porque Dios le ama y se preocupa por él". Como estaba ocupado, pasé a la siguiente persona y despejé mi mente para centrarme en su oración.

El hombre me llamó una semana después con una maravillosa actualización. La reunión con Mijail Gorbachov había tenido lugar, y más allá de todas las expectativas, ¡Gorbachov entregó su corazón al Señor! Verdaderamente, ¡solo Dios puede hacer eso! Mijail Gorbachov nunca renegó de su fe e hizo lo que pudo para hacer del mundo un lugar mejor en tiempos extremadamente difíciles. "Pocos líderes del siglo XX han tenido un efecto tan profundo en su época", dijo The New York Times. "En poco más de seis tumultuosos años, el Sr. Gorbachov levantó la Cortina de Hierro, alterando decisivamente el clima político del mundo" (Berger, 2022).

En 1984, Gorbachov introdujo la Perestroika, un conjunto de reformas tendentes a reestructurar y racionalizar los sistemas político y económico soviéticos. Dos años más tarde, en 1986, la catástrofe de Chernóbil obligó a reconocer públicamente que la ética del trabajo soviética y la calidad de la mano de obra que producía era inferior. Horrorizado ante la perspectiva de una guerra nuclear, Gorbachov intentó mejorar las relaciones con Estados Unidos mediante una política de distensión. De hecho, puso fin a la Guerra Fría. Este tipo de liderazgo escasea en el mundo actual, donde los políticos a menudo anteponen su propio interés al bien común.

En 1987, Gorbachov permitió a los judíos soviéticos emigrar a Israel, un viaje hasta entonces prohibido. Ese mismo año, en otra primicia, permitió a la Iglesia Ortodoxa Rusa retransmitir un servicio de Pascua por televisión en directo. La Unión Soviética también dejó de interferir a la BBC y a la Voz de América. Y cuando surgieron protestas anticomunistas en países de la Unión Soviética, Gorbachov se negó a enviar al ejército.

En 1988, Gorbachov presidió la transferencia del territorio de Nagorno-Karabaj de la República Soviética de Azerbaiyán a la República Soviética de Armenia. Esta impresionante medida devolvió tierras que antes habían pertenecido a Armenia y seguían estando pobladas en gran parte por armenios. Algunas iglesias armenias de esa zona datan del siglo IV. Una de ellas fue fundada por Gregorio el Iluminador, patriarca de Armenia, que llegó el país del paganismo y lo convirtió en la primera nación cristiana del mundo. Gorbachov visitó Rumania en una época en que la Unión Soviética era cada vez más inestable. Debido a las terribles condiciones que vio allí, Gorbachov se enemistó con el líder del país, Nicolae Ceausescu. No hizo nada para detener la revolución rumana que terminó con la ejecución de Ceausescu en 1989. Sabía que la Unión Soviética tenía los días contados.

Cuando Estados Unidos se enfrentó a Sadam Husein en la primera Guerra del Golfo en 1990, Gorbachov se puso del lado del presidente George H. W. Bush. Sin embargo, esto no sentó bien a los funcionarios del Partido Comunista. Gorbachov también anunció formalmente que dejaría de apoyar a los regímenes comunistas extranjeros que carecieran del apoyo de su pueblo, una medida que desencadenó el colapso del comunismo europeo. En 1990, Mijail

Gorbachov ganó el Premio Nobel de la Paz por poner fin a la Guerra Fría. Murió en 2022 a la edad de noventa y un años.

> *"Soy hija de un Rey a quien el mundo no estremece. Porque mi Dios está conmigo y va delante de mí. No temo, porque soy suya."*
>
> **—Autor desconocido**

BIBLIOGRAFÍA

Berger, Marilyn. "Mijaíl S. Gorbachov, líder soviético reformista, ha muerto a los 91 años". The New York Times. 30 de agosto de 2022. https://www.nytimes.com/2022/08/30/ world/europe/ mikhail-gorbachev-dead.html (consultado el 1 de octubre de 2022).

Ciesemier, Kendall y Horowitz, Jake. "Conoce a Alice Marie Johnson, la mujer Kim Kardashian West quiere que Trump la indulte". Mic. 2 de mayo de 2018. https://www.mic.com/ arti cles/189164/meet-alice-marie-john- son-the-woman-kim-kardashian-west-wants-trump-to-pardon. (Consultado el 19 de octubre de 2022).

Deford, David W. 1000 Citas Brillantes de Logro: Consejos de los más sabios del mundo. Omaha: La gente corriente puede ganar!, 2004.

Graser, Marc. "Fracaso épico: Cómo Blockbuster podría haber sido propietaria de Netflix". Variety. 12 de noviembre 2013. https://variety.com/2013/biz/news/epic-fail-how-blockbust- er-could-have-owned-netflix-1200823443/. (Consultado el 1 de octubre de 2022).

Kharpal, Arjun y Sheetz, Michael. "El tiroteo más mortífero de la historia moderna de EE.UU. deja al menos 59 muertos y más de 500 heridos en Las Vegas". CNBC. 3 de octubre de 2017. https://www.cnbc.com/2017/10/0 2/shooter-las-vegas-strip-police.html. (Consultado el 18 de octubre de 2022).

Gestión Metropolitana, Transporte y Planificación 48 (1952): 53.

Rosenblatt, Kalhan. "El tiroteo de Las Vegas es el más mortífero de la historia moderna de EEUU". NBC Noticias. 2 de octubre de 2017. https://www.nbcnews.com/storyline/las-ve- gas-shooting/las-vegas-shooting-deadliest-modern-u-s-histo-ry-n806486. (Consultado el 18 de octubre de 2022).

Shakarian, Demos. Las personas más felices de la Tierra. Londres: Hodder & Stoughton, 1996.

La Furia. 2005. "Cómo salvar una vida". Pista 3 de Cómo salvar una vida. Estudios Echo Park, disco compacto.

SOBRE EL AUTOR

Brenda procede de la familia Shakarian, la cual huyó de Armenia antes del genocidio de 1900. La familia se instaló en el sur de California y tuvo mucho éxito en el sector agrícola. En una época tuvieron las mayores lecherías de propiedad privada del mundo. Durante muchos años, tuvieron las mayores lecherías de propiedad privada de Estados Unidos.

El abuelo de Brenda, Demos Shakarian, fundó la FGBMFI, una organización mundial sin ánimo de lucro. A través de esta organización, personas de todo el mundo han transformado sus vidas para mejor. Multitud de personas han dicho en privado y en público que Brenda lleva la unción de su abuelo; ella se siente humilde por ello. Brenda cree que debemos servir y no ser servidos.

Brenda creció y se educó en el sur de California. Siempre tuvo un corazón para la gente y, durante su educación, empezó a trabajar como voluntaria en refugios para mujeres maltratadas. Desempeñó un papel decisivo en la recogida y distribución de alimentos y ropa a los numerosos centros de crisis de Los Ángeles y el condado de Orange.

Tras asistir a la Universidad Oral Roberts, Brenda pasó a modelar para varias agencias de Los Ángeles. Gracias a su carrera de modelo, pudo autofinanciar una empresa de ropa. Diseñó y creó una línea de ropa llamada Shakarian. La línea se vendió en todo Estados Unidos en tiendas de lujo como Nordstrom y el Hotel Hilton de Las Vegas, por nombrar algunas. El Hotel Hilton declaró que la línea de Brenda, Shakarian, fue la que más rápido se vendió de todos los diseñadores que se han vendido en su tienda. Brenda también creó piezas personalizadas únicas a petición de muchos personajes notables de Hollywood.

A lo largo de su vida, Brenda ha trabajado para ayudar a crear soluciones para las personas necesitadas. Creó su propia fundación para familias en crisis, llamada Amor en Acción. A través de esta organización, Brenda se asoció con muchas entidades, incluidos gobiernos locales, proporcionando puestos de trabajo, becas, alimentos, medicinas, relaciones raciales y entrenamiento deportivo. A través de estos programas comunitarios, Brenda estrechó sus relaciones con empresarios influyentes, propietarios de negocios, líderes comunitarios y atletas y famosos de talla mundial.

En el centro sur de Los Ángeles, Brenda trabajó con algunos de los Bloods y los Crips para ayudar a motivarlos para que trabajaran y terminaran la escuela, trajo a gente para tratar asuntos legales y forjó relaciones para crear mejores opciones para ellos. La ciudad pronto reconoció el nivel de riesgo que corría y nombró a un mediador de bandas para que la ayudara a ella y a sus esfuerzos en sus programas comunitarios.

Con su experiencia en Relaciones Internacionales, fue promovida a presidenta de Damas del FGBMFI. Viaja por todo el mundo y ha trabajado con dignatarios de todas partes.

Brenda fue la creadora y productora ejecutiva del programa de televisión Sin Fronteras. El programa presentaba las extraordinarias historias personales de personas de todo el mundo que superaron situaciones imposibles gracias a su fe. El programa se vio en Estados Unidos, Latinoamérica y Europa. Richard Shakarian nombró a Brenda presidenta de Damas de la FGBMFI. También puso en marcha los capítulos juveniles de la organización e hizo crecer los capítulos femeninos en todo el mundo. Continúa hablando por todo el mundo, llevando un mensaje de esperanza y curación. Ha visto muchos milagros, señales y maravillas en sus reuniones. Demos, Richard y Brenda Shakarian han trabajado para construir la FGBMFI durante la mayor parte de su vida adulta. Brenda continua el legado de su abuelo Demos Shakarian viajando por el mundo y viendo como la vida de la gente cambia para mejor.

www.Shakarian.org

Printed in the USA
CPSIA information can be obtained
at www.ICGtesting.com
LVHW020913190823
755496LV00014B/501